Paul Rusch
Waage der Zeit
Wege der Zeit

Paul Rusch

WAAGE DER ZEIT WEGE DER ZEIT

Erfahrungen, Erkenntnisse, Wege

Geleitwort
von Bischof Dr. Reinhold Stecher

Tyrolia-Verlag Innsbruck–Wien

Herausgegeben mit Unterstützung
der Kulturabteilung der Tiroler Landesregierung

Umschlagbild vorne: Archiv KAB.; hinten: A. Sickert

CIP-Kurztitelaufnahme der Deutschen Bibliothek

Rusch, Paul:
Waage der Zeit – Wege der Zeit : Erfahrungen, Erkenntnisse, Wege / Paul Rusch.
Mit e. Geleitw. von R. Stecher. – Innsbruck ; Wien : Tyrolia-Verlag, 1983.
ISBN 3-7022-1473-9

1983

Satz, Druck und Buchbinderarbeit in der Verlagsanstalt Tyrolia Gesellschaft m.b.H.,
Innsbruck

Es wird nicht oft der Fall sein, daß ein Bischof der Kirche auf ein Wirken in diesem Amt zurückblicken kann, das mehr als vier Jahrzehnte, also ein Menschenalter, umfaßt. Bischof Dr. Paulus Rusch hat von 1938 bis 1981 die Geschicke der Kirche unserer Heimat geleitet.

Für die große Welt- und Kirchengeschichte, aber auch für den kleinen Sektor der Kirchengeschichte des Landes im Gebirge bedeutet die hier angesprochene Epoche eine derartig geballte Fülle von Schicksal und Veränderung, von Wechselbädern der Zeit und äußerer und innerer Problematik, daß sich ähnliches in einem halben Jahrhundert der letzten tausend Jahre nicht so leicht finden wird.

Es begann im Jahre 1938 mit der ersten Verfolgung der Kirche in diesem Land. Die antikirchlichen Maßnahmen des nationalsozialistischen Reiches trafen Tirol mit größter Härte. Nach den sieben schweren Jahren folgte die Phase der neugewonnenen Freiheit und des Aufbaus einer Kirche, die gestärkt aus den Stürmen kam. Und mit dem wirtschaftlichen und sozialen Aufstieg, der unter anderem Tirol zum Spitzenland des Fremdenverkehrs aufsteigen ließ und eine Zeit der Wohlhabenheit einleitete, wuchsen auch der Kirche neue Probleme und Aufgaben, Schwierigkeiten und Chancen. Das Jahrhundertereignis der Kirche, das II. Vatikanische Konzil, war für den Bischof von Innsbruck, der sich zeitlebens mit den geistigen Strömungen der Zeit vertraut machte, ein einschneidendes Ereignis und prägendes Erlebnis. Es folgte die Zeit der geistigen Unruhe, der Aufbrüche und Veränderungen, manchmal auch der Irrtümer, die bekanntlich in der Menschheit und in der Kirche der fast unvermeidliche Preis neuer und tieferer Wahrheitserkenntnis sind. Dies war sicher eine schwierige Zeit für einen Bischof, der um Mitte und Maß und bleibende Wahrheit bemüht sein mußte, und dessen Aufgabe und Arbeit dann manchmal einfach mit dem sattsam bekannten Wort „Amtskirche“ abqualifiziert wurde. Bischof Dr. Rusch war in keiner Phase seines Wirkens ein bequemer Mann, aber seine Wegbegleiter, seine Gläubigen, seine Zeitgenossen und die ihm Fernstehenden haben ihn als Mann mit Linie und Profil kennengelernt.

Wenn er nun hier eine Bilanz seiner Lebenswege und Widerfahrnisse vorlegt, dann darf niemand, der ihn kennt, nüchtern-objektive Memoiren erwarten, die Ereignisse für die Nachwelt festhalten und die man einfach zu den kirchenhistorischen Kompendien in die Bibliothek stellen kann. Der Verfasser, der in voller geistiger Regsamkeit seinen Lebensabend in gewohnter Bescheidenheit im stillen Mutterhaus von Zams verbringt, setzt sich höchst persönlich und engagiert wie eh und je mit allem auseinander, was ihm die Erinnerung heranträgt.

Unsere Achtung und Dankbarkeit ist ihm sicher.

Innsbruck, im Februar 1983

Reinhold Stecher
Bischof von Innsbruck

Inhaltsverzeichnis

Vorwort

Nach Abschluß meiner amtlichen Tätigkeit drängte sich mir von selbst eine gewisse Überschau über die verflossenen Jahrzehnte auf. Waren es doch Jahrzehnte vielfachen äußeren und inneren Geschehens. Die NS-Zeit, die zerstörte Heimat, der Wiederaufbau, der Aufstieg des Lebensstandards, die machtvolle und gefährdende Technik. So das äußere Geschehen. Und das innere: der wiederaufblühende Optimismus (aber schon fast vergessen), das Preisgeben des Erbes und der abendländischen Werte, das Versinken des Ethos und des Gewissens, der Zusammenbruch der tragenden Werte, das Aufbrechen der Unruhe und nun der Angst.

Da drängte es mich also, in all den Aufbrüchen und Zusammenbrüchen, die gemachten Erfahrungen festzuhalten, aus ihnen zu lernen und einen Weg zu finden, der aus der Unheilsgeschichte wieder herausführen könnte in das Heil.

Zwei Dinge seien kurz angemerkt:
Erstens: Die Belegstellen bei Zitationen sind nur selten angegeben, nur wo es sehr dringlich war. Dies deswegen, weil das Buch sonst einen mehr wissenschaftlichen Charakter angenommen hätte, was meiner Absicht nicht entsprach. Mich drängte es nach Weisheit, was aber nicht aus Eigenem, sondern nur durch führende Worte bedeutender Männer oder Worte der Schrift zustande kam. Zweitens: Es zeigte sich mir zur eigenen Überraschung, daß seelische Dinge, weil die Seele eine Einheit ist, miteinander in ständiger Berührung stehen. So war es manchmal notwendig, schon früher Geäußertes später nochmals aufzugreifen, um von neuer Seite eine Ergänzung oder auch eine Weiterführung vorzubringen. Möge das dennoch nicht ermüdend wirken.

Das Ganze wollte ein bescheidener Dienst an unserer Zeit und ihren Menschen sein.

Zams, am Feste Peter und Paul
im Jahre des Heils 1982 Dr. Paul Rusch

I. Abschnitt

Erfahrungen

1. Kapitel

Rückblick

Aus der Tyrannei befreit, blieben einige Erfahrungen, die die Weltauffassung, das Bild des Menschen im großen gesehen, deutlich verdunkelten.

Die erste Erfahrung war diese:

Die Versuchbarkeit des Menschen ist unerwartet groß. Aus dieser Erfahrung heraus hat Bergengruen das Buch geschrieben: „Der Großtyrann und das Gericht". Ein italienischer Staatstyrann des 15. Jahrhunderts hat aus politischen Gründen einen Mord begangen, den er geheim halten muß. Er muß deshalb versuchen, den Verdacht auf einen anderen zu lenken. So beauftragt er seine Geheimagenten, den Mörder ausfindig zu machen und der Strafe zuzuführen. Der eine oder andere Geheimagent ist der Wahrheit auf der Spur. Aber es werden Dritte mit viel Geistes-Akribie in die Nähe des Mordes gezogen und beschuldigt. Diese Versuche brechen zusammen, aber keiner wagt zu sagen: Du warst es.

Dem Dichter ging es offenbar um die geistige Verarbeitung dessen, was er in den letzten Jahren erlebt hatte.

Auch wir machten ähnliche Erfahrungen. So erinnere ich mich an einen großen Ministranten, der stets mit größtem Eifer in die Frühmesse in den Dom kam, um seinen Dienst auszuüben. Er wurde bald zum Militär einberufen. Wie er das erste Mal in den Urlaub kam, erzählte er seinen Mitministranten von seinen Erlebnissen. Unter anderem sei er eines Tages beauftragt worden, mit fünf gefangenen Russen in den Wald zu gehen und sie dort zu erschießen. Das habe er befehlsgemäß getan.

„Das war ja Mord", schrieen die jungen Zuhörer erschreckt. In dem Augenblick wurde dem Erzähler zum ersten Mal klar, daß er sich einem unmoralischen Befehl gefügt hatte.

Ein größeres Beispiel:

In Kiew hatten die deutschen Truppen nach der Eroberung ein großes Waisenhaus vorgefunden, in dem sich rund 400 Kinder befanden. Unter einem menschenfreundlichen Offizier wurden den Kindern, da sich sonst nichts vorfand, die notwendigen Lebensmittel zur Verfügung gestellt.

Eines Tages mußte diese reguläre Truppe befehlsgemäß weiter vorrücken. Sie übergab der nachfolgenden SS-Truppe das Waisenhaus mit dem Ersuchen, für die Kinder Sorge zu tragen.

Es ergab sich, daß die abmarschierende Truppe an dem Waisenhaus vorbeiziehen mußte. Dann sahen die Soldaten: die Waisenkinder waren im Hof zusammengetrieben und mit Stacheldraht eingezäunt worden. Eben begannen die Maschinengewehre auf sie einzuschießen. Entsetzensschreie, die zum Erbarmen hätten aufrufen müssen. Es wurde aber weiter geschossen, bis alles still war.

Versuchbarkeit des Menschen, die in schwere Gefallenheit und Schuld überging.

Ein Stabsarzt berichtete mir, er habe ein Erlebnis gehabt, das ihn zutiefst innerlich aufwühlte. Ein SS-Offizier kam in Polen mit schwerer Erkältung zu ihm. Auf die Frage, wie er dazu gekommen war, erzählte dieser ganz ungerührt und sogar lachend: „Wir mußten mit der Eisenbahn rund eintausend polnische Juden in die wolhynischen Sümpfe treiben. An einer bestimmten Stelle hielten wir. Nun wurden alle ausgeladen. Sie versanken fast im Schnee; in einer Temperatur von unter 20 Grad Minus. Dann dampften wir in umgekehrter Richtung an und fuhren zurück. Jetzt erst begriffen die Juden, daß sie ausgesetzt waren und den Erfrierungstod sterben mußten. Mehrere wollten auf den schon zurückfahrenden Zug aufspringen. Ich hatte Arbeit, sie abzuknallen (sic), bei dieser Gelegenheit ist es dann geschehen."

Die Versuchbarkeit des Menschen steigerte sich also bis zur Entmenschlichung. Das Humanum war ausgelöscht. Die Rebarbarisierung war gelungen.

Das mußten wir nun erfahren, die wir seinerzeit als junge Hochschüler die frühchristlichen Märtyrerakten wegen der dort berichteten Folterungen bezweifelt hatten. Wir sagten uns, das gibt es doch nicht, daß Menschen so sind. O ja, das gab es. Das wußten wir nun.

Davon muß nicht berichtet werden, daß wir am heiligen Weihnachtstag 1943 in Innsbruck einen schweren Luftangriff mitzumachen hatten. Das war eben der Krieg. Aber daß die Menschen so entmenschlicht werden konnten, das hat uns gründlich von der Meinung befreit, daß der Mensch von Natur aus gut sei.

Aber der Mensch ist nicht einfach finster. Wenn diese Finsternis auch jedes Maß übersteigt, wir hatten auch Beispiele von Tapferkeit und Durchhaltevermögen. Da waren zunächst die vollen Kirchen. Die bedrängte Religion wächst. Dieses Wort erwies sich weitgehend als richtig. Randvolk fiel natürlich ab. Aber die Guten wurden besser als sie waren. Ich erinnere mich da an Ostern 1943. Die Bischofskirche beim Hochamt war so voll, daß es unmöglich war, auf die Kanzel zu kommen. Die Sache der Religion und der Freiheit ging unter der gleichen Flagge. Man wollte zeigen, daß man dem Druck nicht nachgab.

Auch die Sache des Buben vor der Gestapo soll erwähnt werden. Ein gut katholischer Bub war zur Gestapo vorgeladen worden. Er sollte belastende Aussagen gegen einige Prediger machen. Das tat er nicht. Da wurde er verprügelt, aber der Folterknecht erreichte nichts.

Er erzählte mir danach, er habe sich gedacht und sich immer mit geschlossenen Lippen leise vorgesagt (ein richtiger Bub!) „nicht ums Verrecken sage ich was".

Oder der Priester, der nach drei Wochen Haft, die er wegen Jugendseelsorge erduldete, unterschreiben sollte, daß er keine Jugendseelsorge mehr ausüben werde. „Wenn Sie unterschreiben, gehen Sie frei." Seine Antwort: „Ich unterschreibe nicht. Bringen Sie mich ins Gefängnis zurück."

Auch das Ereignis mit dem Wallfahrtsbild von Maria Waldrast war ein Zeichen, daß es noch tapfere Herzen gab. Das Kloster Maria Waldrast war mit Einschluß der Kirche von der Gestapo besetzt worden. Eines Nachts verschwand das dort befindliche Wallfahrtsbild. Die Sache wurde so geschickt gemacht, daß weder Täter noch Bild gefunden wurden. Die Gestapo wütete, nahm viele Verhaftungen vor, doch gelang es nicht, die Täter ausfindig zu machen.

Auch ich wurde, wie oft, so auch diesmal, zur Gestapo zitiert. Drei Beamte saßen mir gegenüber, um mein Mienenspiel aufmerksam zu beobachten. Der leitende Beamte begann: „In der vergangenen Nacht wurde das Wallfahrtsbild in Maria Waldrast entwendet. Was sagen Sie dazu?" Meine Antwort war, und zwar völlig unreflex: „Das ist mir das Allerneueste." So erfuhr ich, daß das Wort der Bibel wahr ist: „In jener Stunde sorgt nicht, was ihr antworten sollt. Es wird euch gegeben werden." Die Sache war nämlich so, daß ich von der Absicht sehr wohl wußte, nicht aber davon, daß die Ausführung gelungen war. Mit dieser Antwort war jedes weitere Bohren überflüssig geworden.

Dazu muß immerhin bemerkt werden, daß in der Zeit von 1938 bis 1945 in unserer Diözese im ganzen genau 110 Priester verhaftet wurden. Die Gründe waren Predigt und Jugendseelsorge. Einige kamen in Konzentrationslager, ein Diözesanpriester starb dort, nämlich Pfarrer Neururer von Götzens. Sein Unrecht war, daß er einem Mädchen abgeraten hatte, einen SS-Mann zu heiraten.

Ein zweiter, nämlich Provikar Lampert, wurde in Halle an der Saale hingerichtet. Er hatte sich wiederholt beim Gauleiter zugunsten verhafteter Priester eingesetzt, hatte desgleichen für mehr Freiheit in der Seelsorge vorgesprochen. Er wurde deshalb wiederholt verhaftet und schließlich in das Konzentrationslager Dachau geschickt. Nach seiner Freilassung bekam er Gauverweis nach Stettin. Dort gelang es einem getarnten Spitzel, ihm wegen der V-1-Waffen eine unvorsichtige Äußerung zu entlocken. Auf Grund dieser Äußerung erfolgte die neuerliche Verhaftung mit dem nachfolgenden Urteil. Sein Sterben war ein tapferes Sterben für Christus.

Wenn also die Erfahrung tapferer Herzen gemacht werden konnte, so stand dennoch fest, bei der überwiegenden Mehrheit reichte die Tapferkeit nur so weit, als es ungefährlich war, also z. B. bis zum sonntäglichen Kirchgang. Aber weiter nicht.

Dafür auch ein Beispiel: Gelegentlich einer größeren Visitationsreise beklagten sich viele Gläubige, daß ihre Pfarrer Schulverbot haben und die Kinder also keinen Religionsunterricht bekämen. Dazu sei bemerkt, daß besonders tüchtige Priester meist Schulverbot bekamen, weil man ihren Einfluß auf die Jugend fürchtete. Ich sagte nun den Beschwerdeführern, sie hätten das Recht, sich bei der Schulbehörde und beim Kreisleiter zu beschweren. Sie sollten besonders Mütter, deren Kinder von dieser Maßnahme betroffen waren, hinschicken. Das sagten sie zu.

Nach zwei Wochen kam ich wieder in diese Gegend und fragte die früheren Beschwerdeführer, ob sie etwas erreicht hätten. Das Ergebnis war, sie hatten die Vorsprache gar nicht gemacht, denn es war inzwischen ein großer militärischer Erfolg erreicht worden. Sie fürchteten nun, es könnte ihnen durch die Vorsprache die Kinderunterstützung gestrichen werden.

So wurde die Erfahrung gemacht, bei der überwiegenden Mehrheit der Menschheit darf die Tapferkeit nicht viel kosten. Das hat sich noch oft bestätigt. Und die andere Erfahrung: Der größte Erfolg ist die *Wirkung* des Erfolgs. Alle militärischen Erfolge waren in ihrer Rückwirkung auf die Stimmung, Furcht und Angst, genau zu registrieren.

Die Erfahrungen häuften sich. Ich mußte wiederholt zum Reichssicherheitshauptamt und ebenso zum Innenministerium nach Berlin fahren. Ich fand es als meine Pflicht, für die verhafteten Priester einzutreten. Dabei war freilich kaum jeweils ein Erfolg zu erreichen. So wenigstens beim Reichssicherheitshauptamt.

Beim Innenministerium wurde ich um Rücknahme der kirchenfeindlichen Maßnahmen vorstellig. Dort gab es immerhin hohe politische Beamte von durchaus rechtlichem Sinn. Ich argumentierte immer in gleicher Weise, also z. B. bei der Beschlagnahme des Priesterseminars: Wir leben in einem Rechtsstaat. Diese Beschlagnahme ist gesetzeswidrig. Also erwarte ich die Rücknahme dieser Verfügung und bitte darum. Die Antwort war: Das ist so, ja. Sie haben recht. Aber ich kann Ihnen nicht helfen, der Gauleiter besteht auf dem Gegenteil.

Das war also die Erfahrung: In Diktaturen geht *Macht vor Recht*. Das hat sich dann als sehr häufig erwiesen. Es gilt bis heute in den östlichen Diktaturen ebenso.

Und wieder trat eine neue Erfahrung zutage. Ein paar der jungen Priester waren als Sanitäter in der Ukraine stationiert. Ebenso einige junge Theologen. Einer dieser jungen Priester hat es bis zum Offizier gebracht. Nun war in den späteren Kriegsjahren die Stimmung in der Ukraine nicht rußlandfreundlich. Die ersten deutschen Truppen waren durchaus menschlich. So waren denn viele Ukrainer positiv zu ihnen eingestellt. So gab es manchen Ukrainer, und zwar in höherer Stellung, der unserem Offizier sagte, wenn es mit Rußland weiter so abwärts geht, dann möchten wir von Rußland frei werden, denn wir sind geknechtet. Ihr könnt uns zur Freiheit helfen.

Danach aber kam die SS mit ihrer Grausamkeit und ihrer Härte. Ein Beispiel davon wurde oben schon erzählt. Da schwenkte dann die Stimmung um. Die gleichen Ukrainer sagten zum gleichen Offizier: Wir werden bei euch ebenso geknechtet wie bei den Russen. Dann sind wir immerhin noch lieber unter der stammverwandten slawischen Herrschaft als unter den brutalen Deutschen. So zeigt sich klar, mit Macht und Gewalt allein wird das Ziel nicht erreicht.

Aus dem Mittelalter klingt ein Weisheitswort herüber: Mächtiger als Macht ist Maß. Das ist die Erfahrung, die hier gemacht wurde.

Gleichwohl lernten die Menschen wenig aus der Geschichte, die sie erleben. Viele der Heutigen haben die Erfahrung innerlich gar nicht vollzogen. Ebensowenig haben die östlichen Diktaturen sie zur Kenntnis genommen.

Zu diesem Weisheitswort will ich eine zurückliegende Begebenheit nachtragen: Ich wurde in jenen kritischen Jahren oft gefragt, wieso hat

Hitler überhaupt zur Macht kommen können? Kurz vor der Machtübernahme in Deutschland hörte ich in München eine Rede von ihm an. Es waren zwanzigtausend Zuhörer anwesend, im größeren Teil gute Bürger. Hitler sprach zwar gut, aber nicht hinreißend. Dann kam ein Passus, in dem die Zuhörer sichtlich innerlich aufgewühlt wurden und voll mitgingen. Er sprach von dem früheren Deutschland, das einst so weltenweit vom Fels zum Meer reichte, von seiner Größe und Herrlichkeit. Er stellte das heute erniedrigte Deutschland vor Augen. Das packte die Leute.

Wenn danach gefragt wurde, warum er zur Macht kam, so trägt das Friedensdiktat von Versailles eine Mitschuld daran. Hätte der Friede Deutschland nicht so erniedrigt, wäre er maßvoller gewesen, so hätte Hitler nicht einen so großen Teil des deutschen Volkes gewinnen können. Nach 1945 machten es die Amerikaner ganz anders. Es kam der Marshallplan, der den Besiegten Hilfe brachte. Daß so etwas möglich war, kam denen, die die erste Nachkriegszeit erlebt hatten, wie ein Wunder vor. Dementsprechend wurden auch die Beziehungen zwischen Siegern und Besiegten ganz andere. Es wurde die Überwindung der tausendjährigen Feindschaft zwischen Deutschland und Frankreich möglich und so noch vieles.

Wer den Witiko von Adalbert Stifter kennt, wird sich an den dort geschilderten Herzog Wladislaw von Prag erinnern.

Viele der adeligen Geschlechter waren gegen ihn und kämpften gegen ihn. Nach seinem Sieg hätte er sie wiederholt vernichten können. Er tat es nicht. Er suchte vielmehr sie durch Milde und Freundschaft zu gewinnen. Dies gelang ihm nach langen Jahren. Der Kardinallegat sagte zu ihm: Die Wälder in unseren Bergen wachsen langsam, aber sicher, wenn sie Sonne und Feuchtigkeit haben. Noch langsamer aber beugt sich der Sinn eines ganzen Volkes, aber auch er beugt sich sicher, wenn milder Sonnenschein über ihm steht.

Das ist also nochmals wahr: Mächtiger als Macht ist Maß. An diesem Maß muß auch echte Güte ihren Anteil haben.

Wieder wurde von anderer Seite eine Erfahrung gemacht: Bei überzeugten Gläubigen bewährte sich die Kraft dieses ihres Glaubens. Das zeigten Briefe von Frontsoldaten. So schrieb einer an seine Eltern: Wenn ich falle, falle ich in die Hände Gottes. Eltern schrieben mir über ihren gefallenen Sohn: Er ist uns nicht verlorengegangen, er ist uns vielmehr vorausgegangen. Gleiches zeigte sich auch in Konzentrationslagern.

Manche berichteten mir sogar, daß sich in jenen äußersten Nöten nicht selten eine auffallende Vorsehung Gottes zeigte. So hatte der bekannte Politiker Josef Müller in der Todeszelle die ihn tiefbeeindruckende Erfahrung des anwesenden Gottes gemacht. Er wurde dann gerettet.

Das beeindruckendste Beispiel der Glaubenskraft ist vielleicht jenes, das freilich weit über unser Gebiet hinausgreift. Ich meine die erschrekkende Erfahrung aus dem Korea-Krieg. Dort wurde bei den Gefangenen die sogenannte Gehirnwäsche angewendet. Sie bekamen in Vorträgen, in Radiosendungen usw. nichts anderes zu hören als die Bedeutung der kommunistischen Lehre, als die Fortschritte, die damit erreicht wurden. Sie wurden über ihr Wissen auch geprüft. Es wurde zuerst zurückhaltend, später klar die Bekenntnisfrage gestellt, ob sie einsehen, daß der Kommunismus das Richtige ist.

Nach der Heimkehr dieser Soldaten nach Amerika machten ihre Angehörigen die sie erschreckende Erfahrung: Mein Sohn, mein Bruder ist ja Kommunist geworden. Die Sache erregte öffentliches Aufsehen und wurde untersucht. Da stellte sich heraus, daß neben der Mehrheit, die kommunistisch infiltriert war, eine Minderheit dastand, die sich der Gehirnwäsche nicht gebeugt hatte. Jeder aber, der zu dieser Minderheit gehörte, hatte einen überzeugten Gottesglauben.

Es ist gültig, die gläubigen Menschen haben mehr Kraft, besonders größere Widerstandskraft; sie brechen nicht so leicht zusammen.

Diese Erfahrungen sind von einiger geschichtlicher Bedeutsamkeit. Sie lassen sich in den folgenden Sätzen festhalten:

Die Versuchbarkeit des Menschen ist erschreckend groß. Die Versuchbarkeit steigert sich in manchen Fällen bis zur eigentlichen Entmenschlichung, die ein Ausmaß erreicht, das jedem Nicht-Zeitgenossen unmöglich erscheint.

Dennoch gibt es Durchhaltevermögen und hohe Tapferkeit. Das beschränkt sich jedoch auf eine geringe Zahl. Die weitaus größere Zahl von Menschen richtet sich nach der herrschenden Meinung. Sie waren etwa bereit, einen stillen Widerstand zu leisten, Kirchgang am Sonntag, soweit es nicht gefährlich war. Darüber hinaus jedoch nicht.

Von dieser Erfahrung gibt es in der Geschichte einige Ausnahmen. So etwa in Tirol 1796 und 1809. So etwa heute in Polen. Diese Ausnahmen schwächen die Regel, lassen sie aber im Ganzen stehen. Nicht einmal die Wissenschaft hat eine wesentliche Ausnahme gemacht, wie wir in jener Zeit erlebten.

In Diktaturen geht Macht vor Recht. Um sich nicht Illusionen hinzugeben, muß man damit rechnen und dennoch, mächtiger als Macht erweist sich das Maß! Hier liegt eine innere Begrenzung vor. Sie ist Anlaß dazu, auch in diesen Zeiten Hoffnung wider alle Hoffnung zu bewahren. Diese Hoffnung hat sich auch darin gezeigt, daß die bedrängenden Religionen wachsen. Die Kraft des überzeugten Glaubens erweist sich geschichtlich als bedeutsam.

Diese Erfahrungen führten uns zum Nachdenken darüber, was der Mensch eigentlich ist. Die Antwort kann aus Erfahrung und christlichem Glauben so formuliert werden: Der Mensch ist das auf Gottebenbildlichkeit hin angelegte Wesen, dessen geschichtlich erweisbar brüchige Grundstrukturen in der Gnade Christi Heilung finden. Das sei zunächst ohne weiteren Kommentar hieher gesetzt. Für mich stellt es eine Gegebenheit des Denkens und der Erfahrung dar.

2. Kapitel

Neuanfang

Welche Zukunft würde sich nun öffnen? Nach den Erfahrungen der ersten Nachkriegszeit waren wir zuversichtlich. Tatsächlich zeigte das Leben seine wunderbaren Erneuerungskräfte. Die jungen Männer, in deren Augen sich immer noch der tausendmal gesehene Tod spiegelte, waren ernst, strebsam. Sie verlangten nach echtem Neuanfang. Alle eingerückten Theologen, soweit sie zurückkamen, meldeten sich wieder im Priesterseminar.

Das Jahr 1946 bot wegen des 150-Jahr-Gedenkens Anlaß zu großen Feiern. Auf dem Domplatz wurde das „Spiel vom Tiroler Herrgottsbund“, Autorin Maria Luise Mumelter, dargestellt. Am Schluß stand das Gelöbnis, das von allen Ständen gesprochen wurde: „Wir kommen, Herr Gott im Himmel droben, die Heimkehr in dein Herz zu geloben.“ Den Spielern und allen Teilnehmern war es ernst damit. Große Hoffnungen brachen auf. Waren sie geschichtswirksam? Fast sah es so aus.

Ein großer Hunger nach Orientierung zeigte sich. Bei Abenden des Katholischen Bildungswerkes waren bis zu zweitausend Menschen in der Alten Universität anwesend. Bald kam ein Bekenntnistag der Jugend, an dem nahe an zehntausend Jugendliche teilnahmen, mit Bannern, Liedern und frohen Gesichtern. Ein Neuaufbruch zeigte sich bei den jungen Arbeitern unter ihrem charismatisch begabten Führer, Kanonikus Cardijn, der öfters nach Innsbruck kam. Mehr als tausend junge Arbeiter füllten den Stadtsaal.

Wir veranstalteten eine Hochschulmission, die von Pater Hugo Rahner und Pater Suso Braun gehalten wurde. Die Ergebnisse waren echt beglückend. Der Dom war voll und Pater Rahner sagte am Schluß, er habe kaum jemals so viele Kommunionen auszuteilen gehabt wie hier.

Auch die Erwachsenen blieben nicht zurück. Männerbewegungen, Frauenbewegungen erstanden. Der Familienverband wurde geschaffen und hatte bald bei 45.000 Mitglieder.

Und wieder offenbarte die Jugend ihren Erneuerungswillen. In den Christkönigswochen waren täglich zweitausend Jugendliche im Dom.

Freilich zeigte ein Vergleich mit der ersten Nachkriegszeit gewisse Grenzen. Der Aufbruch hatte nicht die gleiche Breite und Tiefe. Damals waren die großen führenden Jugendbewegungen in Deutschland und Österreich entstanden: Quickborn, Neu-Deutschland, Neuland.

Friedrich Wilhelm Foerster schrieb damals: Wenn Deutschland noch eine Jugend hat, auf die es stolz sein darf, so ist es diese. Und es hatte damals alles danach ausgesehen, daß die vielen Bäche in einen Strom münden würden, der ein christliches Abendland neu erstehen läßt.

Da aber kam die nationale Bewegung, in deren Rauhreif alles erstarb. Also zuletzt doch nicht geschichtswirksam. Das machte uns vorsichtig, um nicht zu früh des Sieges gewiß zu sein. Auch war klar, daß ein spürbarer Teil des Volkes, von der Niederlage enttäuscht, abseits stand.

Die große Erfahrung war vielmehr die, daß mitten in der Zerstörung, Dunkelheit und Nacht gesundes Leben geheimnisvoll neu aufbricht. So wie es in der Natur immer wieder Frühling wird, so bricht auch im seelisch-geistigen Leben immer wieder ein Frühling auf. Diese Erfahrung sollten wir in den kommenden Jahrzehnten sehr notwendig brauchen.

Dennoch gab es sehr viel Erfreuliches. So kamen eines Tages drei junge Innsbruckerinnen zu mir. Sie fragten einfach: Was machen Sie jetzt mit uns? Wie ich sie etwas forschend ansah, konkretisierten sie genauer: „Wir waren immer gewohnt, daß sich die Kirche um uns annahm und uns ein schönes Jugendreich erschlossen hat. Bis heute war alles verboten. Wir wissen schon, daß die Kirche trotz Verbot allerlei machte. Aber das war doch nur für wenige möglich. Jetzt muß es wieder richtig losgehen." Die Mädchen waren immerhin 16 bis 18 Jahre alt.

Auf diese und ähnliche Erfahrungen hin bauten wir die Pfarrjugend auf. Pfarrlich gegliederte Gruppen also, die im ganzen Land emporsproßten. Durch ihre Hilfe war es möglich, den erwähnten Jugendtag zu feiern. Und natürlich durch die Hilfe eines treuen Jugendkaplans, nämlich des jetzigen Dekans Bernhard Praxmarer, der mit ganzer Seele hinter diesem Neuaufbau stand.

Doch hatten wir noch kein Priesterseminar. An dieses Werk gingen wir jetzt. Wieder hat uns Gott dafür einen Priester allerbester Eignung geschenkt, nämlich den zum Regens ernannten Dekan und späteren Prälaten Dr. Adolf Ammann. Die Opferfreudigkeit der Gläubigen, die vor dem Wirtschaftswunder nach dem Kriege noch in sehr bescheidenen Verhältnissen lebten, war erstaunlich. In drei Jahren hatten wir das Werk fertig. Wie das Seminar schon einige Zeit stand, besuchte uns gelegentlich der damalige Bundeskanzler Julius Raab. Da er Baufachmann war, fragte ich ihn, wie hoch er die Gesamtkosten einschätze. Er nannte einen dreimal so hohen Preis, als es der Wirklichkeit entsprach. Die Herren seiner Suite sagten daraufhin lachend: Nun Herr Bundeskanzler, wenn Sie gebaut hätten, hätte es wahrscheinlich so viel gekostet. Der niedere Preis war nur durch das restlos treue Arbeiten des Prälaten möglich. Er schaute auf die Arbeitsmoral, auf Sparsamkeit und gute Gesamtplanung.

Es begannen fast gleichzeitig auch die Kirchenbauten in Innsbruck. Die Landeshauptstadt war nämlich bedeutend gewachsen. Sie hatte zuvor sieben Pfarreien, von denen jetzt zwei rund zwanzigtausend Seelen umfaßten. Nun gaben wir die Losung aus: Keine Pfarrei darf mehr als fünftausend Seelen haben. Diese Zahl hat damals etwa tausend Familien repräsentiert. Das war also die Stichzahl. Tausend Familien nämlich konnte ein eifriger Priester im Laufe einiger Jahre persönlich kennenlernen. Gerade um das ging es uns. Persönliche Nähe und Bekanntschaft ermöglicht Kommunikation, Aussprache und Lösung von Spannungen, die im Leben sonst oft entstehen. Es sollte nach dem Wort gehen: Ich kenne die Meinen und die Meinen kennen mich. So war es denn möglich, in Innsbruck so viele neue Pfarren zu errichten, daß wir jetzt deren 24 haben.

Mitunter wurde auch Kritik an den vielen Pfarrbauten laut. Diese beschränkten sich übrigens nicht auf Innsbruck allein, sondern umfaßten auch die ländlichen Gebiete. Und trotz der genannten Kritik wurden alle neuen Kirchen voll. Die neuen Pfarreien umfaßten natürlich nicht nur Kirchen, sondern auch Pfarrhaus und Pfarrheim.

Zu dieser Zeit setzte auch eine Rückkehr in die Kirche ein. In der NS-Zeit waren nicht wenige aus der Kirche ausgetreten. Mit Vorarlberg zusammen waren es etwa 10.000. Nun kehrte ein bedeutender Teil, etwa zwei Drittel, wieder in die Kirche zurück. Nach einer dreimonatigen Katechumenatszeit wurden sie wieder aufgenommen. Für viele war es ein glücklicher Tag.

Mitten in diesem Neuaufbau änderte sich plötzlich die Gesamtsituation. Das mag um das Jahr 1955 gewesen sein. Der Marshallplan wurde wirksam, der irdische Hoffnungen erbrachte. Der Pessimismus hinsichtlich der Technik trat zurück. Das geistige Erlebnis der sinnlosen Kriegszerstörungen und die dadurch hervorgerufene Skepsis wird vergessen. Die Zeit des fröhlichen Lebensstandards beginnt.

Selbstverständlich war es gut, daß die Not zu Ende war. Die Kirche sah aber sofort den Dominantenwechsel. Das Geistige kam in den Schatten, das Wohlleben wurde zur Hauptsache. So predigte denn die Kirche: Baut die Wirtschaft aus, aber baut auch die geistigen Werte aus. Es geht nicht nur um den äußeren Lebensstandard, sondern auch um den Lebensstandard des Charakters.

Die wirtschaftliche Besserstellung wurde in unserem Land stark von dem neuaufblühenden Fremdenverkehr getragen. Dabei zeigte sich bald, daß der rasche und unorganisch wachsende Fremdenverkehr einen Einbruch auf das bäuerliche Erbe bedeutete. Zuerst hörte das Tischgebet auf, um die Fremden nicht zu stören; dann fiel der sonntägliche Kirchgang aus; man mußte den Fremden das Frühstück servieren. Schließlich kam an die Stelle des Herrgottswinkels der Fernsehapparat.

Wir versuchten eine konkrete Lenkung. Kleine, hübsche Anschlagblätter wurden gedruckt, die an den Privatzimmern angebracht werden sollten: „Wir sind ein religiöses Bergvolk, gehen daher am Sonntag zur Kirche. Das Frühstück kann daher an Sonntagen nur von 6 bis 8 Uhr und dann wieder nach 10 Uhr angeboten werden.“ Wo in den Familien das alte Erbe noch lebte, wurde die Hilfe angenommen.

Wir versuchten über das Private hinaus eine bescheidene Lenkung des Fremdenstromes. Ein kirchlicher Erholungsdienst wurde eingerichtet. Gäste wurden in christlichen Gegenden geworben. Entsprechend wurden heimische Gastgeber empfohlen. Beide Hilfen hatten für einige Zeit ihre Bedeutung.

Doch verschwanden nach wenigen Jahren diese Anschlagblätter. Predigten erwiesen sich als erfolglos. So kam der Einbruch auch in die feiertägliche Zeit. In manchen Orten konnte Weihnachten in der Familie nicht mehr gefeiert werden. Der Fremdenstrom setzte mit 20. Dezember ein. Dann war die häusliche Feier unmöglich. Welche seelische Verarmung damit eintrat, wieviel kindliche Freude und Seligkeit dadurch wegfiel, muß klar sein.

Die Kehrseite der Medaille zeigte sich auf manchen Gebieten. Die Schulleistungen der Kinder gingen zurück. Die Noten in Betragen, Fleiß und Religion sanken nicht selten auf Drei ab. Die Eltern klagten, sie hätten keine Zeit, sich um die Kinder anzunehmen. So auf dem Land und in den Bergen. In der Stadt aber zeigte sich etwas anderes: nämlich die Schlüsselkinder traten auf. Die Frauen wurden von der Industrie geworben, sich einem hauptamtlichen Beruf zuzuwenden. So ergab sich: Der innere Aufbruch war zu Ende. Geld, Wohlstand sind stärker. Das war eine bittere Erfahrung.

Diese Gegebenheit hatte weitere Folgen. Sie wirkte sich stark in das Familienleben hinein aus und veränderte das Kind. Die Kinder hörten auf, auf der Straße „Bildchen" zu verlangen. Gemeint sind Heiligenbildchen, um die sie früher baten, wenn sie einem Priester begegneten. Die Buben spielten nicht mehr Pfarrer, die Mädchen trugen bei der Firmung kein religiöses Feierkleid mehr, sondern ein Gesellschaftskleid.

Weitere Wirkungen zeigten sich, die erschreckende Tiefen freilegten. Der erste Kinderselbstmord geschah. Ein elfjähriger Knabe nahm sich das Leben, weil sich die Eltern wegen ihres beiderseitigen Wohllebens nicht um das Kind kümmerten. Wie die Eltern nach Hause kamen, fanden sie das Kind erhängt in der Wohnstube vor. Ein kleiner mit kindlicher Schrift geschriebener Zettel gab den Grund an: „Ich bin immer allein. Niemand hat mich lieb. Ich kann nicht mehr." Seither gibt es gar manchen Kinderselbstmord, und noch mehr Selbstmordversuche. Sie sind ein lauter und letzter Schrei des Kindes: so kann ich nicht leben ohne Geborgenheit und Liebe.

Das gibt mir Anlaß zu einer Rückbesinnung. In meiner Kindheit hat Geborgenheit, Lebensfreude und Ehrfurcht das Dasein bestimmt. Aus dem Zeugnis vieler einstiger Schulkameraden weiß ich, daß das ziemlich allgemein so war: Geborgenheit in der Liebe der Eltern; Daseinsfreude, denn jedes in der Wurzel gesunde Leben ist seiner selbst froh; Ehrfurcht im Aufblick zu den Eltern und zu Gott. Diese Dreiheit fiel nun weg. Das ergab die erschütternde Erfahrung, daß in dieser Ungeborgenheit die Daseinsfreude sogar beim Kind völlig erlöschen kann. Aber auch diese Erfahrung bewirkte kein Umdenken. Zu einem zwölfjährigen Buben sagte die Mutter in einer begüterten Familie: Zu deinem Namenstag bekommst du eine schöne elektrische Spieleisenbahn. Das Kind darauf: Mutter, ich brauche keine Spieleisenbahn, ich brauche dich. Die Mutter: Kind, du weißt doch, ich habe gesellschaftliche Verpflichtungen. (Sic!)

Die Rückwirkungen zeigten sich ebenso bei der heranwachsenden Jugend, die aus der Kindheit herauswuchs. Autorität, Pflicht, Ordnung, desgleichen Tradition, Institution und Kirche wurden zu unlustbetonten Begriffen. Freilich meinte die Jugend, sie habe selbst diese Entdeckung gemacht, daß die alten Dinge überholt seien. Sie wußten nicht, daß diese Einstellung von einem psychologischen Apriori abhing. Sie hatten nämlich lebensmäßig nicht die Schönheit einer Familie erfahren. Also wollten sie aus der vorgegebenen Ordnung ausbrechen. Dabei stießen sie sich an

Familie und an den großen Institutionen wie Staat und Kirche.

Für die studierende Jugend kamen hinzu falsche Propheten wie Marcuse und ähnliche. Christa Meves hat recht: Wenn die ersten Lebensjahre nicht in seelischer Gesundheit verbracht werden, kann vieles später nicht mehr nachgeholt werden.

Wenn alte Begriffe unlustbetont wurden, so drängten sich neue Begriffe ein, die lustbetont waren: Freiheit, Autonomie, Emanzipation. Verständlich, es sind die Gegenbegriffe. So hatte man fast den Eindruck, daß die Jugend durch solche Begriffe vorprogrammiert war. Daß es gerade deswegen mit der Freiheit nicht gut stand, blieb unbekannt.

Es gab noch Restbestände von Hoffnung auch auf sozialem Gebiet. Die Bischofskonferenz hatte entschieden, es soll ein Hirtenbrief über die soziale Frage herausgegeben werden. Diesen Hirtenbrief hatte ich zu erstellen. Durch Besprechungen mit Prälat Messner wurde der Partnerschaftsgedanke in den Vordergrund gestellt. Der Begriff „Solidarität" schien Messner schon zu abgegriffen. Auch gibt dieses Wort an sich nur eine moralische Ordnung wieder, noch nicht aber eine rechtliche, in der sich eine Gleichberechtigung ausdrückt. Das aber wollten wir gerade anstreben. So öffnete das Hirtenwort eine Tür. Es konnte weitergearbeitet werden, um auf sozialem Gebiet in den Betrieben zu einer echten menschlichen Leistungsgemeinschaft zu kommen.

Viele Unternehmer nahmen mir freilich dieses Hirtenwort – die Autorschaft war rasch bekannt geworden – lange Zeit übel. Das darf jedoch nicht generalisiert werden. Mit Alfred Swarovski konnte ich ein großes Siedlungsvorhaben besprechen. Das war wirklich eine wunderbare Sache. Jeder Arbeiter konnte sich ein Siedlungshaus auf eigenem Grund bauen. Swarowski übernahm die Finanzierung, die Kosten konnten langsam zurückgezahlt werden.

Auch die katholische Jungarbeiterbewegung hatte noch ihre große Zeit. Es gab Lourdeszüge mit rund 500 Teilnehmern. Dabei geschah immer wieder etwas Bewegendes. Manche Jungarbeiter beteten bei der nächtlichen Andacht vor der Grotte mit ausgebreiteten Armen. Nachher befragt, warum sie das getan hätten, waren sie über das eigene Verhalten sehr verwundert. Es war ihnen gar nicht bewußt geworden. Seelische Tiefen waren aufgebrochen und hatten von selbst einen Ausdruck gesucht und gefunden. Freilich war gegen das Jahr 1965 schon ein Abnehmen an Lebendigkeit festzustellen. Auch auf diesem Sektor sollte der Zeitgeist und die irdische Lockung bald einen Einfluß ausüben.

3. Kapitel

Das Konzil

Das sichtbare Geschehen

Bestimmendes Ereignis dieser Jahre 1962 bis 1965 war das II. Vatikanische Konzil. Eine der schönsten Erfahrungen auf dem Konzil war, daß durch gute Wortmeldungen in der Aula Meinung gebildet wurde. So zum Beispiel: Am Anfang war die qualifizierte Mehrheit gegen die später beschlossene liturgische Erneuerung.

Die Bischöfe aus dem Gebiet des früheren Reiches Karls des Großen konnten durch fundierte Wortmeldungen den Widerstand gegen die Muttersprache brechen. Wir konnten nachweisen, daß in den ersten drei Jahrhunderten die Liturgiesprache auch in Rom griechisch war.

Im zweiten Teil des dritten Jahrhunderts fragte der taufende Bischof von Rom in der Osternacht den Täufling: Sprichst du lateinisch oder griechisch? Je nach der Antwort setzte der Bischof die Liturgie entweder in Latein oder in Griechisch fort. Das alles berichteten wir in der Konzilsaula. Es machte Eindruck. Pater Jungmann war uns hiebei eine große Hilfe.

Viel half uns in der Sache auch die lebendige Erfahrung, daß es in der Kirche eine große Zahl von verschiedenen Liturgien gab, deren Reichtum wir in den täglichen Konzilsmessen beobachten konnten. Diese Liturgien waren weithin aus dem Osten. Die Begegnung mit dem Osten war überhaupt fruchtbar. Viele von uns hatten gemeint, im Osten werde die Theologie schmal sein. Das Gegenteil war der Fall. Das war eine bereichernde Erfahrung.

Bald drängte sich in der geistigen Arbeit ein anderer Gedanke in den Vordergrund, nämlich, die Kirche sei zu sehr verrechtlicht. Es wurde laut und deutlich gesagt, die Werte des Rechtes seien nicht die höchsten Werte. Wir müssen vom Herrschen zum Dienen kommen, vom Recht zur Liebe! Naturgemäß handelte es sich hier um Dominantenbildung, anders gesagt, es handelte sich nicht um eine neue Werthierarchie, nicht darum, daß die Leitungsgewalt aufgehoben werden soll, aber sie soll sich im Dienen zeigen, das Recht soll also überhöht werden vom Geiste der Liebe. Diese Auffassung hat sich durchgesetzt. Das Konzil spricht vom

Dienstamt des Priesters, von den Rechten der Laien, nicht mehr: die einen werden verwaltet, die anderen verwalten (sunt alii qui administrant et alii qui administrantur).

Und wieder brachte die Begegnung mit anderen Kirchen eine große Blickerweiterung. Die sämtlichen Bischofskirchen des Ostens wurden nicht von den Päpsten gegründet, sondern von den östlichen Patriarchen und deren Nachfahren. Sie haben ihre eigene Liturgie und ihr eigenes Kirchenrecht. Soweit sie katholisch sind, anerkennen sie durchaus die tragende Einheit, die sich im Papsttum ausdrückt, doch ist ihr Lebensgefühl freier, sie wollen ihre Angelegenheit zunächst selbst regeln.

Ebenso anregend wirkte die Begegnung mit den Kirchen der Reformation. Diese haben mehr Hausfrömmigkeit und weniger Kirchenfrömmigkeit. Bei uns ist das umgekehrt. Auch das hatte seine Bedeutung. Das Wort Christi: „Du aber, wenn du beten willst, geh in deine Kammer und schließe die Tür“ bekam wieder seine Bedeutung.

Die Gesamterfahrung brachte fast auf der Weltebene des Christentums eine bedeutende Bewußtseinserweiterung. Die christlichen Werte sind keineswegs an ein Volk oder an eine Kultur gebunden. Sie werden verschieden ausgeprägt und bleiben doch Einheit.

Etwas war an Johannes XXIII. besonders auffallend: sein Optimismus. Dieser klang bei der Eröffnungsrede an. Er beurteilte die Dinge nicht so düster wie viele Zeitgenossen. Aus dem Konzil soll die Kirche in ein neues Pfingsten eingehen. Diese Grundauffassung des Papstes hat, wahrscheinlich unbewußt, viele Konzilsreden mitgeprägt.

Vor allem hat sie die innere Haltung bestimmt. Stand die Kirche früher der neuen Entwicklung vielfach ablehnend gegenüber, so wandte sie sich nun offenen Auges der Gegenwart und Zukunft zu. Eine optimistische Erwartung zog in die Kirche ein. Es fehlte zwar nicht an Reden, die auf weltkritische Stellen der Heiligen Schrift aufmerksam machten, dennoch herrschte der positive Grundton vor.

Es stellt sich die Frage, hat sich diese Einstellung bewährt? Die harte Erfahrung sagt: Nein. Jedenfalls nicht ganz. Ein Pfingsten der Kirche ist nicht gekommen. Die Lage der Welt hat sich weiter verschlechtert. Vielmehr hat sich der düstere Satz des hl. Augustinus von dem verdorbenen Hefesatz im Grund des menschlichen Herzens bewahrheitet. Mußte so vieles von dem Aufbruchsoptimismus zurückgezogen werden, so ist doch etwas geblieben. In der Kirche werden neue Dinge nicht eo ipso als verderblich angesehen, sondern sie werden geprüft. Das ist eine durchaus sachrichtige Haltung. Aus dieser Haltung haben sich manche Grundeinstellungen geändert, so etwa das Verhältnis der Kirche zu Gegenwart und Zukunft, zu Wissenschaft und Kultur. Bei allen diesen Problemen gereicht es mir zur Freude, daß es mir gelungen war, Pater Karl Rahner in die gesamte deutschsprachige Bischofskonferenz einzuführen. Er war zur geistigen Klärung eine bedeutende Hilfe.

Dennoch, nach dem Konzil kamen große Wirren über die Menschheit und Kirche. Man hörte manchmal, das Konzil trage daran die Schuld. Das ist ein Fehlurteil. Die westliche Menschheit hatte einen Zeitpunkt erreicht, in dem ihr für die Zukunft alles möglich schien: Fortschritt, Wohlstand, Lösung aller Probleme.

Und zu allem brauchte man weder Religion noch Gott, nur Technik und Wirtschaft. Glaube und Religion schienen überflüssig zu sein. Der Mensch war der Nachfolger Gottes auf Erden, wie Nietzsche gesagt hatte. So kam es zu einem weltweiten Rückgang von Glaube und Religion, der sich nicht auf den christlichen Bereich beschränkte.

Zugleich aber dämmerte die Ahnung auf, daß dieser Stand allgemeiner Befriedigung doch das Glück nicht sei, daß tiefere Schichten im Menschen gar nicht mehr zur Entfaltung kämen; bei allem äußeren Fortschritt habe ein innerer Rückschritt eingesetzt.

Guardini schrieb damals sein Buch: Sorge um den Menschen. Ganze Seinsschichten im Menschen, so stellte er dar, werden gar nicht mehr aufgeweckt. Das Gefühlsleben erkaltet. Innere Ergriffenheit und alles, was den Geist bannt und das Herz bezaubert, fällt aus. Es entsteht ein Schrumpfmenschentum. Für das, was Guardini so sagte, trat allmählich ein Gespür ein. Unruhe des Herzens und äußere Unruhen waren die Folge.

Hinsichtlich der Kirche ist richtig, daß durch das Konzil manche Freiräume entstanden sind, deren sich unerfahrene und stürmische Geister bemächtigten. So trugen sie zur allgemeinen Verwirrung mit bei. Doch lagen die entscheidenden Ursachen anderswo. Sie waren weltweit.

Wenn nun die großen Erwartungen Johannes' XXIII. nicht erfüllt wurden, so hat sich doch in der christlichen Spiritualität etwas Bedeutendes geändert, zum Besseren und wie es scheint auf Dauer.

Schon im christlichen Mittelalter ging das Schwergewicht der inneren Frömmigkeit immer mehr zur Kreuzesfrömmigkeit über. Dies im Gegensatz zum christlichen Osten, in dem die Auferstehungsfrömmigkeit Vorrang hatte.

Das kam so. Die Wüstenväter der frühen Jahrhunderte waren, wie es uns scheint, in die Einsamkeit gegangen, um den Kampf gegen die Sittenverwilderung der späten heidnischen Zeit aufzunehmen und Zeugnis zu geben. Buße, Abtötung und Aszese waren ihre Leitworte. Die Völkerwanderung mit ihren Kriegen und Grausamkeiten tat das Weitere dazu. Es war das Wort aufgekommen: maßvolle Furcht und maßvolle Trauer (moderatus timor, moderata tristitia) sei die christliche Haltung. Das Kreuz war das Sinnbild dafür. Die christologischen Kämpfe bestärkten diese Haltung. (Darauf kann hier näherhin nicht eingegangen werden.)

In der Zeit des Hochmittelalters nun, das Besitz, Reichtum und Lebensfreude brachte, kam Franz von Assisi und weckte die geistliche Freude. Diese sank aber in all den schlimmen Zeiten mit Ketzern und Glaubenskriegen wieder ab. Der wieder sehr ernste Geist und das Schuldbewußtsein vor Gott drang weiter vor. Die abendländische Kirchenspaltung und der Jansenismus tragen viel Schuld daran.

Im Konzil selbst fand nun die genannte Blickerweiterung statt, vor allem die Begegnung mit dem Osten. Der Osten zeigte seine betonte Osterfrömmigkeit. Nicht der Karfreitag, sondern der Ostersonntag stand hell im Zentrum und dies so sehr, daß der Ostertag sein eigenes, nur ihm zugehöriges Brauchtum hatte. Man grüßt sich an Ostern: „Christus ist erstanden".

Dazu ein kleines, persönliches Erlebnis: Auf einer Heilig-Land-Reise geschah es mir, rein aus Gewohnheit, daß ich am österlichen Tag einen Priester mit „Guten Morgen" grüßte. Dieser hielt mir auch sofort entgegen: „Heute grüßt man doch mit: Christus ist erstanden." Die Antwort hiezu lautet: Er ist wahrhaft auferstanden. Das ist nur ein Ausdruck dafür, daß die Auferstehung viel tiefer in das Lebensbewußtsein des Ostens eingedrungen ist. Es ist näherhin so, daß Christi Auferstehen und unser Auferstehen als Einheit gesehen wurden. Ostern war das Fest der Auferstehung Christi und des Christen zugleich. Daher hat es diesen besonderen Tiefgang. Ostern war und ist im Osten das große Fest der Christenheit. Die Erlösung ist vollbracht, die Auferstehung und neues, ja ewiges Leben ist der Menschheit erschlossen.

Diese Osterfrömmigkeit ließ uns erfahren, daß bei uns etwas ergänzungsbedürftig war. Diese Ergänzung wurde denn in die erneuerte Liturgie eingebracht. Ostern ist nun auch im Westen das Fest der Auferstehung Christi und der Christen.

In der täglichen Meßliturgie wurden verschiedene Texte, die das Sündenbewußtsein stark betonten, durch andere ersetzt, die mehr den Charakter des Lobes und des Dankes haben. So zum Beispiel das Gebet zur Gabenbereitung. Früher hieß es: Nimm an, heiliger Vater, diese Gaben, die ich, dein unwürdiger Diener darbringe für meine unzähligen Sünden, Fehler und Nachlässigkeiten . . . Jetzt heißt es: „Gepriesen bist du, Herr unser Gott, Schöpfer der Welt. Du schenkst uns das Brot, die Frucht der Erde und der menschlichen Arbeit. Wir bringen dieses Brot vor dein Angesicht, damit es uns das Brot des Lebens werde." Ähnlich bei der Darbietung des Kelches. Diese Änderung ist eindeutig auffallend. Ähnliche Änderungen finden sich häufig, ganz besonders während der fünfzig Tage der Osterzeit, wo natürlich der Gedanke der Auferstehung, der Freude und der Erlösung im Vordergrund steht. Insofern ist nun doch auf geistlichem Bereich der Optimismus Johannes' XXIII. in die Frömmigkeitshaltung der Kirche eingedrungen.

Hintergründige Wandlungen

Es ging auf dem Konzil noch etwas vor sich, was freilich nicht im Vordergrund des Bewußtseins stand, sich aber vom Hintergrund her allmählich auswirkte.

Im Mittelalter war die Kirche schlechthin die Führerin der Kultur. Die Kaiser konnten meist nicht schreiben. Die ganze staatliche Verwaltung war in den Händen des Klerus. Lange Zeit desgleichen das ganze Schulwesen. Auch mit der höheren Bildung und Universität war es ebenso. Kleriker schrieben die Akten und die Bücher, sie bauten die Kirchen, sie pflegten die Kunst, der Laie war Landmann, Handwerker. Aber auch hier hatte bei der Feldbebauung, bei Obst und Wein das höhere Wissen der Klöster, besonders in deutschen Landen, großen Einfluß. Die Rittersöhne, sobald es sie gab, übten sich im Waffenspiel, später auch im höfischen Umgang, wozu zugleich zu bemerken ist, daß auch die Ritteridee erst von der Kirche geschaffen wurde. Früher gab es nur den Recken, der dreinschlug. Man denke an die nordischen Räuber, die Wikinger, die die Küsten Nord- und Westeuropas plünderten.

Die Ritteridee umfaßte etwas Zweifaches: den Glauben verteidigen und die Schwachen schützen. Der Waffeneinsatz galt also nicht einfach der eigenen Machterweiterung oder der bloßen Ehre. Er galt vielmehr einem hohen Ziel, und wenn einer waffenlos war, sollte er beschützt werden, der Landmann, der Kaufmann, die Frauen und die Kinder. Von daher wurde die Idee der Ritterlichkeit geboren. Sie strahlt weit über das Mittelalter hinaus und hat in der heutigen Zeit noch Geltung.

Die Kirche als Führerin der Kultur wurde jedoch im späten Mittelalter beschränkt. Die Städte wollten eigene Schulen haben, die in ihrer Hand blieben. Dieser Vorgang verstärkte sich in der Neuzeit. Es begann eine selbständige Laienkultur. Die europäischen Nationen wurden eigenständig. Ebenso wurde die Wissenschaft selbständig; desgleichen Literatur und Kunst. Gegen all das war nichts einzuwenden.

Dennoch geschah dabei etwas Schlimmes, das war nicht das Selbst-werden, wohl aber das Sich-feindlich-werden. Die unglückliche Entscheidung in der Galileifrage hat viel dazu beigetragen. Doch war das nicht das einzige. Schon Innozenz IV. hat im 13. Jahrhundert die Folter freigegeben, obwohl Nikolaus I. im neunten Jahrhundert erklärt hatte, daß die Folter gegen das menschliche und göttliche Recht sei. Innozenz VIII. hat im 15. Jahrhundert gar die Hexenprozesse gebilligt. Durch die Rezeption des römischen Rechtes mit seinen Folterungen war viel Härte in die Kirchenauffassung gekommen.

Mit dem Aufbruch der Renaissance und der Begegnung mit dem alten Griechentum schien dies alles mit Recht überholt. Die Kirche aber gab ihre Position nicht preis. Die Werke von Galilei blieben bis 1835 auf dem Index, obwohl sie unter Benedikt XIV. um 1744 wieder erscheinen konnten. Man war überhaupt der freien Forschung gegenüber zurückhaltend bis ablehnend. Sogar die nationalen Sprachen wurden minder geschätzt. Selbst im 18. Jahrhundert wollten die Jesuitenschulen immer noch Latein als Schulsprache festhalten, besonders in den deutschen Landen. Und, was eine große Schande ist, die Freidenker des 18. Jahrhunderts mußten schließlich die Abschaffung der Folter erreichen.

Im 19. Jahrhundert trat durch den Syllabus Pius' IX. noch eine Verschärfung ein. In diesem Syllabus wurde religiöse Freiheit abgelehnt, die das II. Vatikanum jedoch ausdrücklich als richtig erklärt hat. Selbstverständlich trat dafür Aufklärung, Rationalismus besonders in den Vordergrund. Kirche und Kultur fielen aber beinahe völlig auseinander. Beidseitig entstand weitgehend ein gegnerisches Verhältnis, das schließlich in das Lebensgefühl der europäischen Völker eingegangen ist. Man sah nichts Besonderes, so im 19. und beginnenden 20. Jahrhundert, an der Zurückhaltung, mit der die Gebildeten dem Priester gegenüberstanden, für den dann das schwarze Kleid als Ausdruck finsteren Geistes galt.

Es war nun hintergründig nicht immer reflexbewußt und dennoch das Anliegen des Konzils, diese vielfältigen Gegensätzlichkeiten abzubauen. Das Konzil sollte Kontakt mit der gesamten Weltwirklichkeit gewinnen und das gegensätzliche Verhältnis auflösen. Es war sein Anliegen, mit Wissenschaft, Kultur, insgesamt mit dem Zeitgeist und dem Lebensgefühl der Zeit Verständigung zu erreichen, den Rückstand aufzuholen und wettzumachen. Das war natürlich kein leichtes Anliegen. Ganz lassen sich Kirche und Welt ja nicht zur Deckung bringen.

Wie ging man nun vor? Zunächst fand sich manches, was erstarrt und verfremdet war. Das war etwa auf dem Gebiet der Liturgie der Fall. So etwa die ausschließliche Herrschaft der lateinischen Sprache, die im 20. Jahrhundert bereits zu einer toten Sprache geworden war.

Darüber hinaus fand man, daß die Gebärdensprache, also Symbole usw., überreich ausgestaltet war, so zwar, daß sie vielfach gleichfalls nicht mehr verstanden wurde. Es war nicht leicht, an den äußeren Riten der Meßfeier herauszufinden, daß es sich hier ganz wesentlich um eine Danksagung handelt, die in einem Mahlopfer vollzogen wird. Durch die allegorische Liturgieerklärung, wie sie im frühen Mittelalter üblich wurde, war das verständlich. Amalar von Metz etwa konnte alles sehr tiefsinnig, nicht verständlich, sondern tiefsinnig machen. Er erklärte zum Beispiel das Weihrauchfaß als Symbol der Dreifaltigkeit.

So begann man denn zu vereinfachen, das etwas schwülstige byzantinische Hofzeremoniell mit den vielen Handküssen und Kniebeugen, nicht nur vor Gott, sondern auch vor den Liturgen abzubauen, und so noch vieles. Die Grundgestalt sollte wieder deutlich werden.

Selbstverständlich ging das nicht ohne viele Schwierigkeiten vor sich. Ein 90jähriger italienischer Bischof erklärte mit viel Pathos: „Auch mir ist bekannt, daß in den ersten Jahrhunderten die Liturgie geformt, geprägt und auch erneuert wurde. Aber damals geschah das von Heiligen und jetzt von Sündern."

Dennoch konnte auch hier die schon gerühmte Erfahrung gemacht werden, daß durch fundierte Wortmeldungen Überzeugung gebildet wurde. So wurde denn das Ziel trotz der Widerstände erreicht.

Manche Konzilsväter waren sich reflex nicht ganz klar, was hier vor sich gehen sollte, empfanden es aber als etwas Fremdes, das in ihren Ohren keinen guten Klang hatte. Würde hier nicht die Bedeutung des

Kreuzes geschwächt? Würde den Christen nicht das Bewußtsein von Sünde und Schuld zu sehr genommen? Wenn alles so froh gestimmt würde, was wäre es dann mit den Worten des Salve Regina „zu dir seufzen wir, trauernd und weinend in diesem Tal der Tränen“, ob das jetzt nicht mehr wahr sei?

Das war eine gegensätzliche Meinung, die nicht einfach aus der Luft gegriffen war. Auch sie trug mit zur Wahrheitsbildung bei. Es wurde uns klar, daß es sich um eine Synthese handeln müsse, nicht einfach um eine Preisgabe des Alten. Das Alte müßte um das Neue der Auferstehungsfrömmigkeit bereichert werden, so aber, daß doch auf dem Neuen die Dominante lag. War doch alles Kreuz der Durchgangspunkt, um zum Ziel zu gelangen.

Durch den geschilderten Einsatz konnte das Erstarrte und Verfremdete aufgelöst werden. Eine beginnende Begegnung mit dem Geist der Zeit und ihrem Lebensgefühl war eröffnet.

Doch war dies nicht alles. Viele der Unsrigen litten auch daran, daß in der wissenschaftlichen Theologie vielfältige Versachlichung, ja Verdinglichung vor sich gegangen war. Das aber war doch mit dem christlichen Glauben wenig konform. Christlicher Glaube baut immer und überall auf dem Personalen auf, auf Jesus Christus, dem Mittler des Heiles.

Wenn man zum Beispiel die Gnade kennzeichnet als accidens physicum supernaturale (schon daß sich das kaum übersetzen läßt, zeigt die Schwäche an. Man müßte etwa sagen, ein zusätzliches, der Seele geschenktes übernatürliches Sein), so ist Gnade doch stark verdinglicht. Gnade ist aber in ihrem Wesen etwas Lebendiges und Persönliches. Könnte man nicht besser sagen, Gnade ist Liebe, und zwar persönliche Liebe Gottes zu uns, die zugleich schöpferisch ist und also Leben schafft. Sie trifft den Personkern des Menschen, erhebt und bereichert ihn. Dann würde wohl auch der andere Begriff, Vermehrung der Gnade, durch einen besseren ersetzt, etwa durch gottgeschenktes Wachstum der Gnade. Und so noch vieles.

Damit hängt eine Erkenntnis zusammen, daß der aristotelisch-wissenschaftliche Begriff nicht mehr voll genügend sei. Der aristotelische Wissenschafts-Begriff ist gekennzeichnet durch Begriff, Syllogismus, logisches Schlußverfahren und Folgerung. Das ist ein ziemlich abstraktes Verfahren, nur deduktiv, nicht induktiv. Seine Stärke liegt in der logischen Kraft, die natürlich nie übersehen werden darf. Aber erfaßt dieses Verfahren alles? Die Kategorien des *Personalen*, des *Dynamischen* und des *Historischen* werden in diesem Verfahren zuwenig berücksichtigt.

Diesen kritischen Gedanken schlossen sich andere an. Nicht nur das Dogma, sondern auch die kirchliche Moral schien einer Vertiefung bedürftig zu sein. Unsere Moralhandbücher boten vielfach eine Grenzwissenschaft. Es wurde genau abgehandelt, was geboten, was verboten ist und wo die Grenzlinie verlaufe. Moral ist aber keine Grenzwissenschaft, sondern eine Wissenschaft vom sittlichen Ideal.

Damit verband sich wieder eine erneuerte Auffassung von dem Weg, auf dem das sittliche Ideal zu erreichen sei. Dafür stand im kirchlichen Denken Begriff und Sache der Aszese zur Verfügung. Herkömmlicherweise versteht man unter Aszese Verzichtleistung, Abtötung und ähnliche verneinende Dinge. Nun aber sollte das durch positive Dinge ergänzt werden. So griff man zu dem Wort Askese, das natürlich das gleiche Wort ist, aber nun mit einer besonderen Note. Askese, unmittelbar griechisch (nicht die latinisierte Form Aszese), bedeutet Übung, Einübung. Man kann auch sagen Training. Damit aber verbunden ist ein positiver Einsatz. Also nicht nur Verzicht ist gemeint, sondern eine Einübung in die sittliche Leistung. Also z. B. Wahrhaftigkeit, Güte, Selbstlosigkeit und so noch vieles. Habe ich die Kraft, immer gerecht zu sein, und wie gewinne ich sie?

Diese zuletzt geschilderten Dinge gingen mehr hintergründig vor sich. Sie schienen in den Konzilsreden wenig auf. Sie waren längst nicht immer reflexbewußt. Dennoch beeinflußten sie stark die Prägung dieser Texte. Vielfach griff man auf vorscholastische Begriffsbildung zurück, etwa auf Augustinus und die frühen Kirchenväter. So etwa auf die „ganze erlöste Gemeinde", also die „tota redempta civitas" und ähnliches mehr. Die dogmatische Darstellung gewann an Leben.

Kirche in der Welt

Wenn nun dieses Voranschreiten in der Erkenntnis vielfach hintergründig, aber doch mit konkreten Ergebnissen vor sich ging, so brach es sich doch mindestens zweimal vordergründig die Bahn, nämlich in der Forderung an die Moralwissenschaft und ausdrücklich und thematisch in der Konstitution über die Kirche in der Welt von heute. Nicht daß das ohne Schwierigkeit vor sich ging. Kardinal Ottaviani beklagte sich wiederholt, daß das ganze zuwenig scholastisch sei und die römische Schule kaum berücksichtigt werde. Er gebrauchte manchmal den rührenden

Ausdruck „parcite auribus meis“, also, schont doch meine Ohren. Aber die Würfel waren schon gefallen. Die Konzilsmehrheit befand sich auf der anderen Seite.

Hinsichtlich der Moral forderte das Konzil eine viel stärker auf Bibel und Offenbarung ausgerichtete Normgebung. Dadurch sollten die sittlichen Ideale von selbst aufleuchten, sittliche Ideale, die den Weg des Christen in der Gegenwart erhellen. Für die Konstitution, die Kirche in der Welt von heute wurden einleitende Sätze gefunden, die den geöffneten Geist des Konzils eindeutig unter Beweis stellen.

Sie heißen: „Freude und Hoffnung, Trauer und Angst der Menschen von heute, besonders der Armen und Bedrängten aller Art, sind auch Freude und Hoffnung, Trauer und Angst der Jünger Christi. Und es gibt nichts wahrhaft Menschliches, das nicht in ihren Herzen seinen Widerhall fand. Ist doch ihre eigene Gemeinschaft aus Menschen gebildet, die in Christo geeint, vom Heiligen Geist auf ihrer Pilgerschaft zum Reich des Vaters geleitet werden und eine Heilsbotschaft empfangen haben, die allen auszurichten ist. Darum erfährt diese Gemeinschaft sich mit der Menschheit und ihrer Geschichte wirklich engstens verbunden.“

Es wird dann von dem Wendepunkt in der Geschichte gesprochen, in dem wir stehen und von der Wachstumskrise, in der sich die Menschheit befindet. Wir befinden uns in einer durch menschliche Erfindung, Wissenschaft und Technik „gemachten Welt“. Industrialisierung und Verstädterung schreiten voran. Alte Werte verlieren ihre Bedeutung. Daher tritt Unsicherheit und Unruhe in den Menschen auf. Mit der äußeren Bereicherung verbindet sich eine innere Verarmung. Das Gleichgewicht ist gestört.

Nach dieser Prüfung der Gegenwartslage wird die Frage gestellt: Was ist der Mensch? Was ist der Sinn von Schmerz und Tod? Christus, so wird gesagt, ist der neue Mensch, der die Antwort bringt. Der neue Mensch ist der österliche Mensch, der das „Stirb und Werde“ kennt, von dem Goethe gesprochen hat. Es geht um das Menschheitswohl, von dem Johannes XXIII. erstmalig gesprochen hat.

Ein dynamischer Zug zeigt sich deutlich. Das Wirken des Ostergeheimnisses erhellt die Welt, bis sie einst, wenn wieder eine Fülle der Zeit gekommen sein wird, übergeht in den neuen Himmel und die neue Erde, die Gott schaffen wird. Die Kirche bietet für diesen Menschheitsweg eine Hilfe an. Sie will fördern, will aber auch das rechte Maß vermitteln, so daß Gleichgewicht von innen und außen ersteht.

Es werden sodann die vielen Probleme im einzelnen besprochen, die uns heute bedrängen. So die Frage von Ehe und Familie mit der verantworteten Elternschaft, die Frage nach der Forderung des kulturellen Fortschritts. Und so noch vieles. Die Völker haben das Recht, nach ihren eigenen inneren Gaben und Veranlagungen ihre je eigene Kultur aufzubauen. Afrikanische Bischöfe haben sich beklagt, daß sie ständig mit der europäischen Kultur belastet werden, mit dem abstrakten europäischen Denken. Es könne doch auch eine andere als die scholastische Philosophie geben, die als Grundlage christlichen Glaubens in Betracht käme. Das Konzil fand die Antwort in der autochthonen Kultur (bodenständigen Kultur), die Berücksichtigung finden müsse.

Sodann die Arbeitslehre des Konzils. Die menschliche Arbeit hat den tiefen Sinn, die Schöpfung weiterzuführen und zu vollenden. Indem der Mensch diesen Sinn erfüllt, vollendet er sich selbst. Organisch folgte nun die Behandlung der sittlichen Frage. Der Arbeiter darf nicht passives Glied einer Fremdbestimmung sein oder bleiben, er soll aktiv mitsprechen, mitbestimmen und mitverantworten können.

Es wird sodann von dem Aufbau der Völkergemeinschaft gesprochen. Die Nächstenliebe begrenzt sich nicht mit der Volksgrenze. Sie ist vielmehr eine Menschheitsliebe. Es geht um das Menschheitswohl, wie schon angemerkt. Es geht um den Weltfrieden. Der Krieg wird geächtet.

Am Schluß wird die wissenschaftliche Theologie aufgefordert, die Verbindung mit der eigenen Zeit nicht zu vernachlässigen, alle Probleme und ihre Lösungsversuche zeitnah darzustellen.

Zum Ganzen bemerkenswert ist die oft auftretende Bescheidenheit in der Diktion der Texte. So wird etwa gesagt, daß verschiedene Antworten der Veränderung durch die Zeitlage unterliegen, so daß nicht alles ein für allemal entschieden sei. Ebenso wird einschränkend gesagt, daß die Kirche nicht auf alle Fragen eine konkrete Lösung zur Verfügung habe. Es sei vielmehr die Aufgabe von Laien, konkrete Antworten auf ihrem Fachbereich aus dem christlichen Glauben und seinem Ethos zu finden. Man denke etwa an Wirtschaftsfragen und an technische Fragen. Vertreter der technischen Wissenschaft sollten die Zusammenarbeit mit den Vertretern anderer Fakultäten suchen, um in gemeinsamem Suchen und Planen die volle Wahrheit zu finden. Damit wird also das interdisziplinäre Gespräch empfohlen.

Die Erarbeitung dieser ganzen Konstitution war mit einem großen Arbeitseinsatz verbunden. Manchmal trat ein Zagen auf, ob das Ganze in dieser unruhigen, fortschrittsgedrängten Zeit wohl gelingen werde. Die Hauptredakteure wurden gewechselt. In der Aula selbst wurde der übertriebene Optimismus getadelt: die Welt liege im argen, wurde die Heilige Schrift zitiert.

Für die Kommission, die mit der Erstellung beauftragt war, wurde eine intensive Arbeitsleistung nicht nur während der Konzilstagung, also von Oktober bis November gefordert, sondern das ganze Jahr hindurch, und zwar mit eigenen großen Tagungen in Rom selbst.

Die Erfahrungen, die hiebei gemacht wurden, waren durchaus beglückend. Die große Zähigkeit, aber auch die geistige Kraft, Schwierigkeiten zu bewältigen, gehörte mit zum Schönsten, was ein Konzilsteilnehmer erleben konnte.

Eine beglückende Erfahrung konnten wir auch auf dem Gebiet der ökumenischen Begegnung machen. Von der Ostkirche, der evangelischen Kirche, der anglikanischen Kirche waren Beobachter eingeladen. Nun veranstaltete Paul VI. am Schluß der zweiten Konzilsperiode einen ökumenischen Gottesdienst in St. Paul. Dieser ökumenische Gottesdienst fand genau so statt, wie uns das seither vertraut ist. Jede der beteiligten Kirchen hatte aktiven Anteil an der Feier, sei es durch Lesung, durch Ansprache oder Gebete. Die Schulansprache hielt der Papst. Er liebte es, in seinen Ansprachen einen kleinen Bericht, eine Erzählung einzufügen.

Hier sei angemerkt, Paul VI. war überhaupt anders, als man ihn allgemein beurteilte. Man meinte, er sei möglichst abweisend, zurückhaltend und unerbittlich. Seine Natur war aber ganz anders. Ihn drängte es immer, eine Freude zu machen, ein Geschenk zu geben, hilfreich zu sein.

So erinnere ich mich, daß die österreichischen Bischöfe während des Konzils eine Gesamtaudienz hatten, in der der Papst zum Schluß sagte, er hätte uns gern ein Geschenk überreicht, aber er besitze augenblicklich nichts. Er mußte nämlich für ein Drittel des gesamten Weltepiskopats, hauptsächlich für die Bischöfe aus den Missionsgebieten, die ganzen Aufenthaltskosten in Rom übernehmen. Er wolle uns aber doch eine Freude machen und werde also am morgigen Tag das Meßopfer für den österreichischen Episkopat darbringen. Wir waren bewegt von diesem Gestus der Liebe.

Zurück zur ökumenischen Feier: Der Papst berichtete von einem kleinen Ereignis aus dem Erlebnis des russischen Philosophen Solowjew.

Dieser war eines Tages in einem russischen Kloster zu Gast. Dort führte er mit berühmten russischen Mönchen zahlreiche Gespräche. Am späten Abend noch trat er in eine Mönchszelle. Das Gespräch dehnte sich bis in die Nacht hinein aus. Da Solowjew aus der Zelle trat, war es im Kreuzgang des Klosters völlig dunkel. Der Philosoph suchte die Zelle, in der er selbst untergebracht war. Er suchte lange umher, konnte sie jedoch nicht finden. So lehnte er sich denn mit der Gelassenheit des östlichen Menschen an eine Säule des Kreuzganges und wartete meditierend den Morgen ab. Wie es hell wurde, sah er mit Erstaunen, daß er sich gerade gegenüber seiner eigenen Zellentür befand. Der Papst machte die Anwendung: So sind wir manchmal der Begegnung und der Wahrheit sehr nahe und wissen es nicht.

Gerade dieser konkrete Zug der Schlußfolgerung machte tiefen Eindruck. Das ökumenische Klima war bedeutend gebessert. Die Erfahrung, die wir hier machten, ist diese: Auch bei zunächst verschiedener Auffassung kann durch das menschlich Sympathische vieles gelockert und so eine echte Begegnung angebahnt werden.

Darüber hinaus wurde eine weitere Erfahrung vermittelt. Der Papst hatte die erste Enzyklika dem Dialog und seiner Eigenart gewidmet. Dieser Dialoggedanke findet sich übrigens schon bei Thomas von Aquin, nur heißt er dort Disputation. Aber das Anliegen ist das gleiche. Man müsse mit mehr Unbefangenheit in das Gespräch eintreten, davon überzeugt, daß auch der Gesprächsgegner zur Wahrheitsfindung beitragen werde. Man müsse überhaupt die Einstellung haben, die ganze Wahrheit zu finden, nicht etwa recht zu haben.

Wir machten in dieser echten Dialogeinstellung die Erfahrung, daß man auf diese Art durch eine Unterredung wirklich bereichert wird. Wir gaben unsere katholische Überzeugung nicht auf, aber wir sahen, wieviel Wahrheitsmomente auch der Gesprächspartner beibringen konnte. Das machte uns Katholiken, die wir vorher oft aus einer Haltung der Überlegenheit gesprochen hatten, viel bescheidener. Und das war gut. Denn ohne unsere eigene Schuld, sowohl im Osten wie im Westen, hätte die doppelte Kirchenspaltung nicht stattgefunden.

Dazu war es wichtig, daß man auch im Konzil selbst frei reden konnte. Versuche zur Einschränkung der Redefreiheit wurden nicht geduldet. So erinnere ich mich einer Wortmeldung eines jungen italienischen Bischofs, der sich beklagte, im Konzil müsse man Reden anhören, die nicht mehr glaubensgerecht, schon eigentlich glaubenswidrig seien.

Damals hatte gerade Kardinal Ruffini den Vorsitz und mußte dazu Stellung nehmen. Ruffini gehörte zu der Dreiergruppe, der größten konservativen Gruppe, die Ottaviani, Siri und ihn selbst umfaßte. Es gereicht Ruffini zur Ehre, daß er gelassen antwortete: „Lieber Mitbruder, wir haben im Konzil Redefreiheit, die nicht vorenthalten werden darf."

So wurde denn auch tapfer gegen den Triumphalismus in der Kirche gesprochen, gegen die Meinung, daß die Kirche überhaupt fehlerfrei sei. Es wurde als Leitwort ausgegeben, die Kirche müsse nun zu einer *dienenden Kirche* werden. Das sei der Ruf der Zeit. Von der früheren Einteilung in streitende, leidende und triumphierende Kirche war nichts mehr zu hören.

Festhalten wollen wir die Erfahrung: Erweiterung des Blickes in der Begegnung mit dem Osten und mit anderen Kulturen, den großen geistigen Einsatz, der im Konzil geleistet wurde, die ebenso große Bereitschaft zur Selbstkritik, den Wandel in der Tiefe zu einer positiven Wertung der Gegenwart, den Versuch einer Wiederbegegnung mit Wissenschaft und Kultur der Zeit.

4. Kapitel

Nach dem Konzil

Die Krise

Die Zeit vor dem Konzil hatte bereits tiefe Einbrüche gezeigt. Sie stand zwischen Hoffnung und Bangen. Das Konzil hatte die Hoffnung verstärkt. Nun aber brach die Krise auf.

Die Änderung der gesamten seelisch-geistigen Lage zeitigte nun ihre Folgen. Das abendländische Wertsystem war verlassen, Technik, Wirtschaft, Wohlstand war alles. Die Umwertung aller Werte brachte ein Chaos aller Werte hervor. Das wurde auf einmal geschichtswirksam. Alle Orientierungen gingen verloren. Der Optimismus bewährte sich nicht. Die Religion schien überflüssig. Die sittlichen Bindungen gingen dahin. Das alles zusammen hielten die Menschen nicht aus.

Die Jugend wurde weltweit rebellisch. Im Osten wurde das freilich gewaltsam unterdrückt, im Westen war es anders. Einerseits wollte die Jugend mit Gewalt und Rebellion doch noch eine, wie sie meinte, gerechtere Welt erzwingen, anderseits schien das Leben sinnlos zu sein, dann schadet es nichts, wenn man sinnlos zerstört.

Im Rückspiegel sieht man freilich auch, daß das erwachsene Geschlecht eine große Schuld an dem Ganzen hatte. Es stürzte sich selbst in das Wohlleben und den Lebensstandard; es kümmerte sich nicht mehr um andere Werte.

Aber auch die Rebellion der Jugend war nicht echt, denn auch sie schwamm selbst auf dem Wasser des Lebensstandards. Zugleich wurde offenkundig, daß noch eine Ausfallserscheinung vorlag: Ich meine, das Fehlen einer Führungsschicht im Volk.

Ein Volk, das nur nach Wohlstand und Subventionen schreit, ist abgesunken zu einer Plebs. Das frühere Antlitz des Österreichers, zumindest seiner Führungsschicht, war gezeichnet von Begabung, Rechtschaffenheit und Bescheidenheit. Dieses Antlitz verschwand immer mehr. Eine geistig-sittliche Führungsschicht war nicht mehr in hinreichendem Ausmaß vorhanden. Sie allein hätte bei der Orientierungslosigkeit einen Wall bilden können. So aber war gar kein Dammbruch mehr notwendig, denn es war kein Damm da.

Dazu kam das ewige Gerede von den Zwängen. Man sprach von technischen Zwängen, wirtschaftlichen Zwängen usw., weswegen man sich denn in der breiten Masse damit begnügte, festzustellen: die sittliche Entscheidung ist einem ohnedies weitgehend entzogen; die Entwicklung ist unaufhaltsam. Gegen den Strom kann man nicht schwimmen. Es wurde zur Norm, daß jedermann sich alles gönnen könne.

Die Zeit steht vor zerbrochenen Wegweisern. Der Verfall des Menschen ist deutlich: ohne Gewissen, ohne Werte, ohne Lebenssinn, ohne Gemüt. Die Welt wird kalt.

Im Juli 1977 ermordet ein 16jähriger in Breitenwang seine Mutter; im gleichen Jahr bejahen 48 deutsche Universitätsprofessoren den Mord an Buback; viele evangelische Theologen erklären sich solidarisch mit diesem Mord. In New York fällt in einer Nacht das Licht aus und Tausende von Plünderungen geschehen. Noch 1960 geschah dort das gleiche, aber ohne daß auch nur eine Plünderung vorgenommen worden wäre.

Der Zeitgeist mit seiner Verunsicherung brach auch in der Kirche ein. Das war eine neue Erfahrung. Im Kampf gegen das Heidentum der NS-Zeit war die Kirche stark dagestanden. Ähnlich stark erwies sie sich jetzt nicht. Wie kam das? Kardinal Höffner sprach von der Großwetterlage. Er meinte damit den Zeitgeist, der so beherrschend geworden war, daß sich ihm kaum jemand entziehen konnte. Verständlich zwar, aber die Grenzen innerer Kraft wurden deutlich. Freilich widerstand das Papsttum. Das gereicht ihm zur Ehre. Aber auch die Orden wurden angekränkelt. Es geschahen erstaunliche Dinge.

Wir hatten in Innsbruck eine starke Studentenkongregation. Sie wurde von einem Pater eines Eliteordens geleitet. An mich kamen Nachrichten, daß sich die Sache nach dem Schlechteren entwickle. Akademisch gebildete Eltern beklagten sich bitter darüber, was ihre Buben und Mädchen nun alles mitmachen mußten. Alles werde angezweifelt, der Glaube sei zutiefst gefährdet. Das veranlaßte mich, mit dem Pater einige Besprechungen zu halten. Die Gefährdung erwies sich als gegeben. Die Besprechungen hatten jedoch keine Wirkung.

Die Buben- und Mädchenkongregationen waren zusammengelegt worden. Darüber kann man reden. Aber es geschah mehr. Burschen und Mädchen hatten miteinander Verhältnisse mit geschlechtlicher Verbindung. Es kam vor, daß ein Bursche zugleich mit zwei Mädchen geschlechtlich verbunden war. Das bewirkte bei Mädchen wieder Selbstmordversuche. Burschen liefen von zuhause davon und wurden im Rahmen der MK versteckt. Den Eltern wurde keine Auskunft gegeben. Einige große Burschen traten aus der Kirche aus und blieben in der MK. Auch die Präfektin der Mädchenkongregation war aus der Kirche ausgetreten und blieb dennoch Präfektin. Nun wurden die Klagen der Eltern bestürzend und geradezu herzzerreißend.

Versuche, mit den Vorgesetzten des Ordens eine Besserung zu erreichen, brachten trotz Zusage keinen Erfolg. Der in Rede stehende Pater brachte ein Buch mit dem Titel „Abschied von morgen" heraus. Darin stand zu lesen, niemand glaube zwar daran, daß Christus nach der Wandlung in der Hostie gegenwärtig sei, aber man mache es den Kindern vor, als ob das Wahrheit wäre. Das war immerhin eine Verleumdung seltenen Ausmaßes. Das Buch erschien mit Gutheißung der Ordenszensoren!

Diese MK gab auch ein von den jungen Leuten geschriebenes Blättchen heraus. Da regnete es von Angriffen auf die Mittelschulen und deren Lehrer; desgleichen von Angriffen auf das Bundesheer. Die Kardinäle wurden als überalterte, rückständige Leute gekennzeichnet. Die Moral, die dort gelehrt wurde, war bereits, wie nach dem vorher Gesagten nicht anders zu erwarten, jenseits des Zweifelhaften. In Rom waren führende Kardinäle über diese Zustände entsetzt. Einer dieser Kardinäle sagte mir, früher schaute man immer mit Freude nach Innsbruck, jetzt könne man nur noch mit schwerer Sorge daran denken.

Ein führender Mann bedeutete mir: „Was dieser Pater der Jugend unseres Landes angetan hat, können wir in zehn Jahren nicht wieder gutmachen." Das scheint sich zu bewahrheiten. Einige Innsbrucker Pfarrer sagten mir, daß ehemalige MKler, die bereits verheiratet sind, ihre Kinder nicht taufen lassen mit der Begründung, sie sollen sich später selbst entscheiden.

In der Katholischen Hochschuljugend war die weltanschauliche Verwirrung besonders groß. Geleitet war sie von einem Pater des gleichen Ordens. Es war die Zeit des sogenannten atheistischen Christentums. Mit eigenen Ohren mußte ich gelegentlich einer Adventfeier hören: „Wir müßten eigentlich wissen, was Jesus gesagt hätte, wenn er genau so ein Atheist gewesen wäre, wie wir es sind." (Sic!) In der dem Vortrag folgenden Aussprache wandte ich mich dagegen. Daraufhin haben mehrere der jungen Leute deutlich gescharrt.

In gleicher Weise drangen ungewöhnliche Auffassungen auch in die Wissenschaften der katholischen Fakultät ein. In einem Vorlesungsskriptum las ich: Es gibt wahre Sätze, falsche Sätze, sinnlose Sätze. Sinnlose Sätze sind solche, die eine überzeitliche Wahrheit ausdrücken. Natürlich ist das die Auffassung des Wiener Neopositivismus.

Ich sprach mit dem entsprechenden Professor, ob ihm nicht klar sei, daß die jungen Theologen durch solche Auffassungen im Glauben verunsichert werden. Bei uns gehe es doch weithin um überzeitliche Gültigkeit. Am Schluß der etwas schwierigen Aussprache stellte ich ihm die Frage: ob denn „zwei mal zwei ist vier“ nicht überzeitlich gültig sei, worauf er antwortete: Da müssen Sie mir zuerst sagen, auf Grund welchen mathematischen Systems Sie diese Aussage machen!

Nebenbei sei bemerkt: Alle diese Fälle wurden in die große Öffentlichkeit getragen. Die führende Tageszeitung von Innsbruck nahm jeweils leidenschaftlich und einseitig gegen die offizielle kirchliche Linie Stellung. Die entsprechenden Artikel wurden mit Balkenüberschrift auf der ersten Seite gebracht. Informationen der Kirche wurden überhaupt nicht aufgenommen oder, wenn doch, dann im Kleindruck auf Seite 20 unter den Kleininseraten, wo sie erfahrungsgemäß niemand las. Also auch der einfachen Informationspflicht, worauf sich die Journalisten meistens berufen, wurde nicht genügt. Auch das ist eine Erfahrung.

Ergänzend sei bemerkt, daß diese Anfälligkeit für falsche Ideen in die ganze Kirche eindrang und sich nicht etwa auf einen Orden beschränkte. Das zeigte sich in Österreich bei der Neuausgabe von Katechismen und Glaubensbüchern, die für den Dienst in der Schule bestimmt waren.

In einem Glaubensbuch für Mittelschulen wurde zum Beispiel erzählt: Bei Anfang der Christianisierung Englands stellte König Edwin seinen Edlen die Frage, ob man die angekommenen Glaubensboten zulassen solle oder nicht. Wie die Edlen verschiedene Antworten gaben, siehe, da flog ein verirrtes Vöglein in die königliche Halle, in der sie beisammen saßen. Es merkt, daß da nicht sein Platz war und sucht zwitschernd einen Ausgang, findet ihn schließlich und flattert wieder hinaus. Draußen aber ist es kalt. Nun nimmt einer der Edlen das Wort und sagt: Siehst du, König, der Vogel flog herein und wieder hinaus. Er weiß nicht wohin. Vielleicht erfährt er es. Wir wissen auch nicht, woher wir kommen und wohin wir gehen. Wenn die Glaubensboten uns das künden, dann sollen wir sie kommen lassen.

Soweit der Bericht, der erzählt wird. Nun meint man, die Antwort sei wie auf einem Teller vorbereitet. Aber nein. Das Glaubensbuch fährt fort: Über den Lebenssinn kann uns der Glaube keine Auskunft geben.

Das ist wirklich erstaunlich und jedenfalls keine Antwort aus dem christlichen Erbe. Auch keine Antwort für suchende junge Menschen.

In einem anderen Glaubensbuch wird die Frage gestellt, wieso konnte uns Christus erlösen? Antwort: Weil er keine Angst hatte. Das ist nun freilich keine Antwort, und außerdem ist sie noch falsch, man denke an die Ölbergstunde.

Die inneren Gründe

Wir suchten nach den inneren Gründen. Die Zeitungen waren natürlich weitgehend Spiegel des Zeitgeistes. Aber warum konnte sogar ein Elite-Orden diesem modischen Zeitgeist soweit erliegen?

Die Erfahrung weist aus, daß Gegensätze sich berühren. Wo bisher eine recht enge Kirchenauffassung geherrscht hatte, schlug das in das Gegenteil um. So bezeichnenderweise etwa in Holland. Dort wurde noch vor dem II. Vatikanum die Mitgliedschaft bei der sozialistischen Partei mit Kirchenausschluß bedroht. Und dann war es auf einmal gänzlich anders.

Ähnlich war es auch mit diesem Orden. Zuerst beinahe allzu papal, jetzt genau gegensätzlich. Ein Pater dieses Ordens sagte mir mit dem Brustton der Überzeugung: Päpstliche Enzykliken lese ich nicht, worauf ich antwortete: Und ich glaubte doch, sie hätten ein eigenes Treuegelöbnis an den Papst.

Um diese Zeit sagte mir der weise gewordene Pater Jungmann: Es steht mit der Menschheit so: entweder ist sie auf dem Wellenberg oder auf dem Wellental. Die Mitte findet sie selten. Damit war das Erfahrungsergebnis sehr präzis ausgesprochen.

Aber nochmals, warum war so wenig Widerstandskraft da? Es zeigte sich, daß das nach außen geschlossene Gefüge doch innerlich nicht so stark war. Warum?

Einiges läßt sich angeben. Der zu Beginn dieses Jahrhunderts ausgebrochene sogenannte Modernismusstreit war nur autoritativ gebremst, aber nicht geistig überwunden worden. Die Auseinandersetzung wurde nicht vorgenommen.

Die päpstliche Bibelkommission hatte mehrere Dekrete herausgegeben, auf die die Theologen verpflichtet waren. Einige dieser Dekrete waren wissenschaftlich nicht haltbar. So war es begreiflich, daß gerade die Bibelwissenschaftler, nach dem II. Vatikanum endlich frei geworden, nach der andern Seite hin ausschlugen. Auch das ist wieder ein Beispiel für den Pendelausschlag von einem Extrem ins andere.

Damit verband sich eine zu starke Betonung des Rechtsgedankens. Wir hörten im Konzil, wie berichtet, des öfteren, das Recht ist nicht der höchste Wert. Die frühere Betonung des Rechts konnte bisweilen zu einem gewissen Formalismus führen.

Diese nachkonziliaren Erfahrungen ließen uns die Gefahren einer verzögerten Reform erkennen. Es war eine neue Richtung eingeschlagen worden, aber die Grenzen der neuen Richtung wurden übersprungen. Wer nämlich eine neue Richtung angibt, muß auch die Grenzen dieser Richtung deutlich markieren.

Auf diese Weise wurde nun das Ansehen der Kirche weltweit beeinträchtigt. Viele Gläubige traten ja gerade aus diesem Grund aus der Kirche aus. Sie sagten, das ist nicht mehr unsere Kirche. Weithin haben die Katholiken ihr Erstgeburtsrecht um ein Linsengericht preisgegeben.

Zu den Austritten sei bemerkt: Auf der einen Seite wurde der Glaube durch kirchliche Lehrer selbst geschwächt, wie dargelegt. Auf der anderen Seite hatte der Mensch durch eigene Tätigkeit und Fortschritt sein Genügen gefunden, so daß er sich auf eine höhere Hilfe nicht mehr angewiesen meinte.

Wir machten folgende Erfahrung. Zuerst kam der Glaube ins Wanken, dann wurde die kirchliche Praxis eingestellt. Dann kam die Zahlung des Kirchenbeitrags. Das war der Anlaß, sich zu überlegen, aus der Kirche auszutreten. Diese Gefahr wurde überwunden, wenn eine persönliche Bekanntschaft mit einem sympathischen Priester gegeben war. Sonst erfolgte der Austritt. Hieraus ist zu ersehen, wie wichtig die Hausbesuche des Priesters sind. Wie wichtig auch ist, daß er eine sympathische Person sei. Das war die Erfahrung, die wir hieraus ableiten konnten.

Die geistige Seite ist nun weiter zu erklären. Ein Wendepunkt in der Geschichte zeichnete sich immer deutlicher ab. Der Mensch war am Anfang Naturmensch, allen Gewalten der äußeren Natur unterworfen; dann wurde er Kulturmensch, der die Dinge in Wissenschaft, Religion und Kunst für sein Leben gestalten konnte; schließlich wurde er in unserer Zeit Machtmensch, das heißt, machtvoller Mensch, der sich die Natur weitgehend unterwerfen konnte, so daß eine *gemachte Natur* entstand. Dies eben macht den Wendepunkt der Geschichte aus.

Was für Menschen braucht es in solchen Wendepunkten? Die Menschen, die da waren, reichten offenbar nicht aus. Weil man glaubte, alles gehe jetzt durch den Einsatz der Technik von selbst, warf man die ererbten Werte und Handlungsweisen weg. Ein moralischer Zusammenbruch erfolgte. Freiheit wurde zur Beliebigkeit, aus der Beliebigkeit glitt man ab in Haltlosigkeit. Sittliche Ideale schienen nicht mehr notwendig.

In einer Kulturgeschichte las ich vor 40 Jahren: Nichts verfällt so schnell wie die Kultur. Damals hielt ich das für Pessimismus. Jetzt konnte ich die Wahrheit dieses Satzes erleben.

Die Unruhen auf unseren Universitäten waren erstaunlich. Univ.-Prof. Dr. Ernst Kolb sagte mir damals eines Tages: Auf unserer Universität kann man sich nur noch auf die liberalen Studenten verlassen. Weder mit den katholischen noch mit den sozialistischen ist etwas anzufangen. Das bezog sich zunächst auf relativ unschuldigere Dinge, nämlich Benehmen und Kleidung sanken auf die Stufen der Hilfsarbeiter ab; damit war freilich Disziplinlosigkeit und mangelnde Einstellung zum akademischen Studium verbunden. Die Statistik wies im Jahr 1976 in Österreich mehr als elftausend geschiedene Ehen auf, von welchen Ehen mehr als zwölftausend Scheidungswaisen stammten.

Dann hielt man das Jahr des Kindes. Die Scheidungen nahmen weiter zu. In Deutschland stellte man fest, die Mehrzahl der Terroristen wären junge Frauen. Mit dem Jahr der Frau war die Frau in das öffentliche internationale Verbrechertum eingerückt.

In Paris, so wurde berichtet, nahmen die Taxilenkerinnen bissige Hunde auf den Beifahrersitz, damit sie sich vor Angriffen schützen können. In London schützte den Taxilenker kugelsicheres Glas, das zwischen ihm und dem Fahrgast angebracht ist. In der „Frankfurter Allgemeinen“ sah ich ein erschütterndes Bild. Es ist Heiliger Abend. Um die Zeit des Zunachtens kommen zwei Kinder im kalten Stadtpark mit ihrem Vater zusammen. Sie entzünden ein paar Kerzen und feiern so Weihnachten. Die Ehe der Eltern ist geschieden. Eine andere Möglichkeit der Weihnachtsfeier bestand nicht. Die „Frankfurter Allgemeine“ führte an: Das ist nicht der einzige und nicht der letzte Fall dieser Art. So feiert die Entmenschlichung Triumphe.

Was braucht man also für Menschen im Wendepunkt in der Geschichte? Was haben wir falsch gemacht?

Aber zunächst noch weiter. Die Emanzipation der Frau wurde zur Emanzipation von der Familie. Das ist natürlich eine Fehlemanzipation. Man nimmt Emanzipation als Befreiung von *allen* Bindungen. Aber die

Frau bedarf des Mannes, sonst kann sie nicht Mutter werden. Der Mann bedarf der Frau, sonst kann er nicht Vater werden und kann keine Familie gründen. Und so ist es überhaupt, der Mensch ist gebunden an Luft, an Licht, an Temperament, an seine eigene Natur überhaupt. Das hat man vergessen.

Aber immer weiter: Es kam die emanzipatorische Pädagogik. Das ist wieder sehr illustrativ. Im Jahr 1973 gab der Kösel-Verlag ein pädagogisches Lexikon heraus. Darin heißt es: Gegenwärtig kann die Forderung nach emanzipatorischer Pädagogik als allgemein akzeptiert gelten.

Im Jahr 1978 wurde auf einem Kongreß der deutschen Gesellschaft für Erziehungswissenschaft von einem emanzipatorischen Erziehungswissenschaftler gesagt: wie gründlich der Begriff (nämlich der emanzipatorischen Pädagogik) inzwischen verschlissen ist, bedarf keiner Erklärung. Man muß also sehen, daß auch die Wissenschaft einem Zeittrend unterliegen kann.

Wenn aber heute auch die emanzipatorische Pädagogik weithin zurückgenommen ist, so hat sie doch ihre schlimmen Früchte gebracht. Sie hat die Grundeinstellung nach sich gezogen, daß der Mensch auf die Welt gekommen sei, um das zu tun, wozu er Lust hat. Die Rechte des Einzelnen werden unterstrichen, ohne die Pflichten zu nennen. Riesenansprüche werden erhoben; die öffentliche Gesellschaft wird angeklagt, wenn sie nicht sofort erfüllt werden können. So ist die emanzipatorische Pädagogik nichts anderes als die Erziehung zum Egoismus, geradezu zum Kult des Egoismus.

In der religiösen Sprache nennt man das Hochmut. Aber das macht man alles mit dem geltenden kritischen Bewußtsein, mit der Fähigkeit zur Gesellschaftskritik usw. Aber muß nicht, wer kritisiert, zuerst etwas wissen, um überhaupt kritisieren zu können?

Im Strukturplan für das deutsche Bildungswesen ist als oberste Norm für das deutsche Schulwesen festgelegt: Das umfassende Ziel der Bildung ist die Fähigkeit des Einzelnen, die Freiheiten zu verwirklichen, die die Verfassung ihm gewährt. Das ist erstaunlich unrealistisch, aber stammt aus der emanzipatorischen Pädagogik. Kein Wort von Verantwortung, von Pflicht usw., nur Rechte. Prof. Brezinka schreibt dazu: Man könne sehen, wie beängstigend wirklichkeitsfremd viele Leute sind, die Verantwortung für das Bildungswesen tragen. Durch den raschen Erfolg dieser jetzt bereits öfters genannten Pädagogik seien nun doch gar manche auf das moralische Vakuum aufmerksam geworden, das längst vor dem Aufstieg der neuen Linken in unserer individualistischen Demokratie entstanden sei. Wörtlich: „Daß es so leicht gewesen ist, junge und ältere Intellektuelle zum Abfall von der eigenen Gesellschaft und ihrer Kultur zu verführen, hat ein heilsames Erschrecken über die geistige Lage bewirkt und die Überzeugung geweckt, so darf es nicht weitergehen."

Möglich war diese ganze Bewegung nur aus der geistigen und moralischen Leere, die bereits vorgefunden wurde. Der Verlust der Tradition ist etwas Ernstes, oder wenn jemand das Wort Tradition affektiv nicht vertragen kann, dann sage ich, der Verlust des Erbes ist etwas Ernstes und geradezu Zerstörendes. Das ist die Erfahrung, die hier gemacht wurde.

Wir stellen wieder die Frage: Wie konnte das geschehen?

Es ist interessant, daß Helmut Schmidt, damals noch deutscher Bundeskanzler, bei einer Rede in der Starnberger Akademie sagte: Der wahre Grund für alle Unruhe ist nicht etwa ein sozialer Mißstand, sondern es fehlt die religiöse Bindung.

Das ist zweifellos richtig, doch müssen wir das begründen. Wiener Forschungen haben ermittelt, daß religiöse Menschen stärkere Kräfte gegenüber Lebensschwierigkeiten einzusetzen haben. Sie erliegen längst nicht so schnell, sind nicht gleich frustriert, sie haben, wie man heute sagt, den längeren Atem.

Darüber hinaus, sie wissen nicht nur von Rechten, sondern auch von Pflichten. Und das ändert die innere Einstellung wesentlich. Mit dem Verlust der Religion geht auch viel Edles verloren. Das ganze Erbe ist gefährdet.

Die früher selbstverständlich gelebte Werthierarchie stimmt nicht mehr. Die Lustwerte wurden die Höchstwerte. Damit aber bricht auch die Moral zusammen. Früher ging es um Wert und Würde des Menschen. Jetzt nur noch um Lust und Vergnügen.

Wenn aber die sittliche Haltung verlorengeht, dann verstummt das Gewissen, es verfällt schließlich sogar, womit verbunden ist, daß der Mensch auch kein Schuldbewußtsein mehr hat. Das tritt bei den heutigen Terroristen in erschreckender Weise zutage. Im Mittelalter sündigten sie, aber sie bereuten und taten Buße. Heute begehen sie Verbrechen, aber sie fühlen sich ohne Schuld, ja sie glauben, eine Heldentat vollbracht zu haben.

Treten aber so tiefe Ausfallserscheinungen auf, so sucht die Menschheit einen anderen Ersatz. Dieser Ersatz sollte in der Vermehrung des

Wissens und der Technik gefunden werden. Und wieder irrt die Menschheit. Das konnte solange gut gehen, als von anderswo her die charakterlichen Kräfte gesichert waren. Je mehr aber diese mit dem Verfall der Werthierarchie wegfielen, desto mehr wurde sichtbar, daß das vermehrte Wissen nicht ausreicht, Menschen zu bilden. Wissen ist für sich allein nicht menschenbildend. Je mehr Wissen, desto mehr Möglichkeiten des Mißbrauchs. Wir müssen heute nicht nur über die technischen Möglichkeiten, sondern auch über den sittlichen Gebrauch dieser technischen Macht belehrt werden. Aber man stopft in die arme junge Generation ein endloses Wissen hinein und glaubt, daß nun alles gerettet sei.

Aus all dem ergibt sich die Erfahrung, die menschliche Einsicht ist begrenzt. Die Fernwirkungen werden nicht richtig eingeschätzt. Die heimlichen Defizite werden nicht vorausgesehen.

Aus der Erfahrung der Begrenztheit menschlicher Einsicht ergibt sich nochmals die Bedeutung des Weisheitssatzes: Mächtiger als Macht ist Maß. Nicht alles, was *technisch* möglich ist, darf getan werden, sondern nur in dem Maß, in dem es gut ist und auch die Fernwirkungen kontrollierbar bleiben. Sonst kann es geschehen, daß etwas, was als Fortschritt verkündet wird, in Wirklichkeit Rückschritt bedeutet.

Was ist nun mit der Frage: Was für Menschen sind in einer Zeitenwende notwendig? Antwort: Menschen, die Weitblick und Nüchternheit, Mut und Demut haben. Weitblick und Nüchternheit ist von selbst klar. Mut müssen sie haben, um das Neue zu wagen, Demut aber, um die Begrenztheit menschlicher Einsicht ruhig anzunehmen und daraus die Folgerungen zu ziehen. Jeder Fortschritt hängt von dem vorgegebenen Erbe ab, das da ist. Dieses vorgegebene Erbe darf nicht durch Neuerungen gestört oder gar zerstört werden.

Hiefür sei ein Beispiel genannt, das Pieper berichtet: In Amerika wurden längst vor Deutschland in der High-school verschiedene Klassenzüge eingeführt, also literarischer Zug, wirtschaftlicher Zug, mathematischer Zug usw. Diese Züge konnten frei gewählt werden. Was war die Folge? Die jungen Amerikaner wichen der Mathematik aus, und zwar in einem solchen Ausmaß, daß bei den Ministerien Einspruch erhoben wurde. Es gab nicht mehr genug Mathematiker, die die moderne Elektronik berechnen konnten. Das aber ist schon für die moderne Verteidigung notwendig. Die Staatssicherheit war in Gefahr. Das Ding mußte geändert werden.

In all diesen menschlichen Abwärtsbewegungen, die so weit gingen, daß man von einer Rebarbarisierung sprechen mußte, machten wir auch in der Kirche die Erfahrung, die der alte Hindenburg im Jahr 1916 gemacht hatte. Er sagte: Eine kämpfende Truppe braucht immer wieder einen Erfolg. Bloßer Stellungskrieg befriedigt nicht und greift die Moral der Truppe an. So war es auch bei uns. Die Priesterschaft, die im Dienste der Verchristlichung eingesetzt war, mußte die fortschreitende Entchristlichung sehen: Rückgang des Kirchenbesuches, Rückgang der sittlichen Auffassungen und das alles. Das mußte sich auf die Stimmung der Priesterschaft auswirken. So sagte ich denn in manchen Priesterkonferenzen: Wir kennen in Tirol den Föhn. Dann ist man abgeschlagen, unlustig zur Arbeit und müde. Aber man weiß, es geht vorüber. So hält man durch. Genau so ist es jetzt. Wir sind geistig gesehen in einem Föhnsturm, vielleicht dem ärgsten unseres Lebens. Dennoch, er wird vorübergehen. So halten wir durch. Das bewahrheitete sich: Bald schon konnte ich von dem Silberstreifen am Horizont sprechen.

5. Kapitel

Tendenzwende

Um die Mitte der siebziger Jahre war zunächst leise, dann doch stärker eine Tendenzwende zu bemerken. Was der erste Anstoß war, ist nicht ganz klar. Vielleicht das erfahrene Ungenügen an dem erworbenen Lebensstandard. Sobald man ihn erreicht hatte, zeigte sich, daß er das Glück nicht verbürgte. Zunächst einmal hatte man ein Ziel vor Augen: Heraus aus Not und Dürftigkeit. Aber dieses Ziel fiel jetzt weg. Was sollte nun angestrebt werden? Eine Leere trat ein. Denn der Mensch lebt von Zielen. Nun, manche strebten danach, noch mehr Wohlstand, Macht usw. zu erreichen. Andere aber erfuhren das Unbefriedigtsein. Ein Suchen setzte ein, Jugendreligionen brachen auf.

Etwas Weiteres, was die Wissenschaft schon früher wußte, wurde ins Bewußtsein gehoben: Die Erde ist begrenzt. Begrenzt sind die Rohstoffe, begrenzt ist die Energie, begrenzt ist die Möglichkeit, alles nach Belieben zum eigenen Nutzen zu verwenden. Daraus kommt nämlich die Umweltverschmutzung, Luft- und Wasserverschmutzung, Bodenerosion. Diese dreifache Krise wurde deutlich, Rohstoffkrise, Energiekrise, Umweltkrise. In dieser dreifachen Krise wurde manchen zugleich eine tiefere Krise deutlich, nämlich die Inweltkrise.

Noch mehr: Die Automatisierung der Maschinen nimmt nun ständig zu. Die Menschen werden von Arbeitslosigkeit bedroht. Ein paar Beispiele: In Augsburg ist eine Lampenfabrik. Täglich werden 16.000 Kartons gefüllt und abgefertigt. Dafür steht ein fahrerloses Transportsystem zur Verfügung. Ein Knopfdruck genügt. Desgleichen eine Schokoladefabrik. Früher brauchte man für die Verpackung 105 Arbeiterinnen, jetzt genügen acht. In Metz ist eine Motorenfabrik. Sie erzeugt tausend Motoren im Tag. Auf einer Montagestrecke von 1100 Meter ist kein einziger Mensch zu finden, wohl aber 250 Roboter. Die Zahl der Kleincomputer nimmt zu. Welche Folgen werden eintreten?

Trotz aller Gefahren schreitet die Zahl weiter. Die Entwicklung kann, wie man sagt, nicht aufgehalten werden. Auch die Fehlentwicklung nicht? Das Fazit aus dem Ganzen: Unsicherheit und Sorge vor der Zukunft wachsen. Ganz anders als im Jahr 1970.

Anfang der siebziger Jahre war die Grundstimmung in der Blätterwelt nahezu enthusiastisch. Der Fortschritt wurde bejubelt. Wir bringen alles fertig, war die Meinung. Von Glaube und Religion schwieg man. Sie waren, wie gesagt wurde, unnotwendig, ja überflüssig geworden. Die bekannten Schlagworte der antiautoritären Erziehung wurden groß geschrieben. Emanzipation galt über alles hoch. Auch Teile der Wissenschaft ließen sich von solchen Schlagworten einfangen.

Jetzt war das aber Vergangenheit geworden. Neue Leitworte standen Anfang 1980 auf. Fortschritt galt als zweifelhaft. Die antiautoritären Erzieher bekannten im Jahr 1978, sie hätten sich getäuscht. Solche Erziehung, wofern sie noch Erziehung genannt werden könne, sei lebenswidrig. Das Kind wurde überfordert. Das neue Wort hieß nun Mut zur Erziehung. Man sprach von der Reform der Reformen. Rettung der Umwelt wurde groß geschrieben. Die neue Linke war im Verfall begriffen, die Kommunen blieben unbewährt.

Zur Kirche hin zeigte sich eine leise Öffnung. Ein Wiener Atomforscher erklärte: Religion ist jetzt das Modernste, was es gibt, denn ohne Religion werden wir die Zukunft nicht bewältigen. Eine Statistik in Deutschland stellte fest, antidemokratisch seien bei der Jugend noch 10 Prozent, dagegen 70 Prozent für die Demokratie. Katholikentage und ebenso evangelische Kirchentage brachten starken Zuzug. Besonders der Katholikentag in Freiburg im Breisgau 1981 wirkte mit seinem Motto: „Wir wollen euch Zukunft und Hoffnung geben" geradezu zündend.

Es entstand eine Gegenwelle, wovon die Nostalgiewelle ein Teilstück ist. Historische Ausstellungen wurden in Massen besucht. Für Haus und Heim sammelte man Altertümer.

Die Kontinuität des Lebens wurde wieder erfahren, sogar im eigenen und persönlichen Leben! Bei allem, was ich tue, wirkt mein bisheriges persönliches Leben mit. Das ist zwar meist unbewußt, es kann aber bewußt gemacht werden. Hier spielen die verschiedenen Ordnungen von Wissen und Können mit herein.

Ein paar Beispiele. Der Neuling im Klavierspiel muß bei jeder Note noch überlegen, welche Taste er jetzt zu drücken hat. Der Könner blickt nur auf die Partitur und schlägt ohne zu denken die richtige Note an. Man muß zugeben, daß das nahezu geheimnisvoll ist. Aus diesen Geheimnissen aber leben wir. Ja, wir könnten nicht einmal leben, wenn wir nicht diese Hilfe aus dem Unbewußten bekämen. Wenn jemand jedesmal überlegen müßte, wie schaut der Buchstabe a oder der Buchstabe x aus, den ich jetzt schreiben will, dann würden wir überhaupt nicht mehr zum Schreiben kommen. Oder, wenn ich spreche, dann weiß ich auch, daß ich mit dem Satz zu Rande komme, obwohl ich seine Formulierung noch nicht bewußt gegenwärtig habe.

So erfahre ich also mannigfach die Kontinuität meines eigenen Lebens. Ich lebe also meine eigene Tradition.

Zur Tendenzwende trug auch die mannigfache Erfahrung bei, das richtige Maß hat auch hinsichtlich Wohlstand und Besitz Geltung. Es gab schon früher den Spruch: Nichts sei schlimmer als die Neureichen. Das gilt auch von einem ganzen Volk. Ein Volk von Neureichen steckt inmitten tiefer seelischer Gefahren. Die Lehre des Neuen Testaments besagt, Reichtum ist gefährlich. Gefahr aber strebt man nicht an. Wenn jemand nun frägt, was das für eine Gefahr ist, so antworte ich, es gibt ja auch Luxusverwahrlosung. Und da stecken wir mitten drinnen.

Nun, dieser Gefahr ist unser Volk weithin erlegen. Es hat nicht wahrgenommen, daß es sich um Versuchung handelt. Es hat die Versuchung nicht bestanden. Seelische Werte mußten verkümmern, damit der äußere Lebensstandard gesichert wurde. Das Wort Versuchung heißt übrigens im Griechischen peirasmos. Dieses Wort bedeutet nicht nur Versuchung, sondern auch Erprobung. Das Volk war aufgerufen, eine Erprobung der Reife zu bestehen. Es hat sie weithin nicht bestanden. Wir haben wieder die fast tragisch zu nennende Erfahrung gemacht, daß im äußeren Wohlstand die inneren Werte vernachlässigt werden. Der Dichter Hölderlin sagt: Wenn die Völker ihre Originalität dem Luxus opfern, gehen sie zugrunde.

Diese Erkenntnisse tragen nun viel zur Tendenzwende bei. Die Zeit versucht eine Synthese zwischen Erbe und Fortschritt zustande zu bringen. Übrigens, worin das letztlich besteht, Wendepunkt der Geschichte, aus all den genannten Gründen oder aus einem geheimnisvollen Neuaufbruch des Lebens, wer vermöchte das zu sagen?

Und auch das wissen wir nicht, ob dieser jetzige Neuaufbruch geschichtsmächtig sein wird. Die Unruhe in deutschen Städten läßt es als unsicher erscheinen. Wenngleich diese jetzigen Unruhen aus anderen, konkreteren Gründen geboren sind als in den sechziger Jahren. Damals war es weithin grundsätzliche Verneinung, jetzt geben die leerstehenden Häuser in vielen Großstädten, in denen gleichzeitig Wohnungsnot besteht, Anlaß dazu. Da ist sicher vieles nicht richtig gelaufen. Zugleich wurde aber plötzlich auch die Angst groß. Deswegen gewaltsamer Widerstand gegen Atomkraftwerke usw.

Die Erfahrung aber, um zusammenzufassen, dieser sechziger und siebziger Jahre zeigt vieles: Der Zeitgeist wechselt schnell. Man soll sich eben nicht ausliefern. Sogar ein Teil der Wissenschaft ist ihm erlegen. Das mahnt zur Vorsicht. Scire dubitare. Man muß die Dinge hinterfragen, sogar auch die Thesen der Wissenschaft.

Der Mensch ist ein Wesen des Maßes. Nochmals, mächtiger als Macht ist Maß. Also auch Fortschritt mit Maß. Sonst können Fernfolgen erschreckend sein. Das Wort Fortschritt sagt: wir schreiten vorwärts. Schreiten wir aber auch aufwärts? Das läßt das Wort offen! Und um das letztere ging es eigentlich. In diesen zwei Jahrzehnten ist das Resultat: äußerer Fortschritt, innerer Rückschritt. Das Geheimnis des Lebens ist tiefer, als im Durchschnitt gedacht wird. Seine Gesetze sind auch den Erfahrenen weithin unbekannt.

II. Abschnitt

Erkenntnisse

Der folgende Abschnitt versucht auf einigen aktuellen Gebieten, die besonders umstritten sind, eine Klärung zu geben. Freiheit, Bildung, Fortschritt und einige andere sind große Worte. Wer weiß noch, was sie in Wirklichkeit bedeuten?

Auf diese Gebiete bin ich jeweilen durch Fragen gestoßen, die mir gestellt wurden; auch durch Auseinandersetzungen, die sich aus diesen Fragen ergaben; überhaupt durch die geistigen Erörterungen, die durch die Gegenwart gehen.

Schon bei den Erfahrungen, die im früheren Abschnitt besprochen wurden, zeigte sich, daß Erfahrung eigentlich in Wirklichkeit nur durch geistige Abklärung zustande kommt, daß sie also einer geistigen Verarbeitung bedarf, um *gemachte* Erfahrung zu sein. So ist bei diesem Abschnitt der „Erkenntnisse" der Ausgangspunkt gleichfalls die Erfahrung. Aber nur der Ausgangspunkt. Dieser Ausgangspunkt erfordert eine geistige Auseinandersetzung, die dann ein Ergebnis zeitigen soll. Der Unterschied beider Abschnitte liegt also darin, daß in dem ersten der Erfahrung selbst das Schwergewicht darstellt, im zweiten aber die geistige Verarbeitung die Dominante innehat.

6. Kapitel

Aufbruch

Aufbruch und Wende

Von dieser schon genannten Tendenzwende müssen wir nun weiter sprechen. Verschiedenes rührte sich überraschend. Plötzlich wurden Meditationskurse auffällig gut besucht. Zu solchen Kursen von Dr. Tillmann kamen mehr als zweihundert Menschen. Die Bücher vom genannten Autor wurden nahezu zu Bestsellern. Neue Einsichten brachen auf. Beständig war das Äußere gepflegt. Nun rührte sich die innere Seite des Menschen. Sie wollte sich nicht austrocknen lassen. Innere Quellen brachen auf.

Plötzlich war die Erkenntnis in einer gewissen Breite da. Der Mensch ist ein *zwiespältiges Wesen.* Er hört einen Ruf nach oben und einen nach unten. Schon der junge Mensch erfährt das. Ihn lockt das Wissen, das Geheimnis, das hinter den Dingen ist, die Wahrheit. Ihn lockt das bequeme Leben, Vergnügen und Lust. Er muß sich entscheiden, was er an erster Stelle will. Die alte Erfahrung brach auf, die Bernhard von Clairvaux in die Worte vom animus curvatus gekleidet hat: Mit verkümmerter Seele kann man das wahre Leben nicht finden.

Schon aus dem Freiheitsbegriff des heiligen Paulus im Galaterbrief kann man das entnehmen. Er spricht von der Befreiung vom alttestamentlichen Gesetz, nicht aber von der Freiheit für Triebe, sondern von der Freiheit für Liebe. Wörtlich sagt er: „Alle, die zu Christus gehören, haben das Fleisch und damit ihre Leidenschaften und Begierden gekreuzigt" (Gal 5,24).

Wenn Freiheit nur Entfesselung der Triebe bedeutete, dann wäre das keine Entfaltung, sondern sogar eine Selbstverstümmelung. „Die Nachtvögel schauen die Sonne nicht. Es schaut sie aber immer der Adler" (Thomas von Aquin). Es ergibt sich, der Mensch muß die in ihm liegenden Spannungen aufarbeiten. Es gibt Innen und Außen, Bindung und Freiheit, Leib und Geist, Einzelmensch und Mitmensch. Wenn er diese Aufgabe nicht leistet, kommt er nie zur inneren Harmonie. Diese Harmonie aber zu erreichen, ist eine große Anforderung. Darum sagt schon der Mystiker Ekkehard: „Ein Lebensmeister gilt mehr als tausend Lehrmeister." Das will besagen, diese Aufgabe kann man gar nicht allein leisten. Zum Gehen im Nebel braucht man einen Kompaß. Wir befinden uns aber in einem irdischen Nebelmeer, das ebenso, wie Nebel in den Bergen, keine Auswege zeigt. Ich befand mich einmal als junger Priester auf der Almsegnung auf einer Höhe von über zweitausend Meter. Da brach plötzlich schwerer Nebel ein. Ich versuchte, mich nach den schmalen Richtwegen weiterzutasten. Nach zwei Stunden war ich genau wieder an der gleichen Stelle wie zuvor.

So kommt man zur Erkenntnis, daß es einer Wegkunst und einer Führung bedarf, daß das innere Leben gepflegt und entfaltet werden muß und sich nicht von selbst zielrichtig entwickelt. Christlich gesprochen, es bedarf der Spiritualität und der Askese. Askese ist Wegkunst, Spiritualität ist christliche Innerlichkeit. Sieht man sich hier nach einer Auskunft um, so findet man in der Heiligen Schrift Antwort. Diese Antwort ist reichhaltig. Die Spiritualität ist nach den synoptischen Evangelien gekennzeichnet etwa durch folgende Worte: „Wer mein Jünger sein will, verleugne sich selbst, nehme sein Kreuz auf sich und folge mir nach." Es geht um Selbstverleugnung und Nachfolge. Nachfolge aber bedeutet, den sittlich religiösen Weg Jesu gehen bis zur Selbsthingabe an Gott und die Menschen.

Bei Johannes ist es etwas anderes. Es geht um eine Neubegründung der Innerlichkeit. Göttliche Kräfte strömen auf den Menschen über. Der Weinstock ergießt seine Säfte in die Äste und Zweige. Sie wirken in mir, entfalten sich und treiben Edelfrüchte hervor; sie quellen über in die Ewigkeit.

Wieder anders ist es bei Paulus. Hier geht es um den Kampf zwischen Leib und Geist. Ist der Kampf bestanden, so besagt der Sieg: Nicht mehr ich lebe, sondern Christus lebt in mir. Das ist das ekstatische Moment. Man wird über sich selbst gehoben. Anders gesagt: Begeisterung ist dem Christen wesentlich, und zwar affektive und effektive Begeisterung. Das heißt also nicht nur stimmungsmäßig, sondern in Tat und Wahrheit.

Diese drei Auffassungen bei den Synoptikern, bei Johannes und Paulus widersprechen sich nicht, sondern sie ergänzen sich. Johannes stellt in der ihm eigenen Art das Seinsgemäße dar, den neuen Menschen mit seinem neuen Leben. Paulus hebt den Kampf hervor, der zum gleichen Ziel führt. Die Synoptiker schildern schlicht den Weg, den wir beschreiten müssen. So spiegelt sich das eine in dem andern, gewinnt Tiefe und Reife und ergibt das Ganze.

In den späteren Beleuchtungen dieser Lehre der Heiligen Schrift bieten sich interessante Ergänzungen dar. So sagt Anselm von Canterbury: „Der Mensch hat nur eine gebundene Freiheit. Durch Christus wird sie entbunden.“ Danach sind beim Menschen die Flügel der Freiheit beschnitten. Die Freiheit ist wie bei einem unfähigen Vogel, der hin und her flattert, aber nicht mehr vorwärts und aufwärts fliegen kann. Der unerlöste Mensch besitzt nur ein Bruchstück der Freiheit.

Das ist also eine neue Seite der Freiheit. Sie kann den modernen Menschen, der nach Freiheit verlangt, ansprechen. In dem Begnadetsein wird die Freiheitsfähigkeit neu geschenkt, sie wird erweitert, gehoben und kann ihr Ziel erreichen.

In dieser Schau der Dinge verändert sich die Welt. Die Gebote, die wir Modernen gar nicht lieben, sehen sich anders an. Jedes Gebot ist ein Angebot. Ein Angebot nämlich, die neue Fähigkeit zur Freiheit zu entfalten. Und sie ist zugleich der Weg dazu. Fragen wir konkret: Kannst du selbstlos sein? Wahrscheinlich konntest du es früher nicht. Jetzt kannst du es. Und das Gebot ist der Weg, auf dem du gehen mußt.

Auch Leid und Trübsal gewinnen ein anderes Gesicht. Wenn es nicht Leid und Trübsal gäbe, hättest du keine Gelegenheit, die neue Freiheit zu gebrauchen. Denn, wenn es im Leben nicht Leid und Trübsal gäbe, Schwierigkeiten und Gefährdungen aller Art, dann gäbe es auch kein Heldentum, kaum erprobte Charaktere. In diesem Sinn sagt Philipp Neri: „Es verrät gute christliche Art, in Trübsal und Krankheit die Heiterkeit zu bewahren.“

Das aber ist schwer. Nochmals: Der Mensch erfährt sich als zwiespältiges Wesen, das Begehren der Sinne ist wider das Begehren des Geistes (Paulus). Die Befreiung von diesem Zwiespalt ist ein wesentlicher Teil der Erlösung. Kardinal Newman aber sagt: Für den wahrhaft strebenden Menschen tritt in den verschiedenen Phasen seines Lebens immer wieder die Erfahrung zutage, daß er trotz allem ein anderer geworden ist.

Bei der Entwicklung des hl. Augustinus ist dies eindeutig und klar. Wie er sich mit seinen Gesinnungsgefährten von Mailand nach Cassicianum am Comer See zurückzieht, wird ihm die Erlösung als Befreiung vom niederen Menschen erfahrbar –, und dies obwohl gilt, was Thomas von Aquin sagt: Der Mensch liebt sich selbst, das heißt, der Mensch ist leidenschaftlich für alles eingenommen, was ihm einen Wert bedeutet und ihm einen Genuß bringt. Woraus denn wieder hervorgeht, daß es Wertblindheit für das Höhere, Unwertblindheit für das Niedere gibt.

Wir brauchen echte Wertwitterung! Wir erstreben die Lustwerte am Schädlichen. Das ist ein Zeugnis für die Verstörung der Schöpfung und des Menschen.

Der russische Graf Tolstoj sagt hiezu: Es gibt animalische Liebe und seelische Liebe. Das sind zwei Dinge. Wenn sich aber das Animalische unter der Hülle der Schönheit verbirgt und für sich Achtung fordert, dann versinkt man darin, vergöttert das Animalische und kann das Gute nicht mehr vom Bösen unterscheiden. Er fügt hinzu: Das ist furchtbar.

Wer deswegen Pessimist werden möchte, darf nicht vergessen, daß es auch die andere, die augustinische Erfahrung ebenso gibt. Für Augustinus und seine Gefährten war die Taufe der heroische Bruch mit der Welt. Das hat er in seinen späteren Lebensjahren unter Beweis gestellt. Bitte, aber nicht zu vergessen, daß seine Bekehrung in seinem 33. Lebensjahr erfolgte, er selbst aber fast 80 Jahre alt wurde. Das sei bemerkt, damit mir nicht jemand, wie es mir schon vorgekommen ist, entgegenhält, als alter Mann kann man sich leichter bekehren.

Dennoch Schatten

Diese Dinge traten nun alle in den Jahren um 1975 ans Licht. Aus den Tiefen der Seele brach ein frischer Quell hervor. Dennoch, wo es viel Licht gibt, gibt es auch harte Schatten.

Kardinal Ratzinger schrieb einmal: Jede Zeit hat ihre Blindstellen, keine holt das Ganze ein. Ist nicht das Gewissen immer noch unterernährt? Was wissen wir von Sünde und Schuld? Man muß weithin sagen, die Billigung des persönlichen Verhaltens durch die eigene Subjektivität heißt man heute Gewissen. Nun aber gilt, jede Tat ändert den Menschen. Die falsche Tat, die aus dieser Gewissensauffassung hervorgeht, verdunkelt die rechte Erkenntnis und schwächt den Willen. Schließlich kann gar die Fähigkeit, die sittlichen Werke zu erkennen, erlöschen.

Dabei zeigt sich: Utopien sind gefährlich. Lassen sie sich nicht verwirklichen, so glauben besonders junge Menschen, aber nicht nur diese, daß ihnen ein Unrecht geschieht. Sie halten ihre Forderung für berechtigt und wahr. Dazu sagt Augustinus: „Ich hielt es für wahr, nicht weil ich es wußte, sondern weil ich wünschte, daß es wahr sei.“ Dieses Wort ist so tief, daß man darauf eine ganze Kritik der individuellen Vernunft, die Kant leider nicht geschrieben hat, aufbauen könnte.

Das alte Mönchswort ist hier einschlägig: Du richtest deinen Bruder, weil du dich selbst nicht kennst. Sobald man sich selbst kennt, hat man kein Verlangen, die Fehler anderer zu examinieren.

Auch das aus dem Griechentum und dem modernen Rationalismus stammende Begehren, alles zu erkennen und zu durchleuchten, das nicht Erkennbare aber zu bestreiten, gehört hierher. Damit zerstört man das Geheimnis. Wer aber das Geheimnis zerstört, zerstört auch die Ehrfurcht. Das Wort des Thomas von Aquin ist viel wahrer: Die Schöpfung ist erfüllt von unaustrinkbarem Licht. Es ist also kein Fehler, daß man nach Erkenntnis strebt, aber es ist ein Fehler, daß man Dinge wegschiebt, die man nicht erkennen kann.

So meinen wir auch immer, wir seien unabhängig. Jeder Abhängigkeit sagen wir den Kampf an. Aber wiederum die Frage: Ist dein Auge unabhängig vom Licht? Erst in dieser Abhängigkeit kann es seine Eigentätigkeit entfalten. Und bist du unabhängig von triebhaften Strebungen? Das darüberstehende Wissen ist in der seelischen Dunkelheit fast so wenig leuchtend wie eine Lampe ohne Licht. Der Quell aller Verwirrung liegt darin, daß niemand sich selbst anklagt.

So werden die Augen des Geistes durch Leidenschaft und Sünde blind. Die Augen des heutigen Menschen aber sind besonders wertblind. „Die Finsternis hat seine Augen blind gemacht" (1 Joh 2,11). Das ist eine Folge aus dem Wertchaos, das von Nietzsche eingeleitet wurde. So ist unser Empfinden entartet, daß es auf das Schädliche mit Lust reagiert. Wir wären ganz andere Menschen, wenn unser ursprüngliches Fühlen lebensgerecht wäre.

Zu jungen Menschen sagte einer: „Hütet euch vor denen, die alles angenehm machen und nichts verlangen." Das verstehen aber die Modernen nicht. Dennoch, das sollen sich vor allem die sexuellen Primitivlinge merken, die von einer christlichen Ehe und Familie und ihrer beseelten und beseligenden Freude keine Ahnung mehr haben.

Dazu ist zu beachten, es gibt Triebenthemmung, Triebbeherrschung, Triebunterdrückung. Triebunterdrückung führt zu Neurose. Aber nicht nur sie. Auch Triebenthemmung führt dazu. Nachdem Freud von der Gefahr der Triebunterdrückung gesprochen hatte, glaubte man das unbesehen. Seine Tochter aber, die selbst eine begabte Wissenschaftlerin ist, wies nach, daß die Triebenthemmung genau die gleichen Wirkungen hat. Trieberfüllung ist übrigens nicht der Lust wegen da, sondern des Zieles wegen, das erreicht werden soll.

Überdies, es gibt Antriebsüberschüsse. Sie sind lebenswidrig, doch können sie künstlich geweckt werden. Das geschieht heute auf geschlechtlichem Gebiet. Naturnahen Völkern ist das weiterhin völlig fremd. Das wies Prof. Sigmund Freud mit überraschenden Beispielen nach.

Zum Beispiel, bei einem innerasiatischen Volk, dessen Name Hunsa ist, besteht der Brauch, daß die junge Frau, sobald sie schwanger ist, die Seite ihres Mannes verläßt und sich zu den Frauen und Kindern legt, und ebenso der Mann zu den Junggesellen. Sie vereinen sich erst wieder, nachdem das geborene Kind entwöhnt ist. Die Stillzeit aber beträgt zwei bis drei Jahre. Nicht das Geschlechtliche, sondern das junge Leben spielt die Hauptrolle.

Johannes Paul II. sagt: „Die Versuchung des Bösen will, daß wir die Erde und uns entstellen, daß uns die Arbeit versklavt und die Freiheit verwöhnt; daß wir für unser Äußeres endlose Opfer bringen und innen verkümmern; daß wir das Heim ausschmücken und heimatlos werden; daß wir auf das Haben schauen und das Sein vergessen." So zeigt sich ständig, daß die Modernen auf das rechte Maß vergessen haben. Damit aber verkehrt sich alles, was in sich gut ist, zum Gegenteil. Einer sagte: Männer kommen zusammen, um recht zu haben, fast nie, um das Rechte zu finden. Das ist genau das gleiche. Zu einer Besprechung zusammenzukommen ist gut. Aber sofort wird das Gute durch das Maßlose des Geltenwollens in das Gegenteil verkehrt.

Die Ichliebe hat in der Neuzeit einen Absolutheitscharakter bekommen. Man arbeitet um der Anerkennung willen und richtet so auf dem verborgenen Altar des Herzens das eigene Bild auf. Man will ständig das Erste und das Beste geleistet haben. Man will einmalig sein und so noch vieles. Die Franzosen sagen: Jouir sans effort (Genießen ohne Anstrengung) sei die Devise. Das alles ist genau das, was die Heilige Schrift den großen Hochmut der Welt nennt, und unsere Zeit trägt das Zeichen des Tieres an ihrer Stirn. Dieser Hochmut sagt nicht nur, ich diene nicht, sondern auch das andere: es soll gedient werden, und zwar mir.

Die Neuzeit hat das Triebleben nicht gebändigt, sondern nur abgeschaltet. Damit ist ein Arbeitsleben und ein Privatleben entstanden, das gänzlich auseinanderfällt. So konnte sich als Folge davon ein vulkanisches Leben in den Tiefenschichten bilden, von denen der Mensch reflex nichts mehr wußte, das aber nun eruptiv hervorgebrochen ist.

Man spricht heute viel von Minderwertigkeitskomplexen. Es gibt aber noch mehr *Überlegenheitskomplexe.* Und da gibt es einen Zusammenhang. Der ichbetonte Mensch schwankt zwischen beiden hin und her, weil er alles, was ihn betrifft, überzeichnet. Er ist wie ein Geschwindigkeitsmesser, der beim Schnellfahren übertreibt und beim Langsamfahren untertreibt. Im Widerstreit trägt jedoch der Überlegenheitskomplex den Sieg davon. Hundertmal schickt er den Lanzenstoß schlechten Willens vor. So etwa Eifersucht, Neid, Schadenfreude, Entwertungstendenzen, Spott und Hohn, Machtverlangen, ohne sittliche Vollmacht. Ein guter Wille ist etwas viel Schwereres, als sich die Leute vorstellen.

Über der äußeren Macht wurde das innerlich Mächtige vergessen, nämlich das Gewissen. Der ichbesessene Mensch von heute muß wieder in seine Planetenbahn um Gott zurückkehren, sonst wird er nicht heil. Wesensgemäße Bindungen können nicht preisgegeben werden. Auf die Atemluft kann man nicht verzichten.

Dazu ist noch etwas zu bemerken. Die heutige Zeit betont das Individuelle, das Persönliche sehr stark. Warum ist sie trotzdem von dem modischen Trend so stark abhängig? Warum sinkt die Haltung in der großen Menge so sehr ab? Die „Individuellen" fühlen sich plötzlich unkontrolliert und ohne Verantwortung. Was hier fehlt, ist die echte Gemeinschaft. In der Masse löst sich das Persönliche auf. Der Schweizer Historiker Burckhardt sagt: Individualismus ist die Entfesselung aller Kräfte, auch der verderblichen. Alles, was man auf die Spitze treibt, fällt um. Auch hier fehlt das Maß.

Wir wollen daran denken: Die Gestirne drehen sich nicht nur um sich selbst, sie sind größeren Systemen verpflichtet, sie bewegen sich durch Kräfte, die außerhalb von ihnen liegen. Und auch das ist auffallend: Der große Schauspieler erfährt in der Darstellung seine eigene Erhöhung und Erfüllung. Aber der Text ist nicht von ihm. Das gleiche erfährt der Christ auf seinem Lebensweg, aber die Wegweisung ist nicht von ihm.

Die meditative Mitte

Die neue Mitte, die wir anstreben, liegt zwischen der Verhinderung der Reform und ihrer Überzeichnung. Das ist das Maß, um das es geht. Der Fortschritt besteht zu einem guten Teil darin, daß man nicht vergißt, was man schon hat. Das müssen wir nun mit großer Sorgfalt umkreisen, bis das reine Bild vor uns steht.

Dazu ist eine Einstellungsänderung wichtig. Der Hund läßt sich von seinem Herrn eine schmerzende Spritze geben, nicht weil er versteht, warum, sondern weil er vertraut. Der Mensch läßt sich von Gott nicht wehtun, nicht, weil er's nicht versteht, sondern weil er nicht vertraut.

Die notwendige Einstellungsänderung liegt in dem Vertrauen zu Gott. Die Grundlage des Vertrauens aber ist die Demut. Wer keine Demut hat, kann nur sich selbst, aber nicht andern vertrauen. Augustinus sagt: Beati pauperes spiritu suo, divites Spiritu Dei. Das läßt sich sehr schwer übersetzen. Etwa so: Selig sind, die in ihrem eigenen Geist arm, reich aber an Gottes Geist sind. Er fährt fort: Wenn diese Medizin den Hochmut nicht heilt, dann weiß ich nicht mehr, was ihn heilen sollte. Das sagt Augustinus in Zusammenhang mit der Demut Gottes, die sich selbst in der Menschwerdung seines Sohnes erniedrigt. An diesem Gottesgeist müssen die Menschen genesen.

Allen, die den meditativen Weg beschritten hatten, wurde folgendes klar: Wie es Erkenntnisse gibt, die nur den intellektuell Geschulten glücken, so gibt es ebenso Erkenntnisse, die nur den meditativ Geübten gelingen, und ebenso solche, die nur die sittlich Erprobten zustande bringen. Man macht die Erfahrung, daß Verstand und Vernunft nicht etwas rein Abstraktes sind, sondern sich im Menschen konkretisieren. Aus dem je höheren Sein kommt die höhere Einsicht.

„Du hast zwar zwei Füße, kannst aber immer nur auf einen Berg steigen", schrieb Luciani, der spätere Papst Johannes Paul I. Das ist so eine überraschend kleine Erkenntnis, die aus der Meditation fließt.

Bedenkenswert ist auch, was mir ein anderer sagte: „Seit ich mich um Demut bemühe, bin ich ein dankbarer Mensch geworden. Das ging ganz unreflex vor sich. Ich habe es einfach erfahren. Ich habe plötzlich gesehen, wie ich ständig ohne mein Verdienst beschenkt werde, und darum bin ich auch ein fröhlicher Mensch geworden."

Nach Franz von Assisi triumphiert der Widersacher Gottes, wenn er einem Diener Gottes die innere Freude rauben kann; er weiß, daß er ihn dann leicht zur sinnlichen Lust verführen kann.

Es zeigt sich: auch das Christentum ist aktiv, doch wendet es seine Aktivität zuerst nach innen, wo der eigentliche Kampf auszufechten ist. Dann erst wendet es sich nach außen, nun aber nicht mehr in der Weise der Welt, sondern in der Weise dessen, der gesagt hat: Seid getrost, ich habe die Welt überwunden.

Allmählich leuchtet auf, daß das große Abenteuer christlichen Lebens ist die Liebe, Liebe im Sinn von Agape, also ichfreie Liebe. Es gibt ja Eros, Philia und Agape. Eros ist die Liebe zum lebendigen Schönen, ichbetont. Philia ist die Freundschaftsliebe, sie gibt und empfängt. Agape ist die unverdiente Liebe, die sich rein schenkend aus der Fülle des eigenen Seins dem andern zuwendet. So sagt Tauler: Die Eigenliebe stirbt, wenn man alles aus Liebe zu Gott tut, ohne zu fragen, warum. Bernhard von Clairvaux: Christus hat die Menschen aus Liebe gerettet. Hast du die gleiche Liebe?

Das sind meditative Erkenntnisse. Ihnen gesellen sich weitere zu: Wert*höhe* und Wert*intensität*. Werthöhe und Wertintensität sind zwei verschiedene Dinge. Ein geringer Wert, etwa ein besonders gutes Glas Wein, kann eine große Wertintensität haben, aber nur eine geringe Werthöhe. Und umgekehrt, ein hohes Gut, etwa ein Verzicht auf eine höhere Stelle zugunsten eines Dritten, hat eine nur gering fühlbare Wertintensität, aber eine bedeutende Werthöhe.

Man kann es etwa unmittelbar und zugleich erfahren. Bleiben wir bei dem Beispiel, bei dem besonders guten Glas Wein. Du hast dieses Glas Wein vor dir und beginnst mit der Lektüre eines wertvollen Buches. Die Intensität des leiblichen Genusses ist größer, geringer aber die durchaus erfahrene Werthöhe. Daraus erfließt die dein Leben bestimmende Erkenntnis: die erlebte Wertintensität allein, also die *Lust*höhe, gibt noch nicht das erfüllte Leben, von dem du träumst; erst die *Wert*höhe gibt das. Aus dieser Erfahrung wird der bloße Lustwert gebrochen. Paulus spricht im 1. Kapitel des Römerbriefes vom unbrauchbaren Denken: Es ist dem gefallenen Menschen eigen. Wie sehr könnte unser Denken durch solche Erkenntnisse gereinigt werden!

Es wird klar: Lust und Unlust haben eine dienende Funktion. Beide stellen ein *Wertecho* dar, das wegen der Erbsünde entstellt ist. Das Ziel aller Sittlichkeit ist beseligende Vollkommenheit, das heißt, Vollkommenheit, aus der die Beseligung fließt. Das wird erst später begriffen. Daher ist die Einteilung der Gefühle in lustvolle und unlustbetonte falsch. Die Gefühle sind vielmehr einzuteilen in lebensgerechte und lebenswidrige Gefühle; dann auch noch in höhere und niedere Gefühle. Es wird die heute freilich weitverbreitete Fehlerkenntnis abgewehrt, daß Lust den Höchstwert darstelle und Unlust den höchsten Unwert.

Hat man diese Einsicht gewonnen, so gelingen weitere Erkenntnisse. Augustinus sagt in einer Predigt: Auch Lasten machen frei, wenn sie wesensgemäß sind. Er nimmt als Beispiel den Adler. „Was ist der Adler ohne Flügel? Doch seine Flügel sind schwer. Aber nur mit ihrer Hilfe kann er sich in die Höhe erheben.“ Er fügt an: „Erst durch solche Erkenntnis wird der verdorbene Hefesatz im Grund des Herzens beseitigt.“ Nun wird deutlich: Um solche Erkenntnisse ins Leben umzusetzen, braucht es eine Einübung, christlich gesprochen Askese, neuzeitlich gesprochen Training. Für einen guten Sportler braucht es ein größeres Training. Vielleicht sogar noch einen Trainer. Was meinst du also, was es für einen Miles Christi braucht! Dein Training braucht einen Lebemeister, um mit Meister Ekkehard zu sprechen. Dann wird zum Beispiel der Zölibat zum Zeichen einer Freiheit, die sich zum ausschließlichen Dienst bereit erklärt. Es wird auch klar, daß Liebe nicht in erster Beziehung Neigung zu einem bestimmten Menschen ist, sie ist vielmehr ein innerer Reichtum, der der persönlichen Beziehung vorangeht. Sie ist nichts anderes als strömend gewordene Güte, die dem reif gewordenen Herzen bei der ersten Anregung entquillt.

Es stellt sich freilich die Frage, daß die Menschen heute nicht so sind, daß sich vielmehr das Christliche vom Zeitgeist völlig unterscheidet. Aber schon die alten Christen hatten die genannte Unterscheidung des Christlichen. Sie nahmen zum Beispiel am großen heidnischen Volksfest nicht teil; sie kannten kein Weihrauchstreuen und keinen Kaiserkult, auch wenn es ihnen Leib und Leben kosten sollte. Sie lehnten die Knabenliebe ab, wie auch die Ehescheidung. Diese Unterscheidung des Christlichen ist heute wieder aktuell. (Wir werden später noch genauer darüber sprechen.) Man kann wohl sagen, daß das Gesagte unmodern ist. Aber der Christ ist weder altmodisch noch neumodisch. Dann wäre er hörig. Er ist sittlich geprägt und das steht über der Zeit, es trägt etwas vom Ewigen an sich. Ihm ist daher das Erhabene nicht fremd. Dem Erhabenen aber geziemt Begeisterung. Diese ist uns freilich beinahe zur Sage geworden. Das Gefühlsleben der kritischen Menschen ist verarmt. Der Christ ist reich geblieben. Reich ist man nicht durch Hab und Gut, reich ist man durch sein Innenleben, durch die Freude, die das Herz belebt, durch die Begeisterung, die dem Leben Schwung verleiht.

Der Christ schlägt auch die Natur als Buch auf. Er weiß daher, daß es schon in der Natur das Opfer gibt. Der Baum gibt im Herbst seine Blätter preis, um sein Leben zu retten. Wenn die Stürme dem Baum die Blüten rauben, hört er deswegen nicht auf, wieder Blüten zu treiben. Die Rose läßt sich die Blatt-Triebe beschneiden, damit sich die Blütentriebe umso reicher entfalten.

Der gläubige Mensch weiß, daß es schon in der Natur die Grundformen der Wandlung gibt, daß aus Tod neues Leben ersteht, so wie das Weizenkorn, das stirbt, und viele Frucht bringt, worauf Christus selbst hinweist; die Raupe, die sich verpuppt und sterben muß, damit der Schmetterling werde; der Wildling, der in der Veredelung eine Wunde erleiden muß, um gute Früchte zu bringen; der erloschene Stern, der erst so in der Lage ist, auf seiner Oberfläche Leben keimen zu lassen.

All das sehen wir, und nehmen es doch nicht zur Kenntnis, denn wir haben zwar Wissen, aber keine Weisheit. Das bloße Bücherwissen ist kein Baum, an dem sie reift. Erfahrung, die noch staunen kann und im Denken geklärt und verarbeitet wird, wäre die Grundlage zur Weisheit und Liebe.

Es ist dann auch gar keine Schwierigkeit mehr, von einer Wiedergeburt im Menschen zu wissen. Nicht wie der alte Nikodemus fragte: Wie kann denn ein Mensch wiedergeboren werden? Im dritten Siebent menschlichen Lebens findet eine neue Geburt statt. Das Eigenständige und Persönliche wird im Menschen geboren. Und dies besonders dann, wenn er bewußter Christ wird. Christsein heißt ja, das Niedere in sich sterben lassen, damit das Höhere auferstehe.

Dabei ist es freilich schade, daß dem Erzieher die alte Weisheit kaum mehr bekannt ist, Wahrheit wird durch die Aussage vermittelt, Wert nur durch die Ergriffenheit. Heutzutage sollen Gefühle eben nicht gezeigt werden. Ist nicht auch das ein Mangel an Bekenntnisfreudigkeit? Pius XII. sagt: Die Furcht weiß sich ausgezeichnet zu tarnen. Sie hüllt sich in den Mantel christlicher Klugheit und bleibt stumm, wenn die Pflicht verlangt zu sprechen.

Wir nehmen es auch nicht mehr wahr, daß der Geist gegen die Heteronomie der Triebe, die vom Zeitgeist genährt werden, kämpfen will. Das kostet freilich Geburtswehen. Es gibt nämlich auch Geburtswehen des inneren Menschen. Freilich muß man dazu das Gewissen wieder wecken und auch Bindungen anerkennen, die wesensgemäß sind. Zu beachten ist: Der Staat bindet nur, das Wesensgemäße aber befreit, indem es bindet. Das eben ist die Aufgabe der Religion. Und interessanterweise, die Sünde befreit und bindet, aber wesenswidrig. Der Glaube bindet und befreit, aber wesensgemäß, er bindet nämlich das Niedrige und befreit das Höhere. Und das ist wahre Freiheit.

Ein bedeutender Mann sagte: „Gott gebe mir den Mut, Dinge zu ändern, die ich ändern kann; die Gelassenheit, die Dinge hinzunehmen, die ich nicht ändern kann; dazu die Weisheit, beide voneinander zu unterscheiden." Das ist aus tiefer Einsicht und aus der Wärme des Herzens gesprochen, vielleicht sogar mit begeistertem Herzen. Von der Begeisterung aber kann man sagen, sie stillt alles menschliche Verlangen und erfüllt es. Das Begehren kommt zur Ruhe, der Zustand des Glückes ist erreicht.

Bei Isaias heißt es: „Ein Mann soll sein wie ein Zufluchtsort vor dem Wind und ein Schutz vor dem Sturm, wie der Schatten eines großen Felsens in dürrem Land." Das weist darauf hin, daß jede echte Begeisterung gegründet sein muß auf das wirkliche Sein. In diesem Sinn sagt Kardinal Höffner: „Ein Bischof oder Priester, der nicht von Christus ergriffen ist, hat den Menschen nichts zu sagen, vor allem nichts Heilbringendes. Sich vom Herrn ergreifen lassen, kostet das Herz. Gebe Gott, daß wir es nie billiger tun." Ist man bereits soweit gekommen, dann ist auch klar, was Guardini meint: Der Tod ist nur die eine Seite jenes Ganzen, dessen andere Seite die Auferstehung ist.

Gleichwohl wollen wir auch die *diesseitigen* Güter des Gottesreiches nicht vergessen, die von hoher Art sind. Bei Markus heißt es ja, daß wir das Hundertfache schon hienieden empfangen werden und einst das ewige Leben. Dieses Hundertfache tritt bei der Urgemeinde deutlich hervor. Es läßt sich in einer kurzen Formel so umschreiben: Geborgenheit, Gelassenheit, Friede und Freude, innere Freiheit und Würde, Lebenssinn und Lebensziel.

Man darf hinzufügen, daß damit das Schwergewicht des Lebens auf die andere Seite tritt. Augustinus sagt: „Ich möchte sterben, nicht um zu sterben, sondern um Gottes Antlitz zu schauen und seine Stimme zu hören." Aus solcher Glaubenskraft heraus wird deutlich, daß die Erlösung der Jungbrunnen der Seele ist. In der Liturgie des 2. Sonntags nach Ostern heißt es im Tagesgebet: Nun ist die Jugendkraft der Seele erneuert. Das ist bezeichnend für diesen neuen Geist. Ebenso kommt bei Paulus der Ausdruck vor: Tristitia peccati (die aus der Sünde stammende Traurigkeit). Das ist ein ebenso bezeichnendes Wort in unserer Liturgie.

Ohne Religion nämlich gibt es nicht nur keinen endgültigen Sinn des Lebens, sondern auch keine Geborgenheit, vielmehr nur das Fatum, also das, was über uns verhängt ist, und woran auch die Götter nichts ändern können. Eben daher stammt die Traurigkeit der Sünde.

Ganz anders ist das bei einem tiefgläubigen Menschen. Von dem schon jung sterbenden Dooley, dem Gründer der „Medico", der unendlich viele Flüchtlinge im Fernen Osten gerettet und geheilt hat, schreibt sein Mitarbeiter: Ich wußte nicht, daß man so heiter, so tapfer und so rücksichtsvoll sterben kann.

Wenn so das Schwergewicht des Lebens auf die andere Seite getreten ist, dann ist dem Priester seine Gemeinde Heimat des Herzens geworden. Er tut alles, damit seinen Gläubigen auch die Kirche Heimat des Herzens werde. Er erinnert sich an das Wort des hl. Augustinus: Du willst als Hirte Güter haben und der große Hirte hatte keine. Ihm wird klar, das innere Glück hat die Eigenschaft zu dauern trotz aller äußeren Beschwernis. Um welchen Preis würde dann ein Mensch, der ein selbständiges Innenleben hat, dieses hergeben?

Er hat auch eine Antwort auf die Frage, wer erwachsen ist. Seine Antwort heißt: Erwachsen ist, wer auf sich selbst nicht mehr hereinfällt. Diese Antwort ist durch schmerzliche Erfahrung errungen. Erst wenn man auf die Selbsttäuschung gekommen ist, wird einem das klar. Wie oft fällt man auf seine Rechthaberei herein, auf seine Geltungssucht, auf die Selbstüberschätzung oder auch auf seine Minderwertigkeitskomplexe. Also erst, wenn das Schwergewicht des Lebens auf der anderen Seite liegt, erkennt man das.

Klarheit darüber wird durch die innere Wandlung errungen. Diese aber baut auf die Entschleierung auf. Wie geht die Entschleierung vor sich? Lindworsky sagt, man könne ein einfaches Schema anwenden, das mit den drei Worten Reaktion, Reflexion und Einstellung gekennzeichnet sei. Z. B. jemand gehe mit einem Bekannten die Treppe hinunter. Beide plaudern miteinander. Es beginnt nun ein neuer Treppenabsatz. Du trittst auf der ersten Stufe hart auf. Dieses harte Auftreten ist eine Reaktion. Auf was? Nun denkst du darüber nach. Wieso? Ach, in dem lebhaften Gespräch hast du nicht beachtet, daß die Stufen nach dem Treppenabsatz tiefer wurden. Das ist die Reflexion und Aufhellung des unbekannten Fehltritts. Nun ist klar, die falsche Verteilung des Körpergewichtes ist die Ursache, also die falsche Einstellung.

Solche Dinge treten im Seelenleben oft auf. So erlebt etwa jemand im Laufe des Tages einen Stimmungswechsel: vormittags froh und heiter, nachmittags unzufrieden und gedrückt. Warum? Mittags traf er sich mit ein paar guten Bekannten. Dabei wurde lebhaft geplaudert. Aber nachher war die Mißstimmung da. Unerwartete Reaktion. Warum? Ach ja, er hatte vor ein paar Tagen eine Rede gehalten, die sogar in der Presse Berücksichtigung fand. Aber keiner der Bekannten hatte sie erwähnt.

Jetzt komme ich meiner vorher unbewußten Einstellung auf den Grund. Ichverlangen steht dahinter. Das ist die Einsicht. So kommt man sich selber auf die Spur. Die Seele weiß viel besser, was im Ich tief drinnen lebt, als der bewußte Verstand. So entsteht allmählich innere Reife, und Weisheit wird geboren.

Wir fassen zusammen: Dieses merkwürdige Wesen, der Mensch, was ist er nun wirklich? Zwiespältig ist er. Es geht leicht nach unten, es geht schwer nach oben. Dazu muß er die zahlreichen Spannungen, die in ihm sind, aufarbeiten und zur Harmonie entfalten: Körper und Geist, Trieb und Seele, Außen und Innen. Und was noch schwieriger ist, im Geist selbst sind nochmals Spannungen. Wie schon Augustinus sagt: Im Geist sind noch größere Gefahren als im Leib. Der Geist sagt: Ich diene nicht. Das ist sogar die Urgefahr des Menschen, der er seit den ersten Zeiten immer wieder erliegt.

Zur Aufarbeitung dieser Spannung gibt der Glaube eine Leitlinie an: Überwindung des niederen Menschen, Auferstehung des höheren Menschen. Die Geistdominante muß zum Durchbruch kommen. Das Triebhafte soll so eingebaut werden, daß es dem Höheren dient. Der Geist aber wiederum soll Gott dienen. Damit wird die wahre Freiheit geboren, nämlich die Aufstiegsfreiheit hin bis zum Ebenbild Gottes. Und es wird klar, daß gerade aus der Bindung die Freiheit entsteht. Wer frei ist, trägt Verantwortung. Verantwortung aber bindet. Ich muß ihr gerecht werden. Dafür wiederum muß es Richtlinien geben. Sie sind uns in der Offenbarung gegeben.

Wird das nicht angenommen, so entsteht Irrtum. Von der angeblichen Unabhängigkeit gleitet man ab in Abhängigkeit der Triebe oder des Hochmuts. Die Lust wird zum Höchstwert gemacht, die Unlust zum höchsten Unwert. Oder aber die Selbsterhöhung wird zum Höchstwert gemacht, die Abhängigkeit zum höchsten Unwert, wodurch dann ziemlich genau die Definition des Hochmuts realisiert wird: Hochmut ist die wesenswidrige Selbsterhöhung des Menschen bis zur hemmungslosen Brutalität. Das ist die Begriffsumschreibung, die Augustinus gibt. Daß daraus der Selbstmord des Volkes entstehen kann, haben wir unmittelbar vor der Jahrhundertmitte erlebt.

Es zeigen sich also neue Kräfte. Sie sind noch ungegoren. Echte Erkenntnisse, aber auch Wirrnisse laufen durcheinander. Hoffnungen aber sind da. Die Verwirklichung dieser Hoffnungen wird im Christentum möglich. Das Leben wird gesund, der Glaube hat Wirklichkeitskraft.

7. Kapitel

Erziehung und Führung

Aufgabe und Wesen

Wir müssen nochmals davon ausgehen: Der Mensch erfährt sich als zwiespältiges Wesen.

Zum Beispiel, es ist Winter. Ein Kind sitzt bei seiner häuslichen Aufgabe. Ein paar Kameraden kommen, „Wir gehen skifahren. Komm mit!“ Aber morgen ist Schularbeit. Zwiespalt zwischen Pflicht und Neigung. Dieser Zwiespalt begleitet unter mannigfacher Rücksicht das ganze Leben. Er muß immer wieder bewältigt werden. Aber nie mehr als in der Jugend, da die Grundeinstellungen erst gewonnen und gefestigt werden müssen. Dabei bedarf es der Hilfe des erfahrenen und reifen Lebens. Erziehung ist also notwendig.

Jede Erziehung braucht ein umfassendes Erziehungsziel, das zuletzt zu erreichen ist. Und ebenso ein nächstes Ziel, das zuerst zu gewinnen ist. Sie braucht auch ein Bild vom Menschen. Auch jede wissenschaftliche Pädagogik setzt ein Menschenbild voraus. Daß sie das heute nicht hat, ist ihr Unglück.

Wegen des inneren Zwiespalts fordert die Erziehung Läuterung und Entfaltung. Läuterung also beim Negativen, Entfaltung beim Positiven. Und schließlich noch die Vermittlung echten Verstehens, nicht nur des bloßen Wissens.

Will jemand zum Beispiel verstehen, warum wir Gymnasien haben, dann genügt es gerade nicht, zu sagen, um Latein und Griechisch zu lernen. Das ist nämlich psychologisch der negative Aspekt der Dinge. Man muß vielmehr die leitende Idee nennen. Die Kultur unseres Volkes baut auf drei Kräften auf: Antike, Germanentum, Christentum. Das Gymnasium will das Verstehen dafür vermitteln. So gewinne ich eine Einsicht dafür, was Gymnasium ist und was es will.

Bei allem Erziehen muß man die Kinder oder die Jugend dort abholen, wo sie ist, das heißt vor allem, ich muß das Kind kennen, wissen, was es denkt und was es liebt, aber auch *wie* es denkt und *wie* es liebt. Das letztere verlangt wiederum, daß ich die Sprache des Kindes oder der jungen Menschen kenne und mich davon bewegen lasse. Das vorausgesetzt, tritt die ergänzende Wahrheit in Erscheinung: Ich darf nicht fragen, was das Kind wünscht, sondern *was es braucht* (Adolf Kolping).

Falsch ist daher, daß heute vom bloß Vitalen her nur noch die Primitivperson entwickelt wird. Daraus ergibt sich naturnotwendig die hedonistische Lebensauffassung, die nur auf Genuß ausgerichtet ist. Die Führungszentren der Person läßt man brach liegen. Man spricht natürlich auch nicht von Primitivperson, sondern von Tiefenperson und gewinnt damit die gefühlsmäßige Neigung der Zeit.

Aber schon Kant hat Anthropologie betrieben. Hiebei ist ihm nie eingefallen, in diesem Zusammenhang von Tiefenperson zu sprechen, vielmehr waren bei ihm die Führungszentren der Person, Verstand und Wille, das Ausschlaggebende. Diese sogenannte Tiefenperson ist gar nicht die Tiefe der Person. Es wird doch richtiger sein, sie als Primitivperson zu bezeichnen, denn die hier aufbrechenden Strebungen haben wir weithin mit den höheren Tieren gemeinsam.

Wenn man die Führungszentren der Person brach liegen läßt, sinkt die Persönlichkeit an Gewicht ab. Etwas, worüber schon Cicero zu seiner Zeit geklagt hat, wie denn überhaupt viele der heutigen Fehler schon in der Spätantike aufgetreten sind, also in der Zeit einer zerfallenden Kultur. Das soll uns wenigstens zu fragen lehren, ob nicht auch unsere Zeit eine Verfallszeit sei.

Sinn und Ziel der Erziehung und der Freiheit ist Selbstverwirklichung. Wir haben daraus weithin die Selbstverfehlung gemacht. Das gilt besonders dann, wenn Kinder in Ungeborgenheit und Angst vereinsamen, aber alle Lustwünsche erfüllt bekommen. Diese Kinder zeigen schon früh Verhaltensstörungen, die nur schwer geheilt werden können. Wie wird dieses Erwachsenengeschlecht aussehen, in dessen frühkindlichen Fixierungen Angst und Maßlosigkeit nachwirken? Selbstsucht und Revolte werden die Folgen sein.

Falsch ist selbstverständlich die antiautoritäre Erziehung. Sie führt nicht zur Selbständigkeit, weil die vielfältigen Impulse nach den verschiedensten Seiten locken und die Orientierung verlieren lassen. Das Kind ist überfordert. Das haben die Antiautoritären dieser Richtung im Jahr 1978 selbst einbekannt. Das gleiche gilt von der emanzipatorischen Erziehung, wie schon früher dargestellt.

Dauernd festhalten wollen wir die Erkenntnis, daß auch bei diesen neuen Bewegungen das Kind mit dem Bad ausgeschüttet wird. Zuerst zuviel Abhängigkeit, dann gar keine Abhängigkeit. Beides ist falsch.

Man hatte kein richtiges Menschenbild mehr. Der Mensch ist von Natur aus ein Gemeinschaftswesen. Das sagte schon Aristoteles, wobei er betonte: von Natur aus. Wenn der Mensch also Gemeinschaftswesen ist, dann ist er eben auf andere angewiesen. Das gilt erst recht vom Kind, das ohne jede Erfahrung, auch ohne jeden Instinkt ist. Das ist eben der Unterschied zum Tier. Deswegen steht das Kind in lebensnotwendiger Abhängigkeit.

Um die rechte Mitte zu finden, werden wir sagen, Erziehung soll weder autoritär noch antiautoritär sein, sondern *partnerschaftlich*, so aber, daß der Verantwortungsträger das Recht hat, zu entscheiden.

Das Kleinkind braucht klare Führung, sobald es aber zum Gebrauch der Vernunft kommt, wird man nicht nur befehlen, sondern auch begründen. Beim größeren Kind und besonders beim Jugendlichen sind wir auch zu einem echten Dialog bereit, der Für und Wider zu Wort kommen läßt, dennoch aber die Kraft zur Entscheidung bewahrt. Es geht also näherhin um *abgestufte Partnerschaft*.

Dabei trifft freilich der Einwand zu, die Jugend will nicht Normen, sondern Werte. Gut, dann wollen wir der Jugend die Werte zeigen, um die es geht und die hinter den Normen stehen. Zum Beispiel, Jugend will nicht Opfer und Verzicht. Sie wünscht alle Annehmlichkeit des Lebens zu besitzen. Was ist die Folge? Bei Schwierigkeiten ist sie frustriert und bricht zuletzt zusammen.

Dafür bekam ich im Jahr 1980 ein gutes Beispiel. Unser Militärpfarrer berichtete mir, daß es allein im ersten Halbjahr 1980 unter den jungen Soldaten 34 Selbstmordkandidaten gab. Warum? Die militärische Ordnung war ihnen zu hart, obwohl sie heute sehr gemildert ist. Es handelte sich weithin um Söhne sehr wohlhabender Eltern, die jedoch total verwöhnt waren. Aus diesem Beispiel können junge Menschen sehen, daß das Leben anders ist, als sie weithin erwarten. Wer sich die Bereitschaft zu Verzicht und Überwindung nicht angeeignet hat, der kann nicht bestehen.

Wie geht Erziehung vor sich? Viele Eltern sagen, das sei heute so schwer, daß sie bereits Angst hätten, nicht nur vor der Erziehung, sondern sogar vor ihren Kindern. So, wie man früher erzogen hat, könne man heute nicht mehr erziehen. Das ist richtig. Unsere Eltern haben uns so erzogen, wie sie selbst von ihren Eltern, also unseren Großeltern erzogen wurden. Es wurde ein Erbwissen weitergegeben. Dieses Erbwissen genügt heute nicht mehr. Und zwar, weil sich die Umwelt gänzlich geändert hat. Früher gab es nicht Radio, nicht Fernsehen, nicht Auto, nicht Flugzeug usw. Wie also erziehen?

Antwort: es geht um den dreifachen kategorischen Imperativ: Zeit haben, miteinander reden, entscheiden. Das ist mir bei Mütterwochen und Aussprachen mit Müttern klargeworden.

Zuerst *Zeit haben.* Die Kinder haben Fragen. Man darf sie nicht abwehren. Durch Beantwortung wird allmählich ein seelisch-geistiges Vertrauensverhältnis aufgebaut. Die Kinder kommen mit ihren Fragen auch ernsterer Natur von selbst zu den Eltern. Sonst entsteht allmählich ein Fremdheitsverhältnis zwischen Eltern und Kindern. Väter sagen, ich kenne meine eigenen Buben nicht mehr, weiß nicht, was in ihnen vorgeht. Sie sind mir fremd geworden. Ich frage dann immer, haben sie mit dem Kind gesprochen, als es noch sechs Jahre alt war? Antwort: Nein. Damals war es nicht notwendig. Das ist eben der Fehler. Das Vertrauensverhältnis muß früh genug geschaffen werden.

Miteinander reden: Das will besagen, es soll in der Woche eine Zeit geben, wo die Familie um den runden Tisch sitzend die gemeinsamen Fragen bespricht, am besten Samstag abend nach dem Essen. Etwa so: Was habt ihr Kinder in der Schule erlebt? Was ist euch sonst oder auf der Straße widerfahren? und so fort. Vielleicht berichtet ein Mädchen von den neuen Kleidern anderer Schulkameradinnen, und sie sei etwas eifersüchtig wegen diesen neuen Kleidern, und so fort. Das ist ein guter Anlaß, darüber zu sprechen, etwa so: Können die mit den besseren Kleidern nun etwa besser rechnen oder besser rechtschreiben? Dem Kind geht dabei auf, daß es äußere und innere Werte gibt. Im Laufe der Zeit auch das andere, daß man sich zwischen beiden Werten entscheiden muß.

Damit ist das dritte angeschlagen: *Entscheidung.* Die müssen oft die Eltern selbst treffen. Dazu müssen sie den Mut haben. Die sorgsam bedachte Entscheidung muß dann auch durchgesetzt werden. Das kann durch Ermutigung geschehen, durch Anerkennung und Lob.

Wichtig ist nun, daß diese Dreiheit je nach den Altersstufen richtig angewandt werde. Dem Kleinkind muß man *erzählen.* Es ist bedauerlich, wenn Mütter nicht mehr erzählen können und alles der Märchentante im Radio überlassen. Mit dem Schulkind muß man gemeinsame *Besprechungen* halten, mit dem jungen Menschen tut eine *Aussprache* unter vier Augen not.

Ein junges Mädchen mit 15 Jahren berichtete: Meine Mutter hat mich mit meinem Freund gesehen, als wir auf der Straße zusammenstanden. Sie hat zwar so getan, als ob sie mich nicht sehe, aber das war nur Schein. Was soll ich tun? Der Priester antwortete: Das Dümmste ist, wenn auch du so tust, als ob sie euch nicht gesehen hätte. Ergreife die Initiative und frage, was sagst du dazu? Du hast es ja gesehen. Dann ist die Mutter gefordert. Sie muß aus ihrer eigenen Erfahrung Stellung nehmen, aus ihrer Erinnerung an die eigene Jugend und die Jugendzeit mit ihren Schulkameradinnen. Sie wird wissen, daß es manches Schöne gab, manches Gefährliche, manch bittere Enttäuschung. So wird dem jungen Menschen der Blick erweitert und von dem nur Angenehmen und Lustvollen, auch von dem blinden Vertrauen abgezogen. Es ist viel erreicht, wenn mit dieser Aussprache ein Vertrauensverhältnis geschaffen und das Verantwortungsbewußtsein geweckt wird, so daß das Mädchen weiterhin auch unter dieser Rücksicht mit der Mutter in Verbindung bleibt.

Auf diese Weise geht die Erziehung allmählich in Führung über. Während Erziehung als Wesensinhalt auch die Entscheidung hat, besteht die Führung vor allen Dingen in der Wertvermittlung. Werte müssen gezeigt werden, so zwar, daß im jungen Menschen selbst die Neigung und in seltenen Fällen sogar das Verlangen geweckt wird, sich diese Werte anzueignen. Z. B. ein junger Mensch ist unverläßlich. Ihm kann gezeigt werden, wie man später bei seinen Bekannten im Kontor oder wo immer, einen guten Namen erwerben kann. Du giltst als pünktlich, man weiß, daß man sich auf deine Zusage verlassen kann. Deine Arbeit machst du sorgfältig usw. Allmählich schätzt man dich, du hast Achtung, vielleicht mehr als deine Altersgenossen, dein guter Name ist gesichert. Auch dein Arbeitsplatz ist gesichert.

Im übrigen werden wir von der Führung im Zusammenhang mit der Gefühlserziehung sprechen, die uns heute besonders not tut. Aber über allem steht das Vorbild. Eltern und Erzieher müssen selbst das sein, wozu sie erziehen oder dann, wohin sie führen wollen.

Der Erzieher

Es ist zweifellos interessant, daß zwei Menschen genau das gleiche sagen können und es dennoch völlig verschieden wirkt. Das hängt mit der von innen heraus geprägten Gestalt des Lehrers oder des Erziehers zusammen, hinter der die Persönlichkeit steht.

Der echte Erzieher hat einen Verkündigungsdrang. Er weiß, er hat etwas zu bieten, das ihm selbst klar und für seine Zuhörer von Bedeutung ist.

Zugleich aber will er dieses Wissen anbieten aus echt menschlicher Liebe, er will für den andern da sein, um dessen höherer Wertmöglichkeiten willen. Seine Liebe ist eine *fördernde* Liebe. Also weder eine begehrende Liebe noch eine Freundschaftsliebe, sondern eine Liebe, die dem andern gilt und ihm Entfaltung schenken will.

Diese Liebe aber hat ein Ziel, sonst wäre sie nicht echt. Erziehen heißt nämlich, einen Menschen nach dem Unbedingten ausrichten (S. Faber), daher muß der Erzieher selbst etwas Unbedingtes an sich haben.

Bei Plato-Sokrates war dies die Liebe zu den höchsten Ideen. Diese Liebe heißt bei Plato Eros. Im übrigen Griechentum war Eros freilich nicht so hoch angesetzt. Eros bedeutete einfach die Liebe zum Lebendigen, Schönen. Bei Plato also war es mehr, wobei noch zu bemerken ist, daß Plato Idee und Ideal, wie übrigens meist im Altertum, nicht unterscheidet.

Was wird das Ziel bei uns sein? Man wird sagen dürfen, das Ziel ist die reife Persönlichkeit. Dabei muß der Erzieher noch die tiefe Demut haben, daß er sich gerade durch sein Tun stufenweise überflüssig macht.

Aber was ist Persönlichkeit? Aus dem abendländisch geschichtlich vollzogenen Werden kann man nur sagen, in jedem Menschen steckt etwas Unbedingtes. Deswegen besteht die vorgegebene Begriffsbeschreibung der Erziehung zu Recht. Der Mensch darf nicht Mittel für etwas anderes sein, d. h. unter anderm, die vorübergegangene Gewaltlehre in Mitteleuropa und die noch mächtige Gewaltlehre des Ostens ist falsch. Der Mensch stellt nach seinem Wesen immer, wie schon betont, die Frage nach dem Woher, Wohin, nach der Aufgabe und nach dem Sinn und weist so über sich hinaus. Er ist ein Wesen, das die transzendenten Fragen stellen muß.

Dieses Unbedingte muß der Erzieher anerkennen, sonst knickt er das im Menschen angelegte Wachstum. Am leichtesten wird er das tun können, wenn er auf dem Boden der christlichen Weltanschauung steht. Hier ist der Mensch darauf angelegt, Ebenbild Gottes zu werden. Damit ist das Unbedingte ausgesprochen.

Dieser Verkündigungsdrang, diese fördernde Liebe, diese Zielhaftigkeit wird den Erzieher befähigen, allmählich zum Künstler zu werden. Es öffnet sich nämlich ein Kontakt zwischen ihm und seinen Schülern, ein geistiges Band schließt beide zusammen, das in der Aufnahmebereitschaft und in der Zuneigung sichtbar wird. So kann der Erzieher mit individuellem Blick, weil Augen und Herz geöffnet sind, individuell erfassen, wo Stärke und Grenzen seiner Zuhörer sind. Aus „Wissen und Liebe“ heraus (Thomas von Aquin) wird er allmählich ein Meistererzieher werden.

Das geht freilich nicht ohne Opfer und Verzicht. So erzählt etwa Fr. W. Foerster von einem Lehrer, der wöchentlich einen Fasttag hielt und dann gestand, wenn ich diesen Fasttag nicht halte, bemerken es spätestens in einem Monat auch meine Schüler. Die Erklärung für dieses Faktum ist einfach: Selbstbeherrschung wird immer mehr zu einer selbstverständlichen Haltung. Die Gefühlsimpulse überrennen einen nicht mehr. Was aber das in der Schule für eine Bedeutung hat, ist klar. Der Meistererzieher vergißt aber eines nicht, das „Wie“ braucht soviel Arbeit wie das „Was“, d. h. praktisch, die Vorbereitung der Lektion erfordert konsequenten Fleiß. Erst die gut vorbereitete Stunde weckt Verkündigungsdrang, so daß der Funke vom Lehrenden auf den Lernenden überspringt. Der wahre Erzieher muß von innen bis außen absolut echt sein, dann weckt seine Gestalt Vertrauen und Zuversicht.

Im Gegensatz dazu erlebte ich als junger Mittelschüler folgenden kleineren Fall: Ein Mitschüler brachte dem Professor eine kleine Entschuldigung vor. Er war Fahrschüler. Der Zug hatte etwas Verspätung gehabt. Der Professor verstand die Entschuldigung nicht richtig. Der Schüler sagte sehr höflich, bitte, darf ich das erklären? Darauf der Lehrer: „Ich unterhalte mich nicht mit einem Schüler.“

Nicht mit diesem, sondern mit dem früher geschilderten Ethos wendet sich der echte Erzieher dem Kind zu, das er kennt.

Er weiß, schon in den ersten Lebensjahren des Kindes ist es von entscheidender Bedeutung, daß es im Rahmen mütterlicher Zuwendung einen Raum der Ordnung und der Freiheit vorfindet. Das Kind muß Ordnung erfahren, regelmäßige Zeiten für Aufstehen, Speise und Trank, für kleinere Arbeiten usw. Im Rahmen von Spiel und Erholung soll es auch Freiheit erfahren und selbst wählen dürfen.

Wer keine festgefügte Ordnung erfährt, wird anspruchsvoll, launisch, unzufrieden. Das wird sich später rächen. Wer keinen Raum der Freiheit vorfindet, wird ängstlich und unselbständig, wenn er von vornherein lebensschwach ist. Ist er aber lebensstark, dann wird er ein Revolutionär. Weder Übererziehung noch zuwenig an Erziehung ist gut.

Klar muß sein, daß nicht alles in den kindlichen Anlagen gut ist. Ich machte als junger Kaplan die Erfahrung, daß nicht wenig Kinder zu Grausamkeit neigen. Sie quälen etwa Tiere, was ich öfters beobachten mußte. Das kann unter Umständen sehr weit gehen. Ein amerikanischer Junge ermordete eine Klassenkameradin. Auf die Frage, warum, antwortete er, er wollte nur sehen, wie das ist, wenn ein Mensch merkt, daß es ihm ans Leben geht. (Sic!)

Ebenso gibt es das Überlegenheitsverlangen beim Kind, also Neid, Rivalität usw. Daher auch das Sich-rächen-Wollen und auch schon Feindschaft, die sich über Jahre erstrecken kann. Also in den Anfängen schon ziemlich viel von dem, was später beim Erwachsenen auftritt.

Auf der anderen Seite gibt es ebenso sehr gute Anlagen: die Zuneigung zu den Eltern und zu Erziehern, Aufnahmebereitschaft und Lernwilligkeit, die Betätigungsfreude und den Fleiß. Im Guten und im Bösen ist beim Kind alles viel spontaner, frischer und ungebrochener als beim Erwachsenen.

Das alles weiß der wahre Erzieher. Er sucht das Gute zu fördern, das Gefährliche aufzulösen und das Schlechte abzubauen. Er gibt dem Kind also Motive, Beweggründe, die anschaulich und gefühlsbetont sind. Das aber trifft bei echt religiösen Motiven am meisten zu.

Freilich sind die Kinder sehr verschieden. So kann zum Beispiel bei einer guten Klasse der lediglich verwunderte Blick des Erziehers geradezu Wunder wirken. Die Klasse merkt, sie hat den Lehrer enttäuscht. Der Blick geht nun wie ein elektrischer Funke hinein in alle Herzen. „Wenn er uns soviel mehr zugetraut hat, dann wollen wir ihn nicht mehr enttäuschen." Andere Klassen sind freilich anders und fordern auch andere Behandlung.

Ein Hauptaugenmerk wird der Erzieher auf den inneren Aufbruch im dritten Jahrsiebt des jungen Menschen richten. Dieses dritte Jahrsiebt fängt etwas verfrüht an. Umsomehr ist es der Hilfe bedürftig.

Neben den bekannten Erscheinungen der Ich-Findung und damit der Autoritätskrise, der Glaubenskrise und der Geschlechtskrise ist heute etwas besonders zu beachten. Aus der gesellschaftlichen Umwelt wird dem werdenden jungen Menschen Kritik nahegelegt und überbewertet. Dagegen schlechte Pflichterfüllung unterbewertet. Das Wort Pflicht ist nahezu tabu geworden. Daraus erklärt sich manches, was unangenehm auffällt.

Es geht also sehr wohl um Aufwertung des Wortes Pflicht und Pflichterfüllung. Mich hat seinerzeit das Wort eines Lehrers beeindruckt: Weniger als seine Pflicht erfüllen, kann man als Mann nicht tun. Dieser eherne Klang von Pflicht und Pflichterfüllung stählt den Charakter und läßt zum vollen Menschen reifen. Sobald das praktisch begriffen ist, wird auch die Kritiksüchtigkeit geringere Reize haben. Man stellt sich selbst unter Kritik und hat nicht Zeit, ständig andere zu kritisieren.

Etwas Weiteres verdient gleichfalls besondere Beachtung. Die Wohlstandsjugend hat ein hohes Anspruchsniveau. Ihr ist die Erfüllung des Anspruchs selbstverständlich. Sie glaubt, darauf ein Recht zu haben. Werden die Ansprüche nicht erfüllt, so meint sie, ihr sei Unrecht geschehen. Daraus erklärt sich die aggressive Haltung. Diese richtet sich gegen Eltern und gegen die gesamte Gesellschaft. Dagegen sei ein einfacher Satz hierher gesetzt: Die Zufriedenheit hängt vom Anspruchsniveau ab. Stelle ich keine Ansprüche, werde ich leicht zufrieden sein. Außerdem werde ich sehr früh alles ausgekostet haben und dann blasiert sein. Trotzdem kenne ich das Leben nicht, sondern nur seine Niederungen.

Das Anspruchsniveau muß ein anderes Objekt bekommen, nämlich, ich stelle Ansprüche an mich selbst, an mein sittliches Verhalten. Die edle Jugend hat immer Sehnsucht, ein Ideal zu verwirklichen. Sie hat die Begeisterung, wenn sie es an Trägern großer Namen verwirklicht sah.

Man muß den Mut haben, davon zu sprechen. Früher sagten Erzieher zu den jungen Menschen: Heraus mit allem Großen das in eurer Seele auf Verwirklichung wartet! Das Große ist auch heute, wenngleich vielfach verschüttet, noch da. Man muß es zu wecken verstehen. Viele junge Menschen wollen heute ihr Leben selbständig aufbauen, Beruf und Familie. Daran kann man anknüpfen, Lebensgesetze zeigen, auch zeigen, wie oft etwas danebengeht und was für Forderungen man an sich stellen muß, daß es glücke. Dann erwachen im tiefsten Lebensgrund normative Strebungen, die nun als Wesensgesetze erkannt werden. Das Gewissen spricht seine Sprache.

So innerlich für seine Aufgabe vorbereitet und von seiner Aufgabe erfüllt, wird sich der wahre Erzieher dem jungen Leben widmen.

Gefühlserziehung

Gefühlserziehung ist uns zur Frage geworden. Man muß bei der Wertempfänglichkeit beginnen, weiterschreiten zur Hierarchie der Werte und schließlich den gefühlsedlen Menschen heranbilden.

Zunächst ist einiges zu entschleiern. Viele Menschen leben in der Illusion, ihre guten Gefühle seien schon sittliche Leistung. Die Verwirklichung steht aber aus. Noch mehr Menschen meinen, unsere Erkenntnisse seien rein sachbetont. Wir sind aber vielmehr affektive Wesen, als wir glauben. In unsere Erkenntnisse mischen sich Affekte ein. Gegen die Affekte ist die Vernunft weithin erfolglos. Zu beachten ist, auch der Geist, also geistige Erkenntnis und geistiges Wollen, sind lust- oder unlustbetont. Auch der Geist hat seine Freuden und Leiden, wenn auch meist in geringerem Ausmaß.

So zeigt sich die Verwirrung. Auch lebenswidrige Bewegungen wekken oft lustbetonte Gefühle. An Beispielen fehlt es nicht. Alles, was mit Süchtigkeit zusammenhängt, sei es Nikotin, Alkohol oder eigentliche Suchtgifte, all das ist lustbetont. Daher kann man Lust und Unlust nicht einmal als Kriterium dafür verwenden, ob etwas lebensgerecht oder lebenswidrig ist. Paralleles gilt auch bei körperlichen Erkrankungen.

Wir müssen daher von einer gewissen Entartung der Gefühlswerte sprechen. Eben deswegen braucht es eine Gefühlserziehung. Zu beachten ist, die Grundeinteilung der Gefühle ist, wie schon gesagt, lebensgerecht und lebenswidrig. Das ist ihre eigentliche Funktion. Im Rahmen dieser Einteilung ist weiter zu beachten, daß es auch höhere und niedere Gefühle gibt. Auch die niederen Gefühle können durchaus einwandfrei sein, etwa Lust an Speise und Trank. Dennoch ist etwa die Freude an einer edlen Tat ein höheres Gefühl.

Das Ganze ergibt nun viele Aufgaben, die wir übersehen haben. Gefühlsverwilderung ist die Folge. So haben zum Beispiel in unseren Schulen viele auf den Bericht über Peter Mayr, Wirt an der Mahr, der sich mit einer Lüge das Leben hätte retten können, reagiert, der war ja blöd. Das Adelige dieser Haltung haben sie gar nicht mehr erfaßt.

Vielleicht liegt bei manchem Leser schon ein Einwand bereit: mit dieser Gefühlserziehung wird uns jede Freude verdorben oder vergällt. Dem ist nicht so. Einmal ist es doch richtiger, daß die Gefühle wieder ihre Urfunktion erfüllen, dem Leben zu dienen. Zum andern sagt schon Augustinus über die geistigen Gefühle: Wenn man sich zu Gott bekennt, werden die Deliciae nicht gebrochen, sondern gewandelt. Deliciae heißt Vergnügen, Genuß, Wonne. Es wird also Freude nicht vergällt, sondern gewandelt und auf eine höhere Stufe gehoben. Auch das Wort Leidenschaft kommt nicht in Verruf. Nach dieser grundlegenden Anerkennung der Deliciae gibt es auch wertvolle und daher giftlose Leidenschaften.

Nochmals zu betonen, Gefühlsintensität und Gefühlshöhe sind nicht das gleiche. Wir sind immer in Gefahr, zu meinen, wenn etwas besonders gefühlsintensiv ist, dann sei es besonders wertvoll. „Rache ist süß" sagt das Sprichwort. „Schadenfreude ist die reinste Freude" sagte ein bedeutender Mann. Beides ist gefühlsintensiv, aber beides auch wertwidrig. Deshalb ist es sehr wichtig, daß man den Unterschied von Gefühlshöhe und Gefühlsintensität praktisch aufgenommen hat.

Es sei erinnert an das ernste Wort aus dem Römerbrief von dem *unbrauchbaren Denken.* Durch Absinken in lebenswidrige und seinswidrige Haltungen wird unser Denken mehr und mehr unbrauchbar. Ich muß gestehen, wie ich dieses Wort zum ersten Mal las, wollte ich es nicht recht glauben. Jetzt glaube ich es. Ich machte die Erfahrung, daß die beste Argumentation gegen Affekte, besonders gegen vorgefaßte und vorbewußte Meinungen, kaum jemals aufkommt. Diese Meinungen können auch kollektiver Natur sein. Es kann der Zeitgeist aus ihnen sprechen oder auch das Lebensgefühl der Zeit. Wer überprüft schon reflex, was am Zeitgeist oder am Lebensgefühl der Zeit berechtigt oder was unberechtigt ist?

Wie soll nach diesen Erörterungen die Gefühlserziehung vor sich gehen?

Zuallererst ist die *Wertempfänglichkeit* zu wecken und auszuweiten. Wir leiden an einer Verarmung der Werterfassung. Sie ist nämlich einseitig gesteuert. Diese Steuerung läßt sich mit drei Worten kennzeichnen: süßer Kitsch, saurer Kitsch, Sexkitsch.

Kitsch verzeichnet ganz allgemein gesehen die Wirklichkeit. Der süße Kitsch stellt alles unter rosigem Blickwinkel dar. So zum Beispiel wird der gute Hirt mit langem Seidengewand bekleidet, er klettert über Felsen und sucht das verlorene Schaf. Die frühe Christenheit hat das ganz anders dargestellt. Ein junger Mann, fast noch ein Knabe, der mit geschürztem Gewand und Stab sich auf die Suche macht. Der saure Kitsch verzeichnet alles auf die düstere Seite, lehnt überhaupt das Schöne ab. Das menschliche Antlitz verliert seine Gestalt. Aber auch das ist eine Verzeichnung der Wirklichkeit. Der Sexkitsch ist erstaunlicherweise ein Überbleibsel aus dem süßen Kitsch. Die ganze Wirklichkeit wird im Sinn geschlechtlicher Anziehung verzeichnet. Als ob es andere Werte nicht gäbe. Diese Sex-Naivlinge meinen, das Geschlechtliche sei das ganze Leben, damit seien alle Probleme gelöst.

Hiezu ist ein Fall interessant, den Christa Meves berichtet. Es wurde ihr ein Hochschüler, der einen Selbstmordversuch gemacht hatte, zur therapeutischen Behandlung zugeführt. Sie fragte ihn, ob er denn kein Mädchen habe, das er gern hat, mit dem er also auch seine Probleme und Lebensschwierigkeiten besprechen könne. Die Antwort hierauf war: Ja, ein Mädchen habe ich schon. Er schlafe auch manchmal mit ihr. Aber daß er mit ihr seine Probleme besprechen sollte, sei ihm noch nie eingefallen. Daraus ersieht man, wie wenig Geschlechtlichkeit, wenn sie zur bloßen Sexualität absinkt, die Lebensfragen lösen kann. Sie ist eben nicht das ganze Leben, sie ist nur ein Teil von ihm. Wer sich nicht vorher feste Haltungen, auch durch Verzicht, erworben hat, muß das bitter erfahren. Außerdem dienen diese Sexnaivlinge dem großen Geschäft, gegen das sie sonst immer auftreten. Durch ihre Süchtigkeit verwirrt, merken sie es nicht.

Man muß heute aufmerksam machen, daß es viele andere Werte auch gibt. Ich blätterte kürzlich eine Illustrierte durch, die unerwartet eine Serie von Bildern zeigte, die anders geartet waren. Es wurden in mehreren farbigen Bildern Mädchenreigen gezeigt. Die Mädchen hatten lange, helle Gewänder an, die Füße waren unbekleidet. Vor allem die Gesichter waren freundlich und froh, ein gutes Lächeln strahlte von ihnen aus. In diesen Bildern wurde das *Anmutige* gezeigt. Im Anschauen wurde man auch selber heiter und beschwingt. Das Geschlechtliche wühlt auf, das Anmutige entspannt und löst. Schade, daß so viele Jugenderzieher davon nichts mehr wissen, daß sie meinen, man könne nur mit geschlechtlichen Reizen die Jugend gewinnen.

Aber diese Geschlechtlichkeit ist ja schon nicht mehr menschlich zu nennen. Wahre Geschlechtlichkeit kennt die Dreiheit: Eros, Philia und Agape. Also die Liebe zum sinnfälligen Schönen, die Freundschaftsliebe (Seelenfreundschaft) und die selbstlos schenkende Liebe. Nach Konrad Lorenz ist der bloße Sex nicht einmal mehr tierisch, sondern viehisch, denn die höheren Tiere kennen bereits Vorformen der geschlechtlichen Annäherung usw.

Ergebnis ist die Erniedrigung des Geschlechtlichen und die Verengung auf eben dieses Geschlechtliche als einzigen Wert. Aber es gibt ja noch andere Werte, wie im Anmutigen zum Beispiel gezeigt wurde. Und darüber hinaus gibt es die *Wertklasse des Schönen* und der eigentlichen Kunst. Auch hier findet man weithin Verarmung vor. So besuchte ich ein Ferienlager mit jungen Menschen. Ein junger Mensch schlug auf die Trommel ein, immer lauter und lauter. Je lauter er einschlug, desto größer war der Beifall. Schließlich platzte die Trommel. Der Beifall war ohrenbetäubend. Kein Klang, nur noch Lärm!

Man muß zur Empfänglichkeit für das Schöne wieder erziehen. Da gibt es in Rom den Moses von Michelangelo. Die mächtige Gestalt des Volksführers ist imponierend aus dem Stein herausgehauen. Was sagt das Antlitz aus? Die meisten sehen einen ganz bestimmten Zug nicht. Die Statue gilt ihnen als Zeugnis einer ungebrochenen Kraft.

Betrachtet man aber das Antlitz von Michelangelo genauer, so sieht man sofort, daß der Künstler einen Zug aus seinem eigenen Antlitz übernommen hat, der deutlich zu sehen ist. Das Antlitz von Michelangelo weist aber eine schmerzliche Bruchlinie auf. Sie ist geboren aus der Enttäuschung, die ihm in seinem Lebensschicksal widerfahren ist. Diese Linie, stark gemildert, aber doch sichtbar, ist in das Antlitz des Moses eingezeichnet, so aber, daß man sofort sieht, dieser Mann ist stärker als sein widriges Schicksal. Vom Antlitz des Michelangelo gilt das freilich nicht.

Der Künstler stellt Moses nach seinem Herabsteigen vom Berg dar. Die Juden tanzten um das goldene Stierkalb. Moses schleuderte in mächtigem Zorn die Gesetzestafeln zu Boden, daß sie zerbrachen. In seiner Kraft war er dem Aufruhr gewachsen. Dennoch, es zerbrach etwas in ihm, aber er selbst zerbrach nicht daran.

Erschließt man einem jungen Menschen diese wahre Kunst, wie hier alles zu einer Einheit eingefangen ist, das Leben und seine heroische Kraft, so tritt auf sein Antlitz das Staunen. Und das Staunen reißt eine Tiefe auf. Die Empfänglichkeit für das Schöne und für die Kunst ist geweckt; also Ausweitung der Wertempfänglichkeit, hin zum Anmutigen, zum Schönen und zur Kunst. Wir wollen noch weiterfahren.

Als weitere Wertklasse bietet sich das *Edle* und das *Erhabene* an. Wenn jemand etwa die „Jungfrau von Orleans" von Schiller anzuschauen Gelegenheit hat, so bietet ihm diese hohe Werte, sie ergreifen Geist und Gemüt. Freilich, wo wird dieses Drama noch aufgeführt? Bei seiner Erstaufführung haben begeisterte Zuschauer den Dichter auf die Achsel gehoben.

Einst im Mittelalter hat man den Heiligen auf die Achsel gehoben. So geschah es mit Bernhard von Clairvaux nach seinen Kreuzzugspredigten. Wen hebt man heute auf die Achsel? Nun, eine Sportgröße. Das ist sicher keine aufsteigende Linie.

Aber zurück zur „Jungfrau von Orleans". Das Edle und Erhabene ergreift das Gemüt auf eine ganz eigene Weise. Das muß man erlebt haben, sonst versteht man es nicht richtig. Unter dem Edlen ist hier das sittlich Edle gemeint. Wenn jemand innerlich so stark ist, daß er größer ist als alle Widerstände und er so seine Freiheit unter den schärfsten Beweis stellt, dann ist das ein Ereignis, das den wahren Höhenflug eines seltenen Menschen bewegend vor Herz und Gemüt stellt. „Keinen Eid auf diesen Führer" sagte der Südtiroler Josef Mayr-Nusser und starb dafür. Da kann man nochmals mit Schiller sagen: „Der Mensch ist frei geschaffen, ist frei und wäre er in Ketten geboren." Nebenbei bemerkt, was wissen jene, die heute von der Freiheit reden, von dieser wahren Freiheit?

Das kann man zum Beispiel einer Jugendgruppe beim nächtlichen Lagerfeuer vermitteln. Ich machte das immer so, daß ich wartete, bis das Feuer langsam erlosch. Dann lenkte ich die Blicke der jungen Menschen in die Höhe hinauf zu dem sternenklaren Nachthimmel. Ich zeigte ihnen die Sterne, erzählte von ihrer Entfernung, von ihrer Zahl, von ihrer Größe. Dann wurden die jungen Menschen sehr still. Man konnte es greifen, wie diese jungen Seelen trunken wurden von diesen überwältigenden Eindrücken des nächtlichen Sternenhimmels. Wenn ich dann vom Weltenbaumeister sprach, nickten sie alle.

Diese Wertklassen müssen also dem jungen Menschen praktisch erschlossen werden. Damit wird die einseitige Betonung einer einzigen Wertklasse aufgegeben. Der junge Mensch sieht selbst, daß man mit solcher Einseitigkeit kein voll entfalteter Mensch wird. Vor allem aber erlebt er, wie reich und bewegend die Größe der Schöpfung ist. Er erfährt das Dichterwort: In jedem lebt ein Bild des, was er werden soll, und wird er das nicht ganz, wird nie sein Friede voll.

Mit dieser Gefühlserziehung ist dem Menschen eine neue Tiefe und eine höhere Sicht des Lebens erschlossen.

Religiöse Führung

Ein 14jähriges Mädchen schrieb seinem Katecheten nach Schulschluß: Früher wollte ich die Jugend genießen, jetzt will ich ein wertvoller Mensch werden. Aus einem solchen Brief läßt sich die Bedeutung eines guten Religionsunterrichtes erkennen. Religiöse Erziehung und später Führung soll Überzeugung gründen und Leben wecken. Das beginnt schon beim Kind. Elternleben und Elternlehre zeigen das vor. Es wird weitergeführt in der Schule durch Priesterlehre und Priesterleben. Es wird beim jungen Menschen durch Leben in einer gläubigen kleinen Gemeinschaft zur Reife gebracht.

Die Schwierigkeiten dürfen nicht übersehen werden. Der heute dominierende Zeitgeist kennt andere Kategorien als Glaube und Religion. Heute ist alles dynamisch auf Werden hin eingestellt. Religion ist statisch und vermittelt Ruhe und Bleiben. Heute geht es um größere Technik, in der Religion geht es um Gesinnung und Gesinnungsbildung. Es geht heute um das Diesseits, im Glauben um das Jenseits. Es geht wiederum um Freiheit, in der Religion aber um Bindung. Es geht um das Erfahrbare, Religion aber kann nicht vom Erfahrbaren sprechen, oder sollten wir das vielleicht verlernt haben? Wie nun immer, jedenfalls sind damit eine Reihe von Schwierigkeiten aufgezeigt.

Der Religionsunterricht versuchte, durch Änderung der Unterrichtsmethode einen Ausgleich zu bieten. Zuerst galt die *deduktive* Methode. Ein Glaubenssatz wurde dargeboten und erklärt. Dann kam die *induktive* Methode; man ging von den kleinen Erfahrungen des Lebens aus, die zu dem Glaubenssatz oder zu dem sittlichen Grundsatz hinführen sollten. Ein kleines Beispiel, ein Marktplatz wird gezeigt. Was seht ihr? Was hat mancher von euch schon getan? Wie urteilt das Leben über Diebstahl? Bis hin zum 7. Gebot.

Man ging weiter zur *kerygmatischen* Methode. Was der Glaube verkündet, enthält nicht nur Wahrheit, sondern auch Werte. Werte aber bewegen innerlich. Etwa: Sobald wir an Gott glauben, haben wir einen endgültigen Lebenssinn gefunden und sind geborgen. Nach einigen wenigen wichtigen Versuchen hat man eine Synthese in Aussicht genommen. Es wurden nämlich induktive und kerygmatische Methode zusammengefaßt. Religionsunterricht soll sinngebende Lebensorientierung bieten, und zugleich die Einübung in das Leben vermitteln. Durch beides soll eine feste Überzeugung grundgelegt werden.

Mit dieser Methodenerklärung sind jedoch die grundsätzlich gestellten Fragen nicht beantwortet. Wir wenden uns dieser Beantwortung zu.

Die erste Schwierigkeit war Statik statt Dynamik. Hier handelt es sich um ein Mißverständnis, das freilich von uns selber verursacht wurde. Wir haben etwa Heilige so dargestellt, als ob sie schon als Heilige geboren worden wären und keine innere Entwicklung mitgemacht hätten. Das war gänzlich unrealistisch. Von dieser Art sind wir abgekommen. Auch die Heiligenleben enthalten eine starke Dynamik. So war die hl.

Theresia von Avila zuerst ein sehr lebenslustiges Mädchen, dann wurde sie schließlich zur Mystikerin und zur Reformatorin ihres Ordens.

Im Ganzen der Heilsgeschichte findet sich eine große Dynamik. Beginnend vom schöpferischen Heilswillen Gottes über den Sündenfall brach ein großes Drama auf. Dann die Erneuerung in Christus mit der beginnenden inneren Reform von Mensch und Welt bis hin zum neuen Himmel und der neuen Erde.

Diese gesamte Dynamik spiegelt sich wider im Einzelleben. Die beginnende Erlösung in der Taufe, die Festigung in der Firmung, damit das Hineingetauchtwerden in das Sterben des niederen Menschen in uns und in das Auferstehen des höheren Menschen, hin bis zur Vollendung. Diese Dynamik muß nur gezeigt werden. Dann ist Dynamik und Tiefe eindeutig.

Die zweite Schwierigkeit war Gesinnung statt Technik. Die Technik weist einen rasanten Fortschritt auf. Bei ihr läßt sich alles unter Beweis stellen. Man sieht, wie es funktioniert. Mit der Gesinnung ist es anders. Die inneren Kräfte bewegen die Welt nicht so sichtbar. Es läßt sich nicht alles unter Beweis stellen. Oder ist das vielleicht doch nicht ganz richtig gesehen? Bewegen vielleicht doch die inneren Kräfte die Welt? Sieht man sich das Leben großer Forscher an, so sieht die Sache etwas anders aus, wenngleich das Weltbewegende aus Opfern geboren wurde. Z. B. hat Justus Liebig als junger Mensch immer nur zwei bis drei Stunden geschlafen, um seine Forschungen voranzutreiben, um so tatsächlich echte Fortschritte zustande zu bringen. Auch das heutige staatliche Leben, näherhin der Wiederaufstieg des zerschlagenen Europas, ging von vier Männern aus, die noch dazu schon alt waren: de Gaulle, Adenauer, Raab, De Gasperi. Sie haben aus Erfahrung und Begabung die Welt sehr spürbar bewegt.

Tut man also die Augen auf, so sieht man überrascht, wie sehr das äußere Geschehen von inneren Kräften bewegt wird. Man kann den jungen Menschen sagen, du kannst mit deiner Begabung, deinem Fleiß, deinen Charakteranlagen vielleicht ein de Gaulle deiner Gemeinde oder deines Landes oder deiner Wissenschaft werden. Dazu mußt du freilich deine Charakteranlagen in aller Unbestechlichkeit voll entfalten. Du kannst auf alle Fälle zu einem Glied der heute so notwendigen Führungsschicht des Volkes werden.

Wir wenden uns nun der dritten Schwierigkeit zu. Die Welt ist nicht mehr jenseitig, sondern diesseitig. Die Antwort heißt aber: Wir sind *bei-*

des. Und beides ist mehr als nur eines. Und weil wir beides sind, wollten wir auch das Diesseits verbessern. Die christliche Sittlichkeit verlangt hohe charakterliche Leistung. Die drei Grundaufgaben des Menschen sind: Ergreifung eines Berufes, Gründung einer Familie, Entfaltung des inneren Menschen. Die zwei erstgenannten Aufgaben wird jeder in die Hand nehmen. Wenn aber die dritte Aufgabe nicht geleistet wird, dann gehen auch die zwei ersten teilweise oder auch weitgehend daneben. Darum nehmen wir diese dritte Aufgabe, die Entfaltung der Innerlichkeit, besonders in die Hand. Das weist bereits auf das Unsichtbare hin, denn es geht um den bleibenden Sinn.

Dann sagt die heutige Zeit immerhin, das Jenseits brauchen wir nicht. Wirklich nicht? Zunächst, der Kommunismus in Rußland hat nachweislich 27 Millionen Menschen beseitigt, sie wurden ermordet, sind verhungert und erfroren in den sibirischen Lagern usw. Wo gibt es dann für diese Menschen überhaupt einen Lebenssinn? Wenn das gleiche in noch größerem Ausmaß für China gilt, erhebt sich diese Frage noch dringender. Den kommunistischen Philosophen machen diese Fragen Kopfzerbrechen. Wir haben eine Antwort. Es geht um jenseitige Erfüllung.

Darüber hinaus ist die Frage allgemein zu stellen. Der Mensch ist angelegt auf Lebenserfüllung und Glück, auf beseligende Vollkommenheit. Also auf Vollkommenheit, aus der Beseligung fließt. Trifft aber das im irdischen Bereich zu? Ungerechtigkeit herrscht auf Erden, Hunger und Not. Aus sittlicher Vollkommenheit erfließt Leid, man denke an die Märtyrer ihrer Überzeugung. Gibt es also nur ein Diesseits, so ist das Ganze brüchig und kommt nicht zu seiner Erfüllung. Die Antwort, daß es auch ein Drüben gibt, ist Hilfe und Lösung der Widersprüche.

Die vierte Schwierigkeit, Freiheit gegen Bindung. Es ist natürlich, daß in der aufbrechenden Jugendzeit das Freiheitsverlangen erwacht. Lebensmäßig erfolgt eine gewisse Ablösung vom Elternhaus, denn der junge Mensch soll allmählich, gemäß dem inneren Wachstum, selbständig werden. Nun kennt aber die Jugend noch nicht den Unterschied zwischen vorübergehenden und *bleibenden* Bindungen, die lebensnützlich oder sogar lebensnotwendig sind. Die Unterscheidung wesensgemäßer Bindung und wesensgemäßer Freiheit kehrt wieder. Unser Körper ist gebunden an Luft, Licht, Nahrung, Wohnung. Wir sind angewiesen auf Schlaf, aber auch auf Tätigkeit, sonst schwächen sich unsere Kräfte. Darum, aber auch um der Selbsterhaltung willen, sind wir angewiesen auf die Ausübung eines Berufes, und so noch vieles. Sobald diese Erfahrung gemacht ist, tritt man nicht mehr so leidenschaftlich für das Abwerfen aller Bindungen ein. Man prüft zuerst.

Zunächst aber fehlt die Erfahrung. So möchte man möglichst viele Bindungen abwerfen, sehr bald auch die religiösen. Hievon werden wir gleich sprechen. Zuvor aber noch ein Wort über das Spannungsverhältnis Bindung–Freiheit.

Die Jugend glaubt, sowohl Wachstum wie Freiheit gehen ins Ungemessene. Wie aber das körperliche Wachstum zu Ende geht, so auch das seelisch-geistige. Unsere Kräfte sind bemessen. Damit aber auch die Kräfte der Freiheit. Ich brauche den Boden, auf dem ich stehe. Fliegen kann ich nicht. Ich bin gebunden an Kenntnisse, sonst kann ich keinen Beruf ausüben. Ich bin gebunden an die Kenntnis fremder Sprache, sonst kann ich nicht ins Ausland gehen. All das zeigt Bindungen und Grenzen auf. Es geht immer um das wesensgerechte Maß aller Dinge.

Man kann frei werden von der Schule, weil man sie absolviert hat, frei vom Elternhaus, weil man bereits erwachsen ist und einen Beruf ausübt. Aber nicht frei kann man werden von seinem eigenen Wesen. Bindung und Freiheit bleiben in der Spannung. Das richtige Verhältnis ist also ausgedrückt durch das Wort: *wesensgemäß*. Was an Bindung wesensgemäß ist, muß man annehmen. Das Wesenswidrige stößt man ab. Einen Weg gibt es, immer mehr Freiheit zu gewinnen, das ist der sittliche Aufstieg. Wer charakterlich hochsteht, hat mehr Kräfte, braucht daher weniger Bindung. Dieser Weg müßte die Jugend locken.

Wie ist es nun mit den religiösen Bindungen bzw. mit der religiösen Überzeugung? Früher war dies sehr einfach. In der Familie wurde der Glaube gelebt, in der Schule wurde er praktiziert, die ganze Umwelt bezeugte das gleiche. Zugleich gab der Glaube Geborgenheit, so daß er oft unreflex übernommen wurde und sogar so das ganze Leben durchhielt. Das war ein Gewohnheitsglaube mit immerhin großer Tragkraft.

Heute sind die Dinge anders geworden. Die Familie vermittelt nur noch teilweise den Glauben. Auch die einfachsten äußeren Zeichen des Glaubens bleiben dem Kind oft unbekannt. Es kennt heute weithin weder Kreuzzeichen noch Händefalten, schon gar nicht eine Kniebeuge. Die Umwelt bietet keine religiöse Atmosphäre mehr. Man denke an Reklame, Illustrierte, Kino, Radio, Fernsehen. Auch in der Schule wird gar mancher Wissensstoff geboten, der mit religiösem Glauben zumindest in Spannung steht.

So wird der Glaube allmählich unwahrscheinlich. Er steht quer zu den übrigen Eindrücken, die auf den jungen Menschen zukommen. So wird er schließlich ein fremdes Element in allem übrigen. Er wird im besonderen unmodern, daher mit dem Makel des Rückständigen behaftet, mit einem Wort, lebensfremd. Dazu kommt noch eine weitere Schwierigkeit. Die Jugend ist institutionsfeindlich. Der Glaube wird aber im Rahmen einer großen Institution dargeboten, nämlich der Kirche.

Eindeutig ist also, der überkommene Gewohnheitsglaube genügt nicht mehr. Es geht darum, einen Überzeugungsglauben zu schaffen. Wie soll das geschehen?

Der Aufbau ist in Stufen zu vollziehen. Zunächst geht es darum, das Kind und dann den jungen Menschen in ein *Lebensmilieu* zu führen, in dem es Gläubigkeit erlebt. Das ist zunächst die Familie. Diese versagt aber weithin. Daher sind die kirchlichen Tage junger Familien von entscheidender Bedeutung. Bei den Brautleutetagen interessieren sich die zwei sich liebenden Menschen füreinander, aber nicht für Kinder. Sind sie jedoch ein paar Jahre verheiratet, so haben sie Kinder. Es beginnen neue Aufgaben.

Sie erleben nämlich die beginnenden Schwierigkeiten der Erziehung. Sie haben Fragen. Hat man aber Fragen, so kommen Antworten an. In den Tagen junger Familien wird alles besprochen, ein Arzt, ein Erzieher, ein Priester stehen zur Verfügung. Die eigentlich erschreckende Erfahrung, die wir machten, ist diese: Die jungen Gatten haben viel mehr Fragen unter sich selbst als wegen der Kinder. Der eheliche Alltag ist anders als die Brautzeit, da man sich in Feierstimmung traf. Diese Fragen müssen zuerst geklärt werden. Naturgemäß hat das auch eine große Bedeutung für die Kinder. Richtige Erziehung setzt die Harmonie unter den Eltern voraus. In diesen Tagen junger Familien werden die Wege gezeigt. Also auch, wie die Kinder in den religiösen Bereich hineinwachsen. Christliches Brauchtum, Vorbild der Eltern werden vom Kind unreflex, jedoch weithin mit Freude angenommen.

In der beginnenden Jugendzeit geht es um bewußte Erfahrung in einer gläubigen *Jugendgemeinschaft.* Demnach etwa in einer Jungschargruppe, in einer Ministrantengruppe und ähnliches mehr. Das Leitwort ist hier ganz allgemein: spielend lernen. Alles ist getränkt mit Fröhlichkeit. Das Ganze vollzieht sich in einer Atmosphäre der Gläubigkeit, ganz ruhig und selbstverständlich. Dann geschieht es von selbst, daß man in der Kirche beheimatet wird. Viele frohe Erinnerungen verknüpfen sich mit dieser Zeit.

Im Aufbruch der eigentlichen Jugend geht es dann um ein paar weitere Erfahrungen aus der Innenwelt des jungen Menschen. Wiederum erfährt sich der junge Mensch als ein zwiespältiges Wesen. Widersprüche finden sich im eigenen Ich. Schlafe ich am Morgen oder stehe ich auf? Benütze ich den freien Nachmittag für einen entsprechenden Roman oder zur Lösung einer schwierigen mathematischen Aufgabe? Immer ist ein Zwiespalt da. Im ganzen gesehen: will ich mein junges Leben genießen oder will ich ein wertvoller Mensch werden?

Neigung richtet sich nach beiden Seiten, aber nicht beide Seiten lassen sich erfüllen. Der junge Mensch steht vor Entscheidungen. Wo erfahre ich Förderung? Wo sind Menschen, die mir Vorbild sein können und Orientierung geben? Das findet der junge Mensch in einer gläubigen Jugendgruppe, die von einem Priester geleitet wird, der die Jugend versteht und ihr die beste Zeit widmet. Dann erfährt der junge Mensch in der Kirche Heimat der Seele.

An diese Stufe der Erfahrung oder auch gleichzeitig mit ihr schließt sich die *Gefühlserziehung* an. Von ihr sprachen wir schon. Werterfahrung wird vom Gefühl getragen. Es ist entscheidend, daß der junge Mensch begreift, Lustintensität und Lusthöhe sind zwei Dinge. Geschlechtlichkeit bringt eine drängende Lust, kann aber durchaus niedrig sein. Sie ist dann höchst intensiv, jedoch nicht werthoch. Der Widerstand ist zugunsten des werthöheren Gutes zu suchen. Kannst du das immer? Als Ziel ist der gefühlsadelige Mensch anzustreben. Im übrigen sei auf das früher Gesagte zurückverwiesen.

Es geht demnach um *Erfahrung*, um Gefühlserziehung, durch die die Wertempfänglichkeit ausgeweitet wurde.

Sodann kommt das dritte: das *ganzheitliche Erkennen.* Beim ganzheitlichen Erkennen werden wir existentiell getroffen: Denken, Fühlen und Wollen sind zugleich angesprochen. Es geht hiebei um die *Daseinserhellung*, woher komme ich, wohin gehe ich, was habe ich zu tun? Es geht um den *Lebenssinn*, vorläufiger und endgültiger Lebenssinn. Kann der endgültige Sinn zerschlagen werden? Sinn hat etwas, was wert ist, getan zu werden. Endgültigen Sinn hat etwas, was wert ist, ein Leben dafür einzusetzen. Trifft das überhaupt zu? Haben wir so etwas Besonderes, nachdem aller Fortschritt fraglich geworden ist?

Es geht auch um die *Lebenstiefe.* Ist das Leben nur oberflächliche Lust, die sich allmählich abschwächt und zur Langeweile wird, manchmal sogar schon in der Jugend? Oder ist es mehr, gibt es dramatische

Entscheidungen, Höhe und Tiefe? Habe ich etwas, was über die Zeit hinaus reicht? Antwort auf alle diese Fragen gibt Christus, nur Er.

Diese Einsicht trifft mich existentiell. Eine Stellungnahme aus der Tiefe des Ich bedeutet: Überzeugung haben. Denken, Fühlen und Wollen sind nun eins. Aus der Zwiespältigkeit des Lebens und der Sinnleere bin ich gerettet.

Für Grübler kann im besonderen darauf hingewiesen werden, daß wir trotz Aufhellung vieler Dinge durch die Naturwissenschaft in Geheimnissen leben. Es gibt das unendlich Große, das unendlich Kleine und das unendlich Feine. Das unendlich Große ist das Weltall mit seinen hundert Milliarden Milchstraßen. Jede Milchstraße hat wieder hundert Milliarden Sonnen. Die Astronomen sagen, das Weltall kann nur 12 Milliarden Jahre alt sein. Was war vorher? Das unendlich Kleine, das Atom mit seinem Atomkern und den Elektronen. Dieses Atom ist in sich selbst wieder ein Sonnensystem mit Sonnen und Planeten. Die Kleinigkeit ist so unfaßbar, daß sie sich nur durch Hoch-minus-Zahlen ausdrücken läßt. Der Atomkern hat durchschnittlich eine Größe von 10^{-13} cm.

Das unendlich Feine ist unser Gehirn. Nach dem berühmten französischen Arzt Le Jeune enthält unser Gehirn elftausend Milliarden Nervenzellen. Um sich einen Begriff von einer Milliarde zu machen, kann man sich ausrechnen, wie viele Kilometer lang eine Milliarde Schulhefte wäre, wenn man sie in einer Reihe hintereinander legte. Das ergibt die überraschende Länge von 250.000 km, das heißt, diese Milliarde Schulhefte ginge rund sechs Mal um die ganze Erde. Nun aber elftausend Milliarden! Das ist nicht mehr vorstellbar. Und dabei in dem kleinen Raum des menschlichen Gehirns. Wer kann so fein konstruieren?

Inmitten dieser Geheimnisse leben wir. Es überkommt uns eine Ahnung und allmählich ein mächtiger Eindruck, daß das alles nicht mehr denkbar ist ohne einen Weltenbaumeister, der alle unsere Begriffe übersteigt.

Wenn aber Jugend immer noch gegen Bindungen ist, seien zwei einfache Beispiele hergesetzt. Das erste: die Seilschaft beim Klettern. Jedermann weiß, wie notwendig sie ist. Wie viele wären ohne Seil schon tödlich abgestürzt! Das zweite: die Bodenstation für das Flugzeug. Beim Rückflug vom Heiligen Land nach Zürich wurde mir erlaubt, in die Kapitänskanzel zu gehen. Zu meinem Erstaunen sah ich, daß die Sicht dort längst nicht so gut war, wie ich erwartet hatte. Der Kapitän erklärte mir, daß für sie die Verbindung mit der Bodenstation viel wichtiger sei.

Er gab mir den Hörer in die Hand. Es wurde gerade mitgeteilt, daß wir von der griechischen Bodenstation auf die italienische, nämlich auf Rimini umwechseln. Von dort kam die genaue Angabe über die einzuhaltende Kurshöhe, Richtung usw. Demnach ist ein so modernes System, wie das Flugwesen, in so enger Abhängigkeit, die geradezu lebenswichtig ist. Die Sicht von der Kanzel aber ist deswegen nicht sehr gut, weil die Fenster sehr dick und außerdem schräg eingestellt sind, um den Luftdruck bei der großen Schnelligkeit auszuhalten.

Zusammenfassend weist alles auf Abhängigkeit und Geheimnis hin. Beides aber im Rahmen der Eigenständigkeit und Freiheit, die dem Menschen gegeben ist, die aber dennoch eine Grenze hat. Nun, wer die *ganze* Wirklichkeit erschaut hat, ist in Ehrfurcht geborgen.

Des weiteren, sich selbst Fehler eingestehen. Und etwas ganz Schweres: Bist du frei zu affektfreier Urteilsbildung? Der objektive Sachverhalt und die persönliche Betroffenheit sind zwei verschiedene Dinge. Etwa, jemand hat etwas Negatives über mich geäußert. Dann fragen wir meistens nicht, war das berechtigt, sondern wir sind gekränkt und wollen es nicht wahrhaben. „Wer Zurechtweisung nicht mit heiterer Miene anhören kann, ist kein geistlicher Mensch", sagt Franziskus. Es wird klar, daß viele von Freiheit sprechen und sich über äußere Zwänge beklagen, von ihren eigenen Zwängen aber nichts wissen.

Nun ist beklagenswert, daß durch die moderne Entwicklung dem Menschen die sittliche Entscheidung vielfach entzogen wird. So vieles ist automatisiert und technisch kontrolliert, Fließband usw. Das ändert auch das Bewußtsein. Man meint ohne weiteres, in Zwängen zu stehen, und nimmt die Verantwortung nicht mehr wahr. Junge Menschen sagten mir, wenn wir sonst den Posten verlieren, dann *müssen* wir eben gegen die Gesetze, z. B. die Steuergesetze, handeln. Ebenso sagten sie mir erstaunlicherweise, der Industrielle kann wegen der Konkurrenz auch nicht anders, als die Löhne zu drücken.

So sind an die Stelle der Freiheit häufig äußere Zwänge getreten, im Berufsleben, nicht aber im Privatleben. Dort ist an die Stelle der Freiheit die Anarchie des Inneren getreten. Dazu aber ist zu bemerken, daß Leute, die sich immer ausleben wollen, seelische Schwächlinge bleiben. Die Geschichte von Esau, der um eines Linsenmuses willen sein Erstgeburtsrecht verkaufte, wird immer wieder neu. Und übrigens, es ist zu fragen, was man ausleben will? Es gibt im Innern mehrere Wertreihen. Willst du die Genußmöglichkeit ausleben oder die sittlichen Fähigkeiten? Beides geht nicht zusammen. Es widerspricht sich. Du mußt dich entscheiden.

In diesem Zusammenhang ist die Unterscheidung zwischen Freiheit wovon und Freiheit wofür zu erwähnen. Freiheit wovon ist im allgemeinen äußere Freiheit, also etwa Freiheit von äußeren Bindungen, z. B. elterliche Bestimmung der Tagesordnung für Söhne und Töchter. Haben junge Leute diese Freiheit wovon, dann glauben sie, sie seien frei. Dann geht aber der Ernst erst an. Bist du frei zur Wahrhaftigkeit, zur Verläßlichkeit und zur Treue? Zu Lauterkeit und Reinheit? Und so noch vieles. Freiheit muß man immer zusammen sehen mit inhaltlich begründeten Werten wie Wahrheit, Menschenwürde, Güte, welche Werte freilich in ihrer Bedeutung erwiesen werden müssen.

Nämlich, in einer total geänderten Welt halten wir an den alten Werten fest. Das wirft uns die Jugend vor. In einer neuen Welt gäbe es auch neue Werte. Doch ist die Behauptung von der total geänderten Welt einzuschränken. Geändert ist die technisch fortschrittliche Welt. Geändert ist nicht die ganze Schöpfungswelt. Geändert sind nicht die wesentlichen Anliegen des Menschen. Nochmals, der Mensch will wissen, woher er kommt, wohin er geht, welche Aufgabe er auf Erden hat; er will, auch wenn er nicht mehr an das Glück glaubt, dennoch glücklich werden. Er will wissen, warum es Leid gibt und Unglück und Schmerz. Er will wissen, ob Schuld vergeben werden kann. Das aber sind alles die alten menschlichen Fragen und Anliegen. So seit Tausenden von Jahren und heute. Schließlich, man will wissen, wie man es macht, um wahrhaft Mensch zu werden. Der ich bin, sucht trauernd den, der ich sollte sein, sagt der Dichter. Alle diese Fragen, sollen sie Antwort bekommen, bestätigen die alten wesentlichen Werte.

8. Kapitel

Freiheit

Ihr Wesen

Freiheit ist ein Wort, das einen hohen Klang besitzt. Fragt man aber danach, was Freiheit ist, dann sind die Antworten durchaus verschieden.

Die alten Griechen verstanden unter Freiheit die Freiheit des vollberechtigten Bürgers, der in der Versammlung das Recht hatte zu reden und der zugleich die Pflicht hatte, die eigene Stadt zu verteidigen. Der Sklave hatte eine solche Pflicht nicht. Mit der Freiheit war also eine selbstverständliche und nicht leichte Pflicht verbunden. Darüber wundern wir uns heute. Freiheit wird vielfach als Ungebundenheit verstanden. Vielleicht noch deutlicher: Moderne Freiheit meint geradezu Bindungslosigkeit. Das aber führt zur Unfreiheit aller. Jeder will seine Bindungslosigkeit verwirklichen und daher die Freiheit des andern nicht achten. Wieder anders verstand man die Freiheit im 19. Jahrhundert. Gemeint war mit Freiheit vor allem der freie Akademiker, der sich den andern überlegen fühlen durfte. Und so noch vieles.

Das Freiheitsverlangen hat heute ein zeitbedingtes soziales Apriori, nämlich das gehobene Selbstbewußtsein und die Diesseits-Dominante. Daraus aber erwächst nur eine Kümmerform von Freiheit, nämlich zu tun, was beliebt. Freiheit ist aber doch wohl etwas Größeres.

Fragt man also, was Freiheit sei, so muß man sehr nüchtern und sachlich vorgehen und darf sich von gängigen Vorurteilen nicht beeinflussen lassen.

Wir Modernen haben aus unserem Verlangen nach einheitlicher Erklärung der Welt die Neigung, jeden Wert, der uns gefällt, absolut zu setzen, also hier: Freiheit ist alles, sonst braucht man nichts. Jede Beschränkung der Freiheit wird schon als Willkür empfunden. Wir werden aber bald sehen, daß es nahezu umgekehrt ist. In praktischen Dingen sind wir freilich viel vernünftiger. Wir wissen, daß wir viele Dinge brauchen, die sich zum Teil nahezu widersprechen, und dennoch können wir leben. Zum Beispiel brauchen wir frische Luft und brauchen zugleich Mauern und Wände. Eines hindert das andere; dennoch geht es. Wenn unsere theoretische Vernunft so weit wäre, dann wäre vieles einfacher.

Was also ist Freiheit? Zunächst ist zu bemerken, der tiefere Begriff als Freiheit ist das *Wesensgemäße*. Und dazu ist zu sagen: Es gibt wesensgemäße Freiheit und *wesensgemäße Bindung*. Das ist uns bereits klar. Nochmals ist daran zu erinnern, im Begriff der Freiheit ist Bindung enthalten. Diese Äußerung schockiert vielleicht geradezu. Dennoch ist es so. Nur der Freie trägt Verantwortung. Nur er haftet für sein Tun. Verantwortung trägt er für die Mitmenschen, trägt er gegenüber der Wahrheit und so noch vieles. Dafür aber gibt es Regeln. Regeln aber binden. Also liegt in der Freiheit selbst die Bindung.

Demnach unterscheiden sich Freiheit und Willkür gerade dadurch, daß Freiheit die Bindung anerkennt, Willkür aber nicht. Man kann sehr leicht aus der Freiheit in die Willkür hineinrutschen. Viele meinen, wenn sie aus der Schule kommen, seien sie freigelassen. Sie sind aber meist nicht freigelassen, sondern nur losgelassen. Man rutscht von Freiheit ab zu Willkür, von dort zur Zügellosigkeit, von ihr zur Haltlosigkeit. Freiheit ist ein vornehmer Begriff, den viele nicht verstehen.

So ist schon klar, daß Freiheit das Maß nicht in sich trägt. „Ich bin ein Mann der Freiheit und des Maßes", sagte Adalbert Stifter. Es gilt nicht einfach, je mehr Freiheit, desto besser, sondern es gilt, *je mehr wesensgemäße Freiheit,* desto besser.

Es gibt benachbarte Begriffe, die darauf aufmerksam machen. So etwa, Freiheit und Gleichheit stehen in einem Spannungsverhältnis. Je mehr Freiheit, desto weniger Gleichheit; je mehr Gleichheit, desto weniger Freiheit. Das tragbare Verhältnis zwischen beiden ist erst zu finden. Auch hier geht es um das Wesensgemäße. Die Menschen sind zugleich gleich *und* ungleich. Daraus sind die konkreten Folgerungen abzuleiten. Alle Gleichmacherei ist daneben. Aber auch alle Verletzung der Wesensgleichheit ist falsch. Alle Menschen haben gleiche Würde. Die Frau ist dem Mann wertgleich, aber nicht artgleich.

Wiederum ergibt sich eine Begrenzung der Freiheit durch das Verhältnis von Ich und Mitmensch. Meine Freiheit wird durch die Freiheit des anderen beschränkt. Ich kann nicht einfach sprechen von meiner Freiheit. Ich muß vielmehr von meiner *berechtigten* Freiheit sprechen.

Nun also nochmals, was ist Freiheit? Die Wurzel der Freiheit liegt im höheren Sein des Menschen. Er kann sich über die Sinnengebundenheit des Tieres erheben, er kann geistig erfassen, sich selbst erkennen und durch sein eigenes Tun sich voll verwirklichen. Daraus ist ersichtlich, daß Freiheit Gabe *und* Aufgabe ist. Gabe, da sie in der geistigen Natur begründet ist, Aufgabe, weil sie einem Ziel zugeordnet ist, das wir zu verwirklichen haben. *Freiheit ist die Begabung zur verantwortlichen Selbstverwirklichung.*

Freiheit ist also ein Doppeltes: Sie ist gleich wesentlich *Entscheidungsfreiheit* und *Entfaltungsfreiheit.* Entscheidungsfreiheit: Durch das geistige Erkennen stellen sich einem verschiedene Güter vor Augen, unter denen ich wählen kann. Entfaltungsfreiheit: Durch die richtige Entscheidung kann ich mein eigenes Ich entfalten. Die Entscheidungsfreiheit ist also nur Grundlage. Der Sinn der Freiheit liegt in der Entfaltung des eigenen Wesens. Wer das nicht versteht, hat die Freiheit nicht verstanden. Sinn der Freiheit ist also, um es noch mit anderen Worten zu sagen, die Selbstverwirklichung ist Personwerdung und im höchsten Sinn Persönlichkeitsentfaltung. Dazu aber braucht es, rückblickend, die vorausgehende Entscheidungsfreiheit, denn es bieten sich verschiedene Güter an, unter denen man zielgerecht entscheiden muß.

Wenn der Sinn der Freiheit in der Personwerdung liegt, dann ist damit zugleich die Frage nach dem Menschenbild gestellt. Hier setzen wir als Menschenbild voraus, ohne es eigens zu begründen, der Mensch ist dazu bestimmt, Ebenbild Gottes zu werden. Geheimnisse lassen sich nämlich nicht eigentlich begründen. Sie lassen sich aber in der Heiligen Überlieferung der Menschheit klären. Diese Heilige Überlieferung ist vor allem im Alten und Neuen Testament zu finden.

In der obigen Begriffsumschreibung der Freiheit ist mitgegeben, daß Freiheit *Selbstbesitz* bedeutet. Woraus wiederum folgt, wessen inneres Leben etwa durch Triebleben, Leidenschaften usw. nicht geordnet ist, der ist nicht frei.

Auch das Freiheitsstreben kann zur Ideologie werden. Darum ist wichtig, folgende Unterscheidungen vorzunehmen, es gibt Freiheitsidee, Freiheitsideal und Freiheitsideologie.

Freiheitsidee ist das, was den Menschen zum Menschen macht. Aber es ist nicht schon die Wirklichkeit der Freiheit. Um ihre Verwirklichung muß man sich bemühen.

Freiheitsideal, das ist die sittliche Aufstiegsfreiheit. Es ist das, was der Christ erstrebt, worin er glücklich wird.

Freiheitsideologie ist die Meinung, um der Freiheit willen darf es überhaupt keine Bindung geben. Aber unbegrenzte Freiheit führt genau zum Gegenteil, nämlich zur Knechtschaft. So im persönlichen Bereich, weil die maßlose Freiheit die Willkür einschließt. Aus diesem Antrieb aber wächst der Trieb, aus dem Trieb wird die Sucht. Und siehe, die Unfreiheit ist da. Auch im öffentlichen Bereich führt sie zur Knechtschaft, weil dadurch jede Ordnung zerstört und so Anarchie hervorgerufen wird. Die Anarchie aber ist nicht lebbar. Sie schlägt in Diktatur um.

Dem entgeht man nur, wenn man wieder weiß, was wir schon erarbeitet haben, daß im Begriff der Freiheit Verantwortung liegt und also Bindung enthalten ist. Es möge demnach auch klar sein, daß es *innere und äußere* Freiheit gibt. Die Freiheitsideologen meinen ständig, ohne es zu sagen, die äußere Freiheit, und gefährden dadurch die innere Freiheit. Wie gefährdet diese ist, davon wissen sie nichts. Nur wer die innere Freiheit errungen hat, ist wirklich frei. Was aber ist innere Freiheit? Der alte Seneca sagte: Frei ist, wer die inneren Zwänge überwunden hat. Das trifft die Sache genau.

Es besteht übrigens eine Wechselwirkung zwischen innerer und äußerer Freiheit. Nicht jedermann kann große äußere Freiheit vertragen. „Binde mich, damit ich frei werde", hat ein bedeutender Christ gesagt. Schon vom alten Odysseus wird berichtet, er ließ sich an den Mastbaum des Schiffes binden, damit er dem Sirenengesang nicht erlag. Es gibt also auch unbewältigte äußere Freiheit. Immer muß der Weg zur Mitte gefunden werden. Dieser Weg der Mitte gibt das Leitwort an: wesensgemäße Freiheit und wesensgemäße Bindung.

Sinnrichtung der Freiheit

Freiheit ist gegeben zur verantwortlichen Selbstverwirklichung. Durch die Summe der Entscheidungen prägt der Mensch sein Wesen aus. Daraus ergibt sich eine überraschende Folgerung, die dem heutigen Zeitgeist fernliegt. Nämlich, die Einzelentscheidungen müssen der *Gesamtentwicklung* dienen.

Die Einzelentscheidungen stehen in einem Lebenszusammenhang. Nehmen wir ein Beispiel. Jemand entscheidet sich etwa dafür, Arzt zu werden. Von dem Augenblick an stehen eine Summe von Entscheidungen unter dem Blickpunkt des Arztberufes, die Matura, die zu machen ist, das Hochschulstudium, und so noch vieles.

So ist es auch mit der Grundentscheidung, was für ein Mensch ich werden will. Dann stehen ebenso die Einzelentscheidungen unter dieser Rücksicht in einem Gesamtzusammenhang. Durch widersprüchliche

Einzelentscheidungen würde der Sinn der Freiheit verfehlt. Es geht ja um Selbstverwirklichung.

Übrigens, wer den freien Willen einmal so, einmal anders gebraucht, in dem kommt er nicht zur Reife. Zum Beispiel, wenn jemand beim Spiel, etwa beim Fußballspiel, einmal gut, einmal schlecht spielt, dann wird er nie ein guter Spieler. Auch der Freiheitsgebrauch muß gelernt werden. Er wird zu einer Reife nur durch steten guten Gebrauch gebracht. Das gilt ja auch von den anderen menschlichen Fähigkeiten. Auch der Verstand muß gebraucht und entfaltet werden. Wenn ich ihn aber einmal logisch richtig gebrauche, ein andermal nur zur Überredung, dann wird in der Folge davon auch in eine rein sachliche Darlegung etwas von Überredung (Demagogie) einfließen. Das Ergebnis ist, die logische Kraft hat durch den Mißbrauch gelitten.

Man muß sogar etwas mehr sagen, wer den freien Willen falsch gebraucht, gefährdet die Freiheit selbst. Es bilden sich Neigungen, die allmählich auch in die seelisch-körperliche Ganzheit eindringen. Es erwachen Bedürfnisse, denen man praktisch kaum widerstehen kann; man denke etwa an Rauchen und Trinken usw. Ergebnis: das sensitive Begehren ist Kapitän auf dem Schiff des Lebens geworden. Das gilt übrigens allgemein: das sensitive Begehren ist Kapitän auf dem Schiff des erbsündigen Menschen.

Daher die Frage: Kann deine Freiheit die unterste Sinnebene der Lust überwinden? Es gibt verschiedene Sinnebenen. Wenn der Mensch sich wohl fühlt, sein Leben lust-betont ist, so empfindet er sein Leben meist als sinnvoll. Das ist die einfachste Sinnebene. Es gibt auch die andere Sinnebene des Berufes. Sie durchquert die Sinnebene des Lustvollen. Nun, das bringt die Mehrzahl noch fertig. Dann aber die Sinnebene des *Guten.* Das ist schon sehr viel schwerer. Wenn die Lust sehr intensiv ist und dem Guten widerstreitet, bringt deine Freiheit auch dann noch fertig, die höhere Sinnebene zu verwirklichen? Um das geht es!

Es gibt also *Freiheitsbegrenzungen.* Dem müssen wir noch ein wenig nachsinnen. Die Freiheit wird begrenzt durch das biologische Erbgut, das ein Kind mitbekommen hat. Ebenso durch die Umwelt, besonders während der frühen Kindheit; dann durch den Zeitgeist, durch innere Zwänge. Sehr vieles läßt sich durch entsprechende Erziehung und Motivbildung lockern und sogar beheben, aber nicht alles. Wir stehen hier an der Scheidelinie zwischen Erziehung, Selbsterziehung und Psychotherapie. Das sei nur kurz festgehalten.

Freiheit ist eine Gabe, die entfaltet werden muß. *Freiheitswille* ist daher eine Tugend. Freilich ist das Wort Tugend heute fast klanglos. Vielleicht bekommt es aber wieder einen Klang. Vor einigen Jahren ist ein Buch erschienen: Mut zur Tugend. Tugend ist sittliche Tüchtigkeit und kommt von taugen. Und das ist doch etwas Gutes.

Das Wort Minne zum Beispiel hatte im frühen Mittelalter einen guten Klang, aber etwa vom 14. Jahrhundert angefangen, nahm es kein anständiger Mensch mehr in den Mund. Es klang etwa so, wie heute das Wort illegales Verhältnis klingt; erst die Romantiker haben das Wort Minne wieder aufwerten können.

So könnte es auch mit dem Wort Tugend geschehen, denn Tugend ist gleich sittliche Tüchtigkeit. Sittliche Tüchtigkeit brauchen wir. Übrigens sagt schon Thomas von Aquin, Tugend sei das Äußerste, was ein Mensch vermag. Wenn nun Freiheitswille eine Tugend ist, dann gibt es auch Freiheitsmißbrauch. Jede Tugend hat ja als Norm das Medium virtutis, also die goldene Mitte. Diese aber kann durch Übermaß und durch Untermaß zum Fehler, geradezu zum Laster werden.

So kann Genauigkeit zur Ängstlichkeit werden, Zeitnähe kann zur Zeithörigkeit werden und so noch vieles. Auch das Wort „frei" bedeutet nicht immer etwas Gutes. So etwa das Wort vogelfrei. Vogelfrei war der Geächtete. Es bedeutet, daß der am Galgen Gerichtete den Vögeln zum Fraß freigegeben ist.

Eine Gewissensfrage: Wozu willst du frei sein? Um zu tun, was dir paßt? Oder doch, um das Gute tun zu können? Wenn du die Freiheit nur als Konsumgut ansiehst, bist du verdächtig. Auch Redefreiheit ist nicht Narrenfreiheit. Sie steht unter der Verantwortung der Wahrheit und der Liebe.

Oder ist dir die Freiheit nur ein Vorwand, um der großen Hingabe des Lebens auszuweichen? Freiheit erweist sich vielmehr in der Unabhängigkeit von den niederen Strebungen. Nochmals, frei ist, wer die innere Knechtschaft überwunden hat, wie Seneca sagte.

So wird klar, daß es nicht einfach um Freiheit geht, sondern um das *Ethos* der Freiheit. Sogar der Freiheitswille kann Ausdruck der Selbstsucht sein. Etwa Freiheit von allen Verpflichtungen, Freiheit vom Dienst, Freiheit für Genuß, Freiheit für Vergnügen und Lust. Also aus welchen Gründen willst du frei sein? Sobald man so denkt, ist nochmals klar, daß es nicht um schrankenlose Freiheit geht. Es geht vielmehr um wesensgemäße Freiheit zur wesensgemäßen Entfaltung.

Sobald das klar ist, verlieren verschiedene Begriffe ihre affektive Belastung. Wir kennen unsere Triebe. Triebbefreiung und Triebentfesselung sind zwei Dinge. Verfrühte Befreiung ist meist Entfesselung. Nochmals, wer im Herbst will Früchte ernten, darf nicht im Frühling Blüten brechen, um sie zu Kränzen zu winden. Daraus ergibt sich die Bedeutung von Triebverzicht und Triebaufschub. Denn Verfrühung bringt Verödung. Wer diese Erkenntnis gewonnen hat, ist schon weit vorangeschritten.

So wird ersichtlich, daß die Freiheit ein *empfindliches* Gut ist. Der Mensch verliert sie nicht erst im Gefängnis. Augustinus sagt: Der Mensch war nur frei, um sich Hals über Kopf in etwas hineinzustürzen. Durch derart destruktive Akte verstümmelt er die eigene Freiheit und kann nicht mehr schöpferisch handeln.

Mit ziellosen Freiheitsansprüchen sinken also automatisch die sittlichen Normen. Ziellose Freiheit verliert ihren Sinn. Wie gesagt, soll ja Freiheit zur verantwortlichen Selbstverwirklichung führen, hin bis zum Ebenbild Gottes. Dazu aber muß man eine stete Richtung einhalten. Das braucht oft Unterstützung. So wie man bei einer Kletterpartie Unterstützung braucht oder bei einer Gratwanderung.

Freiheit bedeutet demnach: Freisein von Schuld, Freisein von wesentlichen Irrtümern, Freisein von allem Untermenschlichen; dagegen Freisein für alles Höhere, hin bis zur Ordnung des Geistes und der Kraft. Diese Freiheit gewinnt man nur durch Mut und Tapferkeit.

Das ist sofort ersichtlich, wenn man an die inneren Zwänge denkt. Welches sind solche innere Zwänge? Sehr viele: Menschenfurcht, Geltungswille, Überlegenheitsverlangen, Entwertungstendenzen usw. Wer fürchtet sich nicht, verlacht zu werden? Wer hat den Mut, einen sachlichen Bericht zu geben, wenn bewundernde Augen auf einen schauen, die eine große Leistung von dir erwarten? Dann weiter: Klassengeist, Zeitgeist und Mode. Gegenbeispiel: das Mädchen, das sagt, ich bin nicht rückständig, ich bin selbständig.

Wie werden wir frei?

Freiheit ist nur im Grundansatz gegeben. Ihre Übung will gelernt sein. Denn durch Gewährung der Freiheit wird der Mensch nicht von selbst mündig und reif. Man muß sich immer die Frage stellen: Ich bin zwar frei, aber gebrauche ich meine Freiheit richtig? Die heutige Zeit hat nämlich falsche Wegweiser aufgestellt, nach unten hin zum Absturz. Und das heißen die guten Leute Freiheit. Erst die Freiheit nach oben macht wahrhaft frei; die Freiheit nach unten macht unfrei. Freiheit ist zur Selbstverwirklichung da, trägt aber das Risiko zur Selbstverfehlung in sich. Dann braucht es viel, um zur Selbstfindung zurückzukommen. Freiheit braucht Mut, um das nochmals zu sagen.

Zur Freiheit erziehen heißt, lehren, aus eigener Einsicht verantwortlich handeln und sich dabei weder von äußeren noch von inneren Zwängen beirren zu lassen. Wir brauchen daher eine Pädagogik der Freiheit, denn Freiheit ohne Lehre von ihrem Gebrauch führt meist zu Freiheitsmißbrauch.

Zur Pädagogik der Freiheit ist einiges zu bemerken: Erstens: Notwendig ist *Anerkennung der Wirklichkeit.* Der Mensch ist erbsündig. Der Spätantike war das nicht fremd. Sie hatte ihre Mysterienkulte. Der Mensch ist nicht in Ordnung. Er muß durch Sühne und Einweihung hindurchschreiten, um wahrhaft Mensch zu werden. Das neuzeitliche Menschenbild weiß davon nichts mehr. Es meint, der Mensch sei von Natur aus gut. Aber dieses Menschenbild ist falsch. Rousseau, der diese Lehre besonders vertreten hat, widerlegt sich durch sein Leben selbst. Er hatte fünf Kinder, die gab er in ein Waisenhaus und kümmerte sich nachher nicht mehr um sie.

Zweitens: *Aufruf der Kräfte:* Das christliche Altertum hat das Taufgelöbnis als Fahneneid aufgefaßt, wie ihn die Soldaten ablegen mußten. „Ich sage mich los von der Macht der Finsternis, ich gebe meine Treuezusage an den dreieinigen Gott.“ So bin ich nun Soldat Christi. Manchmal wurde sogar gesagt „Athlet Christi“. Die Weltgeschichte wurde von den alten Christen als dramatischer Kampf zwischen Licht und Finsternis aufgefaßt.

Ist das nicht viel realistischer als der naive Fortschrittsglaube der Gegenwart? Zwei Weltkriege in diesem Jahrhundert und terrorisierende Gewaltherrschaften noch und noch. Wo bleibt da der Fortschritt?

Die Situation, in die wir hineingestellt sind, gleicht also wohl der Lage der ersten Christen. Sie ist geeignet, unsere inneren Kräfte wachzurufen. Damit aber erschließen sich Werte der Tiefe. Es geht darum, daß der Mensch (und die Menschheit) wieder ins Heil komme und Distanz zu dieser Weltzeit gewinne. Damit erschließt sich ein wirksames Motiv zum Einsatz der Kräfte.

Ein wirksames Motiv muß anschaulich und gefühlsbetont sein. Ich fragte einmal junge Menschen, wie man einen starken Willen bekomme. Sie meinten, man muß immer das Gegenteil von dem tun, was angenehm sei. War diese Antwort richtig? Nein! Starken Willen bekommt man, wenn man anschauliche, gefühlsbetonte Motive hat und nach ihnen handelt. Das kann gelegentlich oder auch öfter gegen die eigene Neigung sein. Aber keineswegs grundsätzlich. Immer gegen die eigene Neigung ohne ausreichende Motive handeln müssen, macht unfroh. Und allzu scharf gespannt, bricht der Bogen. Es kommt das Gegenteil von dem heraus, was man angestrebt hat. Motive, Werte, Tiefe, damit Aufruf der Kräfte, das ist das zweite.

Drittens: *Die Gefahren der heutigen Zeit sehen.* Das triebhafte Verlangen nach Macht und Gewinn ist nahezu unermeßlich groß. Es muß gebändigt werden. Der sittliche Gebrauch der Macht muß gelernt werden. Manch einer beherrscht sein Motorrad oder Auto technisch, aber keineswegs sittlich.

Zum Beispiel kamen mir vor kurzem, da ich im Auto saß, zwei Motorräder entgegen, die überholten und daher auf die linke Spur fuhren. Sie sahen, daß wir nahe waren und blendeten ihre Lichter auf. Wir mußten stehen bleiben, damit kein Unglück geschah. Die sittliche Beherrschung war also nicht gekonnt.

Wir müssen lernen, Reizen und Schlagworten zu widerstehen. Dazu gehört unter anderem der unkritische Fortschrittsglaube, der eher schon eine Fortschrittssucht geworden ist. Den geballten Affekt gegen alles Traditionelle müssen wir lernen aufzulösen. Nochmals zu sagen, Tradition ist das seelisch-geistige Erbe eines Volkes. Ohne Erbe aber ist man arm. Auch die bedeutenden Männer, die ein Volk hatte, sind Erbe. Wer möchte das alles preisgeben? Also den Anti-Affekt ablegen, ruhig prüfen, übernehmen, was gut ist, und weiterbauen.

Viertens: *Aus allem folgt eine Pädagogik der Verantwortung.* Sie soll uns den sittlichen Gebrauch der Macht lehren, was Guardini besonders in den letzten Jahren seines Lebens sehr betont hat. Sie soll uns zeigen, wie man Reizen und Schlagworten widerstehen kann, schließlich, wie man arationale Affekte auflöst.

Diese Pädagogik der Verantwortung hat drei Schritte zur Verwirklichung, nämlich: Einsicht, Einübung, Haltung.

Einsicht ist natürlich mehr als bloßes Wissen. Einsicht bedeutet Verstehen, verbunden mit der Geneigtheit, danach zu handeln. Diese so umschriebene Einsicht ist heute schwerer zu erlangen als früher. Die Grundstimmung des Lebens ist bei der jungen Generation von heute anders als früher. Daran ist aber die Erwachsenen-Generation mitschuld. Zu unserer Zeit war, wie erwähnt, die Lebensstimmung beim Kind von drei Elementen getragen: Geborgenheit, Frohsinn, Ehrfurcht. Geborgenheit im Elternhaus und bei den Eltern selbst. Diese Geborgenheit war die Grundlage für den Frohsinn des Kindes, denn das junge, gesunde Leben erblüht von selbst in Frohsinn und Freude, wenn es unter natürlichen Verhältnissen leben kann. Dazu kam die Ehrfurcht, denn die Überlegenheit von Wissen und Können der Eltern trat ihm eindrucksvoll vor Augen.

Heute ist das anders. Weithin sind beide Elternteile hauptamtlich im Beruf. Daher sind die Kinder sich selbst überlassen. Das Gefühl der Geborgenheit kann nicht mehr reifen. Daher erblüht auch der Frohsinn nicht. Ebensowenig die Ehrfurcht, weil ein überlegenes Wissen und Können, das seiner Pflicht gerecht wird, nicht mehr in Erscheinung tritt.

Wie ist nun die Lebensstimmung bei der jungen Generation? Der Soziologe H. Schelsky hat das Wort von der skeptischen Generation geprägt. Das trifft weithin zu. Die Erwachsenen-Generation kommt ihrer Pflicht gegenüber der Jugend größtenteils nicht nach. Daher ist es schwer, Einsicht zu vermitteln, weil ihr Skepsis entgegensteht.

Wie könnte man diese dennoch erreichen? Nun, man wird von der Erfahrung, vom Leben ausgehen. Etwa, wie reagiert das Leben aus Kontaktarmut? Man wird allein gelassen. Wie auf Unhöflichkeit und schlechten Humor? Man macht sich unbeliebt. Und so noch vieles.

Solche Lebensgesetze sind eine bestimmte Art und Weise, wie man der skeptischen Generation Verständnis und Einsicht vermitteln kann. Eine andere Weise wäre es, Lebenserfahrung unmittelbar im Geschehen selbst zu vermitteln. Doch braucht das Zeit, die nicht immer zur Verfügung steht.

Ist Einsicht vermittelt, so geht es um das *Einüben.* Von der Einsicht zum Tun ist ein weiter Weg. Junge Menschen dünken sich vielfach, wenn sie eine Erkenntnis gewonnen haben, schon überlegen. Sie wissen nicht, wie weit der Weg vom Erkennen zum Tun ist. Daher braucht es Einübung.

Wenn es also um Erlangung der inneren Freiheit geht, so läßt sich folgende einfache Regel aufstellen, die praktiziert werden muß: Jeden Tag fünf Minuten früher aufstehen, als man muß; die unangenehmen Arbeiten zuerst tun; sich beim Einsteigen (Bus, Zug usw.) beherrschen und den andern vorlassen. All das ist nicht ganz leicht, es macht aber, wenn es gelungen ist, froh.

Aus diesem geübten Tun entsteht schließlich *die Haltung*. Was ist Haltung? Haltung besteht darin, daß man einer überlegten Entscheidung im Einzelfall gar nicht bedarf, sondern spontan das Richtige tut. Zwei Kinder werden etwa von einem Hund angebellt. Das eine Kind zieht sich erschrocken zurück, das andere stellt sich „spontan" kampflustig dem Hund entgegen. Dieses Spontane ist Haltung. Sie erfließt aus dem Sein. Die alten Scholastiker haben das Habitus genannt. Auch die Tugend ist ein Habitus. Das Sein selbst ist verändert und mehr vollendet als früher. Von selbst handelt man richtig, und das macht Freude.

Auf diese so umschriebene Weise könnte eine Pädagogik der Verantwortung vorgehen, um das Ziel der inneren Freiheit zu erreichen.

Begnadete Freiheit

Befreiung und Freiheit sind keine rein innerweltlichen Größen. Davon ist nun zu sprechen. Nach christlichem Glauben sind wir befreit von der Macht der Finsternis und in das Reich des geliebten Sohnes versetzt.

Wir stellen nochmals die Frage: Ist der frei, der nur äußerlich frei ist? Wir stellen sogar die Frage: Ist der ganz frei, dessen spontane innere Regungen zunächst sittlich ungeregelt sind und der also erst mühsam durch reflexe Überprüfung die inneren Regungen und Bewegungen ordnen muß? Ich erfahre zum Beispiel, daß sich ein Redner, von dem man viel erwartete, ein wenig blamiert hat. Bei den meisten Menschen ist dann die erste innere Regung die der Schadenfreude. Freude aber am Schaden eines andern ist sicher keine sittliche Regung. Die Freiheit reicht also nicht so weit, daß sie auch über das Vorbewußte gebieten könnte.

Die Antworten auf die zwei gestellten Fragen heißen also: Wer nur die äußere Freiheit hat, hat nur eine Kümmerform der Freiheit. Wer zwar die innere Freiheit besitzt, ihrer sich aber erst in der Reflexion bemächtigen muß, ist noch nicht ganz frei. Volle christliche Freiheit ist die Aufstiegsfreiheit, die machtvolle Freiheit, wie Augustinus das genannt hat.

Diese Aufstiegsfreiheit umfaßt also erstens das bewußte innere Geschehen. Ich entscheide mich für das sittlich Gute. Sie umfaßt zweitens aber auch das eigentliche Sein. Nach den alten Scholastikern, um das noch sehr präzis zu sagen, ändert der Habitus das Sein. Er ändert es soweit, daß sich auch die vorbewußte Einstellung ändert. Das Gute enspringt spontan aus dem Innersten.

Diese volle Freiheit ist erst durch Christus möglich. Alles, was uns in Taufe, Firmung, Eucharistie angeboten wird, ist Befreiung zu dieser machtvollen Freiheit. Befreiung nämlich von Schuld, innerer Ohnmacht und all diesen Dingen, die uns niederdrücken. Allmählich können wir aus dem Erbsündhaften herauswachsen. Allmählich erkennen wir wieder, daß die Lust nur ein Echowert ist. Es geht primär um das Sein. Ist das Sein gesund, so erfließt daraus die innere Befriedigung und die Freude. Schließlich wird die beseligende Vollkommenheit, also Vollkommenheit, aus der die Beseligung strömt, erreicht. Noch ist es nicht so. Noch widerstreiten sich das sittlich Gute und die Lust. Sittlich Mangelhaftes oder Falsches weckt Lust, das sittlich Gute aber Unlust. Das eben ist das Zeichen der Erbsünde, denn der positive Gefühlston sollte anzeigen, daß dieses Tun lebensrichtig ist und nicht umgekehrt.

Nun möchte es freilich scheinen, daß eine solche Freiheit hienieden nicht möglich ist. Dennoch konnte die große heilige Theresia von sich bekennen: Im Aufstieg der Seele zu Gott erfährt man eine so wunderbare Freiheit, daß man sich selbst nicht mehr kennt. Das ist eben die Freiheit, die das Sein ändert. Flügel empfängt man, wie der Adler, der sich zur Sonne emporschwingt.

Bist du frei, ein guter Mensch zu werden? Die meisten wollen es werden, die wenigsten erreichen es. Aber das ist eben christliche Freiheit. Sie fließt schließlich vom Einzeltun über in das Sein, sogar in die Tiefe des Seins, weil sie begnadet ist. So wird auch ein Aspekt der Erlösung deutlich. Erlösung ist das Beschenktwerden mit der ursprünglichen Freiheit der Gotteskinder. Aus der Knechtschaft von Sünde und Schuld erhebt sich frei der begnadete Mensch.

Es wird noch ein Aspekt klar. Wer von sich selbst erfüllt ist durch Selbstsucht, Überlegenheitsverlangen, Entwertungstendenzen, ist unfrei und voll Angst. Voll Angst eben aus diesen Gründen, die ihn allzu anfällig machen für das, was von außen kommt. Wer aber von Gott erfüllt ist, ist frei. Ist er doch von außen unabhängig und steigt immer höher.

Diese begnadete Freiheit ist heute von besonderer Dringlichkeit. Die Unheilstiefe der Seele zeigt sich in erschreckender Weise. Die so moderne Wissenschaft der Psychotherapie beweist dies deutlich, wenigstens soweit sie ganzheitlich orientiert ist.

Christlich gesprochen, vollzieht sich die Erbsünde ständig neu. In ihr kann man also durchaus eine gegenwärtige, sehr reale Wirklichkeit sehen. Es verändert sich etwa die Werthierarchie fast unbewußt vom Triebhaften her. Es entstehen Lebenshäresien. Der Rang der Selbstsucht verliert das Negative und wird positiv beherrschend. Selbstsucht ist nicht mehr Selbstsucht, sondern Anspruch auf Recht. Ebenso erfährt die Sexualität eine bedeutende Rangerhöhung. Sie ist nicht mehr geschlechtliche Hörigkeit, sondern freie personale Liebe.

Dieses ganze Geschehen wirkt sich gesellschaftlich aus. Der Zeitgeist zeigt das. Der sexuelle Reiz ist das Um und Auf. Das eigene Ich mit seinem Machtverlangen kennt keine Grenzen, niemand spricht mehr von Pflicht. Das Wort Pflicht ist abgewertet. Die Autonomie der Primitivperson feiert Triumphe. Das Persönlichkeitsniveau sinkt ab. Die höheren Werte verlieren ihre Verbindlichkeit. Die neuen Wertungen setzen sich sozial durch. Die neue Erbsündigkeit tritt als beherrschende Sozialgröße auf.

Wer kann sich gegen diese soziale Macht durchsetzen? Hier gibt es keine andere Antwort als die begnadete Freiheit. Sie gibt Kräfte, die sonst nicht mehr ausreichen, um das volle menschliche Ziel zu erreichen. Hier geht es um eine neue kopernikanische Wende, die Wende zur echten Werthierarchie und zur Befreiung von der Hörigkeit an das Niedere.

Zusammengefaßt geht es in der Frage der Freiheit um eine dreifache Erkenntnis: Es geht zuerst um *wesensgemäße* Freiheit, es geht um *verantwortete* Freiheit. Freiheit ohne Verantwortung ist Willkür, weil im Begriff Freiheit selbst schon die Verantwortung enthalten ist. Es geht um die *Aufstiegsfreiheit,* also die Freiheit zur Selbstverwirklichung bis hin zum Ebenbild Gottes nach dem ursprünglichen Schöpfungsplan. Diese Aufstiegsfreiheit ist natürlich vor allem innere Freiheit und ist zugleich die eigentlich christliche Freiheit. Es geht um begnadete Freiheit, um den erbsündigen Anteil des Menschen, die Unheilstiefe der Seele zu überwinden und wahrhaft frei zu werden. Damit ist dann der Mensch in den *Stand* der Freien eingerückt, den das Neue Testament lehrt. Er ist Sohn und Erbe geworden, nicht mehr im Sklavenstand, in welchem der Mensch, der die Sünde tut, verbleibt (vgl. Joh 8,34–36 und Gal 4,1–7).

So ist Freiheit etwas anderes, als sich die meisten Zeitgenossen denken. Aber auch etwas viel Höheres. Sie ist zum höchsten Ziel geworden, das die Menschen erreichen können.

9. Kapitel

Bildung

Was ist eigentlich Bildung?

Auf diese Frage bin ich besonders durch ein kleines persönliches Erlebnis gestoßen. Es war etwa im Jahr 1950. In einem Aussprachekreis mit Hochschülern sagten mir einige Studenten: „Sie sollten eigentlich den Arbeitern sagen, daß sie uns grüßen müssen, denn wir sind die kommende Führungsschicht des Volkes." Auf meine verwunderte Gegenfrage, wie sie zu dieser Forderung kämen, war die Antwort: „Wir sind eben einfach die Gebildeten, die Arbeiter sind ungebildet."

Wenn heute eine so extreme Forderung auch längst nicht mehr gestellt wird, so ist doch der Gedanke von der Führungsschicht allein durch akademische Bildung immer noch zu hören. Wie steht es mit dieser Sache?

Im deutschsprachigen Kulturbereich ist ein Bildungsbegriff in Geltung, der stark intellektualistische Züge trägt. Er ist unter mancherlei Rücksicht suspekt. Die Franzosen übersetzen unser Wort Bildung mit formation intellectuelle. Sie haben also durchaus entdeckt, daß unser Wort Bildung gar nicht einfachhin Bildung bedeutet, sondern nur Ausbildung des Intellekts.

Unser Bildungsbegriff stammt aus dem Neuhumanismus. Erst in der Goethezeit ist das Wort Bildung aufgekommen. Inhaltlich geprägt wurde es von Wilhelm von Humboldt, der den neuen Universitätsstatus entworfen und zur Geltung gebracht hat. Das war zweifellos ein großer Fortschritt, aber die menschenbildenden Kräfte des Wissens wurden überschätzt. Das wurde im 20. Jahrhundert sehr deutlich. Auch die Wissenschaft hat menschliche Voraussetzungen, die auf die Erkenntnis einwirken.

Zum Beispiel haben die französischen Geschichtsforscher den Westfälischen Frieden als glücklich bewertet, nicht so die deutschen. Diese sahen im Westfälischen Frieden ein nationales Unglück. Je immer von der eigenen Voraussetzung ausgehend, war das richtig. Für Frankreich bedeutete es eine Minderung der deutschen Gefahr, für Deutschland eine Zerschlagung der Einheit. Aber war die jeweilen nationale Voraussetzung zu Recht bestehend? Danach wurde nicht gefragt.

Nun aber zeigt sich in der Gegenwart eine sich annähernde Bewertung sowohl bei französischen wie bei deutschen Forschern. Der Grund dafür liegt nicht in der Wissenschaft, sondern in der wechselseitigen Annäherung der beiden Völker. Daraus ergibt sich, an die ausschließlich betonte menschenbildende Kraft des Wissens kann man Fragezeichen setzen.

Was wäre denn dann für ein Bildungsbegriff richtiger? Oder gab es etwa bei uns früher überhaupt keine Bildung, weil es das Wort nicht gab? Natürlich gab es Bildung. Aber sie war anders verstanden. Der junge Adelige der alten Zeit wurde in Spiel, Jagd und Kampf ausgebildet und ebenso in höfischer Sitte. Er konnte weithin nicht einmal schreiben. Vielleicht aber wenigstens lesen. Immerhin, er war der *ritterliche Mensch*. Was ist das, der ritterliche Mensch?

Es hat sich im 10. Jahrhundert etwas geistesgeschichtlich sehr Wichtiges vollzogen. Der bloße Recke wurde zum Ritter. Das geschah unter der Führung der Kirche. Der Recke suchte Kampf und Streit allein um des Kampfes willen. Er wollte seine Kraft erproben. Der Ritter hatte andere Maßstäbe. Er sollte den Glauben verteidigen und die Schwachen beschützen. Waffenfähigkeit und Kampfestüchtigkeit hatten ein inhaltliches Ziel erhalten. Und dieses Wort ritterlich ist im Deutschen immer ein Wort von hohem Klang geblieben.

Dazu ist aber besonders zu beachten, der Ritter hatte eine im tiefsten gläubige Charakterprägung, die ihn furchtüberlegen und tapfer machte. Vergleiche die Darstellung von Dürer: Ritter, Tod und Teufel. Mit innerer Gelassenheit reitet der Ritter an beiden feindlichen Mächten vorüber.

Dieser Ritter hatte damals die gleiche Bedeutung wie der Gebildete heute. Woraus sich denn ergibt, daß mit Bildung ursprünglich *zwei Dinge* gemeint sind, nämlich eine bestimmte ganzmenschliche Ausbildung *und* eine führende Bedeutung. Insofern ist der heutige intellektualistische Bildungsbegriff unter doppelter Rücksicht nicht zutreffend. Er enthält nur eine Teilbildung, und der so geprägte Mensch hat nicht mehr schlechthin führende Bedeutung.

Gebildet sein bedeutet bei uns immer noch, nur höhere Ausbildung haben. Höhere Schulbildung aber ist intellektuelle Ausbildung. Das aber ist noch nicht Bildung. Bildung kann doch sachlich nichts anderes bedeuten, als Entfaltung des ganzen Menschen, nicht nur Entfaltung des Verstandes. Dann aber muß man, zunächst vielleicht etwas mühsam, einzelne Fähigkeiten des Menschen hernehmen und prüfen, was mit ihnen zu geschehen hat.

Die Grundfähigkeiten des Menschen sind diese vier: Verstand, ihm ist zugeordnet die Wahrheit; Gemüt (Gefühl), ihm ist zugeordnet die Seligkeit; Wille, ihm ist zugeordnet das Gute; Können, ihm ist zugeordnet die Tüchtigkeit. Das muß man nun gleich etwas genauer betrachten. Die erste dieser Grundfähigkeiten ist Verstand, Vernunft. Dazu gehört die Fähigkeit, zu sehen, zu beobachten, das Denken, zu beurteilen und zu bewerten, Erfahrungen zu sammeln. Zum Bewerten gehört aber schon wieder die richtige Wertempfänglichkeit. Das führt sehr stark in die Tiefe und ist mit dem Verstand allein gar nicht mehr ganz zu bewältigen.

Darüber hinaus wissen wir, daß es die vom Temperament her *gelenkte* Wahrnehmung gibt. Ein Sanguiniker sieht vornehmlich die guten Seiten der Wirklichkeit, ein Melancholiker umgekehrt die schlechten. Vor der Seeschlacht bei Lissa rief ein Matrose erschreckt aus: „Mein Gott, heute ist Freitag, da wird es uns bestimmt schlecht gehen." Admiral Tegetthoff hörte es zufällig und herrschte ihn an: „Du Dummkopf, haben denn die da drüben vielleicht Sonntag? Die haben ja auch Freitag. Dann kann es ja denen schlecht gehen." Diese vorbewußt gelenkte Wahrnehmung fließt in unsere Urteile ein und verfälscht sie leicht. Daraus geht eindeutig hervor, daß Bildung auf jeden Fall auch eine Charakterfrage ist.

Das wird noch deutlicher, wenn wir an folgendes erinnern: Kant hat eine Kritik der reinen Vernunft und eine Kritik der praktischen Vernunft geschrieben. Er schrieb leider keine Kritik der individuellen Vernunft. Diese individuelle Vernunft ist aber vielen Abhängigkeiten ausgesetzt. Da gibt es Abhängigkeiten von der Familie her: Grundauffassungen, die in der Familie gelten; ebenso vom Beruf her, vom Zeitgeist usw. Aber das genügt noch nicht. Es gibt auch Abhängigkeiten von der eigenen Stimmung, von Ablehnung und Zuneigung oder gar Leidenschaft. Und diese Abhängigkeiten sind noch größer. Das haben schon die alten Scholastiker gewußt. Schopenhauer formuliert am härtesten: Der Verstand sagt ja, der Wille sagt nein, schließlich gibt der Verstand nach.

Das nun verstärkt das Ganze sehr. Schon zur echten intellektuellen Bildung gehört eine ganze Summe von kritischen Reserven gegenüber eigenen Vorurteilen und subjektiven Neigungen. Sonst ist ein objektives Urteil nicht möglich.

Damit weist auch schon der intellektuelle Bildungsbegriff über sich hinaus. Die Bildung des Intellekts genügt nicht. Also ist der Bildungsbegriff zu erweitern. Er ist, wie gesagt, auf den *ganzen Menschen zu beziehen. Entfaltet, geformt und geprägt werden müssen demnach alle*

Grundfähigkeiten des Menschen: Verstand, Gemüt, Wille, Können. Erst dann kann man von einem gebildeten Menschen sprechen.

In diesem Zusammenhang versuchte ich einmal folgende Definition: Gebildet ist, wer die leitenden Kräfte einer Zeit versteht und sie lenkend beeinflussen kann. Dieser Bildungsbegriff kam von einem ganz anderen Ausgangspunkt her. Der Ausgangspunkt war aber: was macht etwa ein durchschnittlicher Beamter im Laufe seines Arbeitstages und was macht ein Betriebsratsobmann, der Facharbeiter ist, der über die Arbeitsniederlegung in seinem vielleicht sogar Großbetrieb entscheiden kann? Es ergab sich, ein solcher Facharbeiter ist, obwohl formell nicht Gebildeter, einflußreicher als ein durchschnittlicher Beamter. Die Dinge haben sich zum Teil geradezu verkehrt. Nicht der im herkömmlichen Sinn Gebildete hat die Führung, sondern der Nichtgebildete. Bei unserem intellektuell gefaßten Bildungsbegriff war immer auch vorausgesetzt, daß der Gebildete das Recht auf Führung habe. Das trifft in heutiger Zeit also nicht mehr schlechthin zu. Also ist auch von dieser Seite eine Vertiefung notwendig.

Man könnte nun davon ausgehen, daß alle vier Grundfähigkeiten im einzelnen auszubilden sind. Man kann aber auch den Ansatzpunkt tiefer setzen und dem Ganzen zugleich ein Ziel geben. Dann ist die Einheitlichkeit besser gewährt.

Welches ist der Ansatzpunkt in der Tiefe? Nun, es gibt Erkenntnisse, die rein sachlich sind, ohne irgendwie subjektiv zu beeinflussen, und andere, die den ganzen Menschen anregen und beeinflussen. Wenn ich zum Beispiel etwa sage: Lissabon ist die Hauptstadt von Portugal. Das weiß ich, aber es berührt mich nicht. Wenn der Arzt nach einer Untersuchung erklärt: „Sie sind ganz gesund“, dann ist diese Erkenntnis ebenfalls objektiv, aber sie rührt mich persönlich sehr an. Wenn die Tiefe angerührt wird, ist Erkenntnis, Fühlen und Wollen noch eine Einheit, die meist auch Tatkräfte auslöst. Das heißt aber, der richtige Ansatzpunkt geht von Wahrheit und vom Wert aus. Der Zielpunkt ist die Persönlichkeit. Danach kann nun etwas Doppeltes gesagt werden. *Gebildet ist, wer die richtige Werthierarchie besitzt und nach ihr handelt.* Und vom Ansatzpunkt oder vom Ziel her, gebildet ist, *wessen Persönlichkeit voll entfaltet ist.*

Es möchte scheinen, daß die erstere Begriffsumschreibung doch nicht ausreiche, weil das Erkennen darin nicht zum Zug kommt. Doch ist das nicht ganz zutreffend. Wer nämlich die Werthierarchie besitzt und danach handelt, der wertet die Dinge und sich. Werten, ein Werturteil abgeben, ist aber ein Akt des Intellektes, der freilich von der Tiefe her angerührt ist. Doch scheint die letztere Begriffsumschreibung die bessere zu sein. Also, gebildet ist, wessen Persönlichkeit voll entfaltet ist.

Hier läßt sich leicht dartun, daß damit alle Grundfähigkeiten des Menschen nicht nur angesprochen, sondern entfaltet sind: Verstand und Vernunft, weil sonst von einer Persönlichkeit nicht geredet werden kann; Wille aus dem gleichen Grund, denn mit schwachem Willen ist man gar keine Persönlichkeit; aber auch das Gemüt, denn einem gefühlskalten Menschen fehlt etwas, was man bei einer echten Persönlichkeit erwartet. Schließlich das Können, denn ein untüchtiger Mensch ist auch nicht eine ganze Persönlichkeit.

Diese Begriffsumschreibung also trifft das doppelte Anliegen, von dem wir sprachen: Es geht um die *Ganzheit* der Entfaltung. Sie ist hier gegeben. Und um die gesellschaftliche Geltung. Auch diese wächst in diesen Jahrzehnten immer mehr für den, der eben Persönlichkeit ist.

Dieser Bildungsbegriff hätte, praktisch vollzogen, eine große Umwertung in der öffentlichen Einschätzung zur Folge; Bildung würde sich demnach im Leben bewähren, nicht einfach mit einem Schulzeugnis von selbst gegeben sein. Ein Akademiker wäre nicht eo ipso schon ein Gebildeter. Auch ein schlichter Mensch könnte ein Gebildeter sein.

Ich höre den Einwand: zur Bildung gehört entsprechendes Wissen. Das bejahe ich. Aber nicht nur ein Gedächtniswissen, vielmehr ein Wissen, das existentiell wurde, oder mit anderen Worten: ein Wissen, das ich lebe. Wenn jemand die Werthierarchie leben will, dann muß er bereits ein gutes Maß von Beobachtung, Einschätzung und Entscheidungskraft besitzen, was alles auf Verstand und Vernunft hinweist, sich darin aber nicht erschöpft.

Dieser Bildungsbegriff nimmt seine Frucht nicht einfach vom Baum der Erkenntnis, sondern vom Baum des Lebens. Am Baum der Erkenntnis allein gibt es manchmal nur dürres Rascheln wie von herbstlich vergilbten Blättern. Am Baum des Lebens aber rauscht die ganze grüne Blätterkrone lebendig und frisch.

Im übrigen möge auch der erste Versuch einer Begriffsumschreibung nicht ganz vergessen sein. Gebildet ist, wer die führenden Kräfte einer Zeit erkennt und sie lenkend beeinflussen kann. Auch dieser Begriff hat ein Stück Berechtigung. Keiner der drei Versuche aber umfaßt alles. Dennoch läßt sich von jedem etwas besonders Aktuelles ableiten.

Wie wird man gebildet?

Nun also die Frage, wie gewinne ich diese Bildung? Klar ist, daß es nicht mehr so einfach geht wie früher, Schulzeugnisse oder Doktortitel vorzuweisen.

Dem jungen Menschen begegnet zunächst eine Vielfalt von Angeboten von außen. Und ebenso eine Vielfalt von Angeboten von innen. Man meint zunächst, alles was lockt, sei gut. Das trifft aber nicht zu. Darum muß eine Auswahl getroffen werden. Angebote und Antriebe dürfen nicht dem Fernsehschirm überlassen bleiben.

Wir können zunächst von folgendem Satz ausgehen: Auf Wahrheit reagiert man mit Wissen, im günstigen Fall mit Einsicht, im besten Fall mit Staunen. Auf Werte reagiert man mit Ergriffenheit. Nun ist alles daran zu setzen, daß das Wissen nicht ein äußeres Wissen bleibt, sondern zum Verstehen werde und sich daher in Einsicht verwandle; aufsteigend, daß Wirklichkeit erschlossen werde und sogar Staunen wecke, wie etwa Kant sagt: Zwei Dinge sind, die immer mehr Bewunderung wecken, je mehr sich das Denken mit ihnen beschäftigt: der gestirnte Himmel über uns und das moralische Gesetz in uns. In diesem Kantschen Satz ist dieses Staunen eindeutig zu greifen und es klingt sogar schon Ergriffenheit an, die aus dem erkannten Wert erfließt. Diese Wertempfänglichkeit muß besonders geweckt werden. Damit liegt es heute im argen. Warum? Die Kunst hat das Schöne fast preisgegeben. Modern ist der sogenannte saure Kitsch. Die Wirklichkeit geht nach dem Häßlichen hin. Der Mensch darf kein Antlitz mehr haben. Man weiß überhaupt oft nicht, was das Ding darstellen soll. Daraus folgt die Geschmacksverwirrung.

Die Wertempfänglichkeit muß geweckt *und* ausgeweitet werden. Dabei müssen wir etwas früher Dargestelltes wieder aufgreifen und ausweiten. Wir befinden uns in der Disharmonie von Lust und Sein. Jede gesunde Lebensbewegung trägt einen positiven Gefühlston an sich. Daher liegt der Schluß nahe, der positive Gefühlston zeige grundsätzlich die Richtigkeit eines Vorganges an.

Dieser Schluß ist aber unkritisch. Er stellt eine unberechtigte Verallgemeinerung dar. Man muß fragen: Zeigt jeder positive Gefühlston die Richtigkeit an? Oder anders formuliert: dient jeder lustbetonte Vorgang dem Leben und dem Sein? Es ist doch eindeutig, daß Leben und Sein den Vorrang haben. Die Lust soll nur *anzeigen,* daß der Vorgang lebensgemäß ist. Also, so ist zu schließen, ist Lust und Befriedigung der *Echowert*. Der Urwert liegt in dem, was dem Leben und Sein gemäß ist.

Und nun ist es so: Der Echowert ist bei uns erbsündigen Menschen vielfach verfälscht. Gar manche Dinge wecken Lust, ohne lebensfördernd zu sein. So etwa unter anderem die Suchtgifte, und übrigens sehr viele modische Dinge. Zum Beispiel wurde zur Zeit der Französischen Revolution bei den Damen der besseren Gesellschaft die griechische Frauenkleidung modisch. Also ein sehr leichtes, weißes Gewand. Es eignete sich für das rauhere Klima des Nordens nicht. Die Frauen bekamen Lungenentzündung und starben daran. Die Mode aber blieb. Beispiele von heute ließen sich beliebig anführen.

Klar ist also, der gefühlsmäßige Echowert muß kritisch überprüft werden. Ist er eine echte Anzeige oder eine Fehlanzeige? Im besonderen ist noch zu betonen, der Echowert gibt, auch wenn der Grundansatz richtig ist, nicht das sachrichtige *Maß* an. Eine Arbeitslust, die lebensgemäß ist, kann in Streß ausarten. Sie bleibt befriedigend, weil sie das Lebensgefühl erhöht. Die lebensgemäße Grenze wird durch das Lustgefühl nicht angezeigt.

Ohne diese kritische Erkenntnis kann ich wahre Bildung nicht erwerben. Wir sagten ja, das Gebildetsein heißt, eine klare Werthierarchie im Leibe tragen und sie im Leben bewähren. Zu der praktischen Anwendung gehört eben die Einsicht, daß Lust und Befriedigung nur ein Echowert ist, der dem Primärwert Leben und Sein zu dienen hat.

Diese Erkenntnis ist schmerzlich und wird existentiell nicht leicht erworben. So wählt mancher Mann eine Frau, die ihn geschlechtlich anspricht, ihm aber seelisch nichts zu bieten hat. So braucht es denn, wenn irgendwo, hier vor allem Erziehung, und zwar nach dem pädagogischen Ternar Einsicht, Einübung, Haltung. Dieses Ternar ermöglicht zunächst die virtus, die Tugend der Alten, zu deren Wesen es gehört, daß sie mit Freude getan wird (Thomas von Aquin).

So wird allmählich deutlich, was dieser neue Bildungsbegriff eigentlich beinhaltet.

Wir haben demnach festgestellt, Ausweitung und Gesundung der Wertempfänglichkeit ist für echte Bildung wesentlich. Zur Gesundung aber gehört die Überwindung der Disharmonie von Lust und Sein. Praktisch, so sagten wir, dient der Erwerbung dieses inneren Wachstums das pädagogische Ternar. Das aber ist noch nicht alles. Vom persönlichen Bildungsbegriff her (gebildet ist, wessen Persönlichkeit voll entfaltet ist) ausgehend, ist zu fragen: Wer ist eine Persönlichkeit? Persönlichkeit ist, wer sich Klarheit über sich selbst und über das Weltgeschehen erworben hat und danach handelt. Um eine solche Persönlichkeit zu werden, gibt es verschiedene Einstiege.

Ein junger Mensch kann etwa das Gymnasium mit seinen Kulturideen (Antike, Griechentum, Germanentum, Christentum) besuchen. Dabei müßte dieses Gymnasium freilich die tragenden Ideen der alten Zeit vermitteln. Dazu gehört auch die Weisheit, die in manchen glücklichen Erkenntnissen der Antike zu finden ist. So sagt z. B. Cicero in seinem Buch De natura deorum: „Quo utinam velis passis pervehi liceat". Er spricht hier vom Himmel. Übersetzt heißt das: Möge doch dahin mit ausgeweiteten Segeln zu fahren verstattet sein. Daraus kann man sehen, daß diese alten Heiden viel religiöser waren als die Modernen.

Naturgemäß kann jede andere Mittelschule dazu dienen, wofern sie die Methode einschlägt, den jungen Menschen nicht nur Wissen, sondern inneres Verstehen zu vermitteln, Wahrheit und Wert zu erschließen. Auch Fachschulen sind dazu geeignet, immer aber unter der gleichen Voraussetzung.

Wenn aber gesagt wurde, der Gebildete muß Klarheit über sich und das Weltgeschehen erworben haben, so wird das nicht anders möglich sein als durch eine eigene Unterweisung darüber, also dadurch, daß auch Religionsunterricht geboten ist. Alle anderen Schulfächer sprechen von Zwecken. Hier aber spricht man vom Sinn. Das ist das Auszeichnende dieses Unterrichtes. Dabei hat freilich der Religionslehrer die Aufgabe, den Zusammenhang mit den übrigen Fächern zu suchen. Er wird also anders unterrichten im Gymnasium und anders in der Fachschule. Im Gymnasium kann er an die Geisteskultur der alten Völker anknüpfen, an Plato, Aristoteles, Cicero. Bei der Realschule und Fachschule wird er von der Naturwissenschaft ausgehen und von den Geheimnissen sprechen, die gerade die moderne Naturwissenschaft zu bieten vermag.

Der weitere Weg zur Bildung ist die Universität, aber auch sie nur dann, wenn sie wirklich Universitas ist. Also trotz verschiedener Fakultäten eine Zusammenschau des Ganzen bietet. Anders gesagt, sie darf nicht nur höhere Fachschule sein mit bestimmten Zwecken, sondern sie muß zweckfreie, aber sinngebende Wahrheit vermitteln. In diesem Zusammenhang ist es interessant, daß nicht wenige Hochschüler, die nicht Priester werden wollen, doch Theologie studieren. Auf die Frage, warum sie das tun, antworten nicht wenige: In keiner Fakultät erfahren wir, was der Mensch eigentlich ist. Wir wollen Antwort auf diese Frage und erwarten sie von der theologischen Anthropologie.

In früherer Zeit hat man auch das Reisen als Weg zur Bildung anerkannt. Freilich nicht ein Vergnügungsreisen, sondern ein interessiertes Reisen, das Ausweitung der Sprachkenntnis mit sich brachte. Ebenso das Kennenlernen einer fremden Literatur und Kultur, und so noch vieles.

Über alles hinaus aber ist noch etwas notwendig. Um sich die Welt der Werte zu eigen zu machen, bedarf es der *Meditation.* Meditieren heißt, in die Stille gehen und sich in das Ewige im Menschen und damit auch in das Göttliche versenken. Tue ich das nicht, so werde ich mir nie über das Gesamt des Menschen und das Gesamt der Wirklichkeit und ihren Sinn klar werden. Es werden nämlich die objektive Wertwelt und die persönliche in Spannung nebeneinander herlaufen, sich vielleicht gar widersprechen. Erst die Meditation ermöglicht die Synthese von beiden. Das heißt einschlußweise aber auch, daß aus der Meditation die lebensgerechte Tat erfolgen muß, denn nichts prägt den Menschen stärker als das aus der Überzeugung sich vollziehende Tun. So erst kommt die wahre Haltung zustande.

Aus dem Dargelegten ergibt sich, daß jemand Bildung auch ohne Schulbildung erwerben kann. Er kann von der Meditation ausgehen und allen Anregungen und Bewegungen, die sie eröffnet, nachkommen. Das Ergebnis wird sein, daß er in unserem Sinn ein Gebildeter wurde.

Nun ist es an der Zeit, von der gesellschaftlichen Bedeutung dieses Bildungsbegriffes kurz zu sprechen. In früherer Zeit hat es Eliten im Volk gegeben. Es war eine vertikale Gliederung vorausgesetzt. Früher etwa: Adel, Geistlichkeit, Bürger, Bauer. Später die Intellektuellen als Elite und die übrigen. Heute ist auch das abgeschafft. Alles wird fast horizontal gleich gewertet. Mit dieser Gleichwertung ist aber eine Abwertung verbunden. Diese Abwertung bezieht sich auch auf den Charakter.

Hiezu ein Beispiel: Nach dem neuen Universitätsgesetz braucht man charakterlich nicht einwandfrei zu sein, um aufgenommen zu werden. Ein Universitätsrektor sagte mir, es habe ein junger Mann bei ihm vorgesprochen, mit Matura usw. ausgestattet, er möchte Theologie studieren, aber, bemerkte er, er habe schon sechs Vorstrafen wegen Diebstahl vorzuzeigen. Da werde es nicht möglich sein, Theologie zu studieren. Der

Universitätsrektor mußte sagen, daß das gar keine Schwierigkeit darstelle. Er war nach dem Gesetz verpflichtet, ihn aufzunehmen.

Wenn nun aber Charaktereigenschaften schwinden, dann sinkt das Volksganze ab. Man spricht dann bald nur noch von Rechten, aber nicht mehr von Pflichten, von Gleichberechtigung, aber nicht von Verantwortung. So aber geht ein Volk zugrunde. Darum braucht man heute ganz besonders eine *Führungsschicht* im Volk. Sie ist nicht das gleiche wie eine Elite. Elite stellt aufgrund von Stand oder von Bildung einen Führungsanspruch. Sie ist klar abgegrenzt gegenüber allen anderen Schichten. Nicht so die Führungsschicht. Sie beruht auf charakterlicher Integrität, Unbestechlichkeit, Tüchtigkeit, Vorrang des Gemeinwohls vor dem Eigenwohl, ebenso Verantwortung und Einsatz. Zu dieser Schicht gehört man nicht einfach, sondern man steigt allmählich zu ihr auf, je mehr einer diese Chrarakteigenschaften in sich ausprägt. Man hat vielleicht kein Amt, aber man hat Geltung. Dein Name hat einen guten Klang, auf dein Wort wird gehört.

Eine solche Führungsschicht ist in der heute üblichen allgemeinen Gleichmacherei notwendig, wenn ein Volk eben Volk bleiben will und nicht zur Plebs absinken soll.

Unser Bildungsbegriff hat demnach für das Volksganze Bedeutung. Gerade dadurch stellt er für den Einzelnen ein wirksames Motiv dar, um sich diese Bildung zu erwerben.

Maß und Tiefe

Auch die Bildung muß das rechte Maß haben; desgleichen, auch gegen alle Oberflächlichkeit, echte Tiefe.

Meister Ekkehard sagt: „Wer der Wahrheit nicht gewachsen ist, wird sie nicht verstehen." Das will besagen, die ganze Wahrheit ist nicht für jeden erträglich, er muß zuerst den Willen zur Wahrheit haben. Es gibt also eine Verstehensgrenze für den Einzelnen; jenseits davon kommt die Erkenntnis nicht mehr voll zustande. Dazu ist folgendes zu bemerken.

Zunächst, intellektuelle Bildung führt leicht zum Verlust der Natur-Unmittelbarkeit. Die Gemütswärme wird beeinträchtigt. Der Mann aus dem Volk spricht meist mit Wärme, der Gebildete meist kühl. Das ist ein gewisser Verlust. Das intellektuelle Wissen trägt die Blässe des Gedankens an sich. Die Sprache wird zur Fachsprache. Aber nur die schlichte menschliche Sprache spricht das Herz an.

Sodann unsere Neigung, alles Subjektive als unwissenschaftlich anzusehen. Daher betrachtet man auch die Werte als etwas Unwissenschaftliches, weil zu jedem Wert eine, wie vorausgesetzt wird, subjektive Wertung gehört. Aber ist nicht jedes Subjekt auch eine objektive Größe? Der Mensch ist doch Subjekt und zugleich objektive Wirklichkeit. So macht man sich die Dinge zu einfach. Man erklärt dann, die Wissenschaft muß wertfrei sein. Unter dem Deckmantel der Wertfreiheit setzt man aber neue Werte, und zum Staunen, neue Tabus. Oder was ist sonst mit dem Wort Emanzipation? Es wird immer mit dem Brustton eines hochrangigen Wertes ausgesprochen. Anderseits, wer spricht heute von Keuschheit? Und kann man davon sprechen, ohne sich lächerlich zu machen? Obwohl gerade Keuschheit eine Haltung ist, die einiges mit objektiver Wahrheitserkenntnis zu tun hat, wie schon Thomas von Aquin feststellte. Durch die subjektiv vorbetonte Neigung zum Lusterlebnis wird nämlich die Erkenntnis getrübt.

Eine weitere Grenze wird angezeigt, wenn das Bildungswissen sich zu sehr von der Erfahrung entfernt. Ein dänischer Schriftsteller sagte: „Wie würden die Gewissen verfeinert werden, wenn der Glaube an Gott zerbrochen ist." Die Erfahrung beweist das Gegenteil. So kann man denn sagen, die vielen Utopien von heute werden erst morgen lächerlich sein. Überhaupt „Utopien". Das Wort kommt vom griechischen ouk topos = kein Ort, also nirgendwo. Thomas Morus hat es für sein Buch „Utopia" gebraucht, durchaus in diesem Sinn, daß es das Nirgendwo gibt. Aber heute schwärmt man von Utopien. Es gilt aber, wer sich auf Utopien verläßt, der stürzt tief.

Noch eine kritische Anmerkung zu dieser heute vorgetragenen Meinung, die sich auf Wissenschaft beruft und die Gläubigkeit an die naturwissenschaftliche Methode zu eigen hat. Die Kunst und das Schöne können nicht durch wissenschaftliche Experimente analysiert werden. Auch nicht das Personale und erst recht nicht die Persönlichkeit. Der Verstand zeigt seine Grenzen an. Warum bewegt der Klang, etwa der Glockenton = Klang, und die Melodie unmittelbar das Gemüt? Wissen allein begründet noch keine Innerlichkeit. Was weiß der Verstand von dem, was Glück ist? Das muß man erst im Gemüt erfahren haben. So meinen gar manche, sie seien erleuchtet, in Wirklichkeit sind sie nur geblendet. So ist das Wort Fortschritt ein Wort, das geeignet ist, zu blenden. Jeder

Fortschritt erzeugt neue Krankheiten. Das erfährt man aber erst später. Als Beispiel diene das Auto. Es gehört geradezu zu den modernen Göttern. Nun, geh' in eine Großstadt, dann erfährst du die Nachteile.

Ein anderes überbetontes Wort ist auch das Wort „Kritik". Der kritische Mensch gilt oft als Ziel. „Kritisch", das ist nicht eigentlich neu: Der Christ ist kritisch gegen sich selbst. Gerade diese nützlichste aller Kritiken ist heute vergessen. Wir sind weithin blind geworden. Ein Blinder kann sich nicht auf seine Augen berufen. Ein Gewissensblinder, deren es heute viele gibt, kann sich nicht auf sein Gewissen berufen; auch nicht auf seine Gewissensfreiheit? O ja. Es gibt Gewissensfreiheit, aber nicht Freiheit der Gewissens*bildung*. Das aber weiß er nicht.

Daß man diese Dinge noch versteht, gehört zur praktischen Anwendung der Werthierarchie und also auch dazu, daß man ein Gebildeter in dem neuen Sinn sei.

Der werthierarchisch Gebildete sieht durch die Schlagworte hindurch und fällt nicht auf sie herein. Er weiß sehr wohl, daß, wer immer heutig sein will, morgen schon gestrig ist. Freilich gilt in der heutigen Generation ein wenig das Wort von Ebner-Eschenbach: „Diese Generation ist zum Kritisieren geboren. Sie sieht vom ganzen Achilles nur die Ferse."

So ein Schlagwort ist auch das Wort „Toleranz". Es hat natürlich seine Berechtigung, es wird jedoch überzogen. Man spricht dann sehr lauthals von Toleranzbereitschaft und macht damit alles unverbindlich. Toleranz ist die Duldung des andern Standpunktes, nicht aber die Preisgabe des eigenen. Es ist wohl zu beachten, man darf nie perfektionistisch sein, sondern muß sich an das Praktikable halten.

Es soll auch in aller Erkenntnis immer wieder ein wenig Humor durchleuchten. Darin liegt Weisheit. Im ersten Weltkrieg fand, um ein Beispiel zu nehmen, im französischen Hauptquartier eine kleine Auseinandersetzung statt. Die Franzosen setzten sich für Höflichkeit ein, ein Amerikaner sagte in seiner burschikosen Art, ach was, Höflichkeit, das ist nichts, das ist nur Luft. Darauf sagte Marschall Foch: „Nur Luft? Ja, sehen Sie, wenn in den Autoreifen Luft ist, dann fährt es sich doch viel leichter." Mit einem kleinen Sätzlein wird hier plötzlich eine Tiefe erreicht, an die man nicht mehr dachte. Es gilt nochmals, wie Meister Ekkehard sagte: „Ein Lebensmeister ist mehr als tausend Lehrmeister." Lebensweisheit erfaßt intuitiv Dinge an einem charakteristischen Zug in der Tiefe, also an Wahrheit und Wert. So beleuchtet sie Leben und Welt.

Nochmals, Teilwahrheiten erwecken leicht Begeisterung und haben verführerische Kraft, wie eben das Leitwort „Unabhängigkeit" oder auch „Recht". Wir sind in Wirklichkeit abhängig *und* unabhängig; wir haben Recht *und* Pflichten. Oder auch das Wort „Lebensstandard", wobei einschlußweise mitgedacht wird, dann sei alles in Ordnung. Aber nicht der Besitz macht reich, sondern die Freude.

Warum wirkt denn das Wort „unabhängig" so verführerisch? Nehmen wir etwa ein Gelehrtenteam. Eigentätigkeit zur Lösung eines wissenschaftlichen Auftrages *und* Abhängigkeit zusammen bewirken hier den Erfolg. Wobei noch klar ist, daß gerade in einem Gelehrtenteam die einzelnen Aufgaben von unterschiedlicher Bedeutung sind. Es gibt also innerhalb der Einheit noch eine hierarchische Gliederung.

In der praktischen Anwendung der Werthierarchie durchschaut der Gebildete gar vieles, was andern nie klar wird. Er weiß sehr wohl, daß der warme Lichtschein, der im Dunkel der Nacht aus einer Stube fällt, nicht einfach Symbol eines trauten Heimes ist. Der künstliche Lichtschein, der von der geschlechtlichen Lust ausgestrahlt wird, ist nicht einfach Glück. Der bloße Hedonismus ist ein Rückschritt im Humanum. Nur Sexual-Primitivlinge bringen es fertig, das menschliche Glück in einen bloßen Hedonismus umzudeuten.

Die Triebhaftigkeit wird heute zum Maximum erhoben. Aber Maximum und Optimum sind zwei verschiedene Dinge. Maximaler Lustgewinn bei Speise und Trank, also Luxuskonsum, ist gesundheitsschädigend, wie die Ärzte feststellen. Hoher Blutdruck und hoher Cholesteringehalt im Blut sind die nächsten Folgen, die Spätfolgen sind noch schlimmer. Außerdem gebiert das Übermaß den Übersättigungsekel.

Das alles ist dem wirklichen Gebildeten klar. Unsere Geltungskrise ist in Normlosigkeit ausgeartet. Echte Freiheit beinhaltet aber, wie gesagt, Verantwortung und bringt dadurch Norm. Man muß Werte bewahren, nicht preisgeben. Konservativ ist man nicht, um die Asche zu hüten, sondern um die Glut zu bewahren, sagt Johannes XXIII. Der wahrhaft Gebildete gelangt vom Wissen zur Weisheit.

Werte gingen also verloren. Das 20. Jahrhundert mit Wissenschaft, Technik und Industrie hat die Welt in einem künstlichen Licht aufleuchten lassen. Aber künstliches Licht dauert nicht lang. Plötzlich trat das hintergründige Dunkel wieder hervor. Es ist gekennzeichnet durch die vierfache Krise: Umweltkrise, Rohstoffkrise, Energiekrise, und durch das künstliche Licht wurde eine weitere Krise verursacht, die Inweltkrise.

Deswegen sind wir in geistigen Dingen blind geworden. Wachstum und Wucherung unterscheiden wir am lebendigen Leib leicht, aber schwer oder gar nicht in geistigen Dingen. Weich, fest, starr, das fühlt man am toten Stoff. Aber bei seelischen Dingen ist es sehr schwierig. Wir müssen lernen, auch in geistigen Dingen alles genau und präzis zu verstehen. Was zum Beispiel heute alles unter „Aufklärung" dem jungen Menschen dargeboten wird, ist oft nicht Aufklärung, sondern Aufweichung, Verunsicherung, hin bis zur Verführung.

So gibt es denn heute Wachstumshypertrophie. Und gerade durch sie wird das Gegenteil hervorgerufen, nämlich Wachstums-Stillstand und Wachstums-Schrumpfung. So die Gewissens-Schrumpfung. Im privaten Leben herrscht die Lust vor. Im öffentlichen Leben regieren die Notwendigkeiten. In der Zeit des Persönlichkeitskultes ist nichts mehr bedroht wie die Persönlichkeit. Nicht nur Fortschritt, auch Rückschritt gibt es. Wer den werthierarchischen Bildungsbegriff hat, erkennt das klar. Er schaut auf das Ganze, nicht nur auf die Entfaltung des Intellekts. Ihm ist selbstverständlich, daß man durch Übermaß und Untermaß, also durch Maßwidrigkeit fehlen kann.

Das rechte Maß muß sogar der Idealismus einhalten. Ist er maßlos, so wird er zur Ketzerei. Auch hier besteht die Sünde darin, daß das Ganze aus dem Auge verloren wird und dann natürlich der Restteil perspektivisch vergrößert wird. Der Idealismus ist dann zum Illusionismus geworden.

Man kann das an den modernen Richtungen nachprüfen, die weithin durch Einseitigkeit sündigen. Der Rationalismus sieht nur das Vernunftwesen; er glaubt, durch Förderung und Vernunft könne alle Dunkelheit beseitigt werden. Der Naturalismus wiederum meint, durch Rückkehr zur bloßen Natur werde alles gut. Aber der Mensch ist von sich aus ein Kulturwesen. Die bloße Natur bringt keine Sauberkeit im Haus und in der Wohnung hervor. Der Kollektivismus sieht nur das Kollektivwesen und glaubt, durch Abschaffung des Eigentums werde alle Ungleichheit beseitigt, als ob es nicht Ungleichheit an Begabung, Charakter, Fleiß, Ehrgeiz und so noch vieles gäbe. Der Individualismus sieht nur den einzelnen Menschen und also freie Bahn dem Tüchtigen. Aber der Tüchtige ist oft auch der Rücksichtslose. Es wird immer nur eine Seite gesehen. Nie kommt die ganze Wirklichkeit ins Auge.

Wenn man abstufende Begriffe hernimmt, kann man das gleich sehen, zum Beispiel reaktionär, konservativ, progressiv, revolutionär. Viele wollen ausschließlich das eine oder das andere. Die Verbindung etwa von konservativ und progressiv wäre die Lösung.

Als Gegenpol dazu vergaß die Neuzeit das innerlich Machtvolle, nämlich das Gewissen. Darum kommt sie von der äußeren Macht = Gewalt nicht mehr los.

Wenn wir das knapp zusammenfassen wollen, so können wir sagen: Wir haben im Gegensatz zum heute geltenden Bildungsbegriff drei weitere Begriffe erarbeitet, von denen jeder seine Bedeutung hat. Diese drei schließen sich nicht aus, sondern ergänzen sich. Der eine spricht mehr die Vernunft, der andere die Wertungen, der dritte die Tat an.

Sie heißen so: Gebildet ist, wessen Persönlichkeit voll entfaltet ist. Gebildet ist, wer die richtige Werthierarchie im Leibe hat und danach handelt. Gebildet ist, wer die leitenden Ideen der Zeit versteht und diese lenkend beeinflussen kann.

Um gebildet zu werden, schien uns besonders notwendig, die Wertempfänglichkeit auszuweiten und die Harmonie zwischen Lust und Sein neu herzustellen. Derzeit liegt bedauerlicherweise eine Disharmonie vor. Man weiß nicht mehr, daß das Gefühl ein Echowert ist, der anzeigen soll, ob die Lebensbewegung seinsgerecht oder seinswidrig ist. Man nimmt das Gefühl heute als Primärwert. Diese Disharmonie ist zu überwinden.

Damit diese Aufgabe gelöst werde, haben wir das pädagogische Ternar genannt: Einsicht, Einübung, Haltung. Wir machten aufmerksam, wie sehr unser Erkennen subjektiven Voraussetzungen unterworfen ist, die die Wahrheitsfindung erschweren. Desgleichen, daß auch bei der Bildung das rechte Maß einzuhalten und die Tiefe zu wahren ist.

Diese neue Auffassung von Bildung stellt eine große Aufgabe an den Menschen. Es geht nicht nur um ein bloßes Wissen, sondern um die Formung des *ganzen* Menschen. Diese Bildung hat eine große Bedeutung für die Gesundung des gesellschaftlichen Ganzen. Eine Führungsschicht tut not.

10. Kapitel

Fortschritt

Kritische Prüfung

Zuvor eine kleine Begebenheit. Ich trat eben aus einer Innsbrucker Schule heraus. Mit mir viele Schüler. Vor der Schule stand eine Reihe von Autos, denn gar manche Innsbrucker Eltern holen ihr Kind mit Auto von der Schule ab. Ein Kleiner ging auf einen Volkswagen zu, aus dem ihm sichtlich seine Mutter zuwinkte. Dazu gab ein anderer Schüler den Kommentar ab: „O je, dem sein Vater hat es auch nicht weit gebracht. Nur ein Volkswagen." Lebensstandard beherrscht offensichtlich jung und alt. Sonst wird abgewertet.

Fortschritt ist das große Wort der Neuzeit. Dabei wird vorausgesetzt, daß der Fortschritt immer zu etwas Besserem führt. Kraft des Wortes aber bedeutet Fortschritt nur Vorwärtsschreiten, noch nicht ein Aufwärtsschreiten. Es muß also überprüft werden, ob diese Voraussetzung zutrifft, oder ob sie nur ideologischer Natur ist.

Überdies, es gibt Fortschritt auf verschiedenen Gebieten. Äußeren Fortschritt, z. B. Wirtschaft, Technik; wissenschaftlichen Fortschritt, in der Erkenntnis der Wahrheit, seelischen Fortschritt, also Charakterentfaltung, Persönlichkeitsentfaltung. Kann es nun sein, daß äußerer Fortschritt dem inneren Fortschritt Abbruch tut? Und daß dann überprüft werden muß, welches der größere Wert ist, so daß unter Umständen auf einen äußeren Fortschritt verzichtet werden soll, um des inneren Fortschrittes willen?

Kann es außerdem sein, daß beim Fortschritt Früh- und Spätfolgen zu unterscheiden sind? Und aus beidem, daß der Fortschritt ein Janusgesicht haben kann, das heißt, eine positive und eine negative Seite? Und auch das, daß bei allem Fortschritt das richtige Maß einzuhalten ist?

Um mit letzterem zu beginnen, sei die kleine Anekdote über Josef II. hierher gesetzt: Vor der Hofburg zu Wien standen alte Pappeln, die nicht mehr richtig grünen wollten. Der Kaiser liebte schattenspendende Bäume. So ordnete er also an, die alten Bäume sollen heraus und dafür junge Bäume eingepflanzt werden. Das geschah. Aber die jungen Bäume reichten nicht bis zum 2. Stockwerk der Hofburg hinauf, der erhoffte

Schatten blieb aus. Also ordnete der Kaiser an, große Buchenbäume aus dem Wienerwald sollen in der Spätherbstzeit von dort in die Wiener Hofburg verpflanzt werden, mit allen Wurzeln und allem Erdreich, damit sie im Frühjahr grünen könnten. Auch das geschah. Die Bäume wurden verpflanzt, aber im Frühjahr grünten sie nicht. Der Kaiser war wieder ohne Schatten. Ergebnis: Ein übereilter Fortschritt kann nutzlos sein. Das richtige Maß muß auch zeitlich beachtet werden.

Dazu sagte Nestroy das nachdenklich machende Wort: „Überhaupt hat es der Fortschritt in sich, daß er viel größer ausschaut, als er in Wirklichkeit ist."

Wie bemerkt, sagt das Wort Fortschritt nichts darüber aus, ob es aufwärts oder nur vorwärts geht. Es kann übrigens zum Beispiel auch im Kreis gehen. Beachte hiezu die Kleidersitten. Ich habe z. B. erlebt, daß in früheren Zeiten würdige Männer einen Vollbart trugen. Dann kam der Bart weg. In unseren Jahren wurde er als große Neuigkeit wieder angefügt. Solche Beispiele gibt es viele. Früher Kartenspielen, dann verachtet, jetzt aufs neue wieder in Geltung. Alles kommt wieder, es geht den Kreislauf. Es ist oft nur so, daß es etwas relativ Neues ist. Man weiß nicht, daß es früher einmal etwas Altes war.

Viel schwieriger ist die Sache, wenn es um das Spannungsverhältnis von äußerem und innerem Fortschritt geht. Wie wirkt der äußere Fortschritt auf das Innere? Schon im Kapitel über die Erfahrungen mußte festgestellt werden, daß äußerer Fortschritt das Innere gefährden kann und des öfteren auch wirklich gefährdet. Das Gesamtresultat kann dann etwas Negatives aufweisen. Manchmal so erschreckend, daß man nach der inneren Seite hin von menschlicher Dekadenz sprechen muß. So ist dann der vermeintliche Fortschritt in Wirklichkeit ein Rückschritt. Nur daß das kaum jemand sieht.

Es kann sich auch um das Spannungsverhältnis zwischen Wissen und Glaube handeln. So haben z. B. nach dem II. Vatikanum manche Bibelwissenschaftler im Namen der historisch-kritischen Methode viel zur Aufweichung, manchmal sogar zur Auflösung des Glaubens beigetragen.

Es wurde etwa gesagt, der Titel „Gottes Sohn" spreche keinerlei Gottgleichheit aus, denn auch der israelitische König wurde im Alten Testament manchmal, besonders an seinem Krönungstag, Gottes Sohn genannt.

Junge Priester mit unklugem Eifer brachten die Sache auf die Kanzel, mit verheerenden Folgen. Bei den Kirchenaustritten der damaligen Jahre wurde nicht selten als Grund angegeben, die katholische Kirche weiß selber nicht mehr, was wahr ist. Dann können wir ruhig austreten.

Was nun das Faktum angeht, daß auch der israelitische Königssohn so genannt werden konnte, so ist es richtig, aber die Folgerung ist voreilig. Wir gebrauchen Worte nicht selten in verschiedenem Sinn. Zum Beispiel das Wort „Schrift“. Wenn ich betont sagte: „In der Schrift steht“, so weiß jedermann, daß ich die Heilige Schrift meine, obwohl das Wort sonst sehr oft neutral verwendet wird. Desgleichen das Wort „Herr“, das heute als Anrede allgemein gebräuchlich ist. Gleichwohl bedeutet das betonte „Der Herr sagt“ viel mehr, nämlich Gott.

Und überdies gibt es eine Fülle von Stellen, in denen die Gottgleichheit direkt ausgesprochen ist. Schon die Apologeten des zweiten und dritten Jahrhunderts haben auf das 2. Kapitel des Philipperbriefes hingewiesen. Desgleichen wurden die Abschiedsreden bei Johannes genannt, was hier im einzelnen nachzuweisen nicht unsere Aufgabe ist.

Die genannte Verunsicherung hat sich dann bald auch auf das moralische Gebiet erstreckt. Die sittlichen Verpflichtungen wurden nicht mehr klar festgehalten. Es ist aber interessant, daß sogar Naturwissenschaftler dazu Stellung nahmen und erklären: „Eine Kirche, die nur mehr sagt ‚vielleicht‘, hat den Anspruch verloren, im Namen Gottes reden zu dürfen.“

Ungeprüft jedoch wurden diese Ansichten mancher Theologiewissenschaftler übernommen, als ob man nicht auch die Meinungen von Professoren hinterfragen müßte. Wenn man hinterfragt, stellt sich heraus, daß weltliche Professoren der Geschichte die historisch-kritische Methode nicht ganz so exklusiv auffassen und durchaus die Grenzen angeben, innerhalb deren diese wissenschaftliche Methode gültig ist. Sie sehen also eine offene Türe für die theologische Aussage, für die sie selbst nicht mehr zuständig sind. Vergleiche Prof. Staudinger: „Die historische Glaubwürdigkeit der Evangelien.“

Die Aufweichung aber hat der katholischen Kirche tiefen Schaden zugefügt. Gelegentlich sagte ein schlichter Bauer: Das ist so wie mit den Häusern. Alte Häuser muß man restaurieren, aber nicht ruinieren. Das gleiche gilt für die Kirche. Einiges ist zu restaurieren, aber was man jetzt tut, sei ruinieren. So kann sich also unbeachteter Fortschritt sehr negativ auswirken. Man müßte es verstehen, Fehltriebe abzuschneiden und zugleich die Wurzeln zu tränken.

Wurde hier das richtige Maß nicht bedacht, so wurden Spätfolgen des Fortschritts noch viel weniger berücksichtigt. Die Spätfolgen des großen technischen Fortschritts haben die schon erwähnte dreifache Krise ergeben, Rohstoffkrise, Energiekrise, Umweltkrise. Das betrifft die äußeren Güter. Aber auch die inneren Güter wurden wesentlich gefährdet. Es gibt auch die Inweltkrise.

Davon sei einiges erwähnt. Um bei Leichterem zu beginnen, die Handfertigkeiten des Menschen werden nicht mehr ausgebildet. Die Dinge gehen durch einen *Handgriff*. Der persönliche Einsatz der Körperkräfte ist durch die Maschinen weithin überflüssig geworden. Das Handwerk wurde zu einem Maschinenwerk.

Daher hat das Leistungsbewußtsein abgenommen. Dadurch ist auch die Leistungs*freude* beeinträchtigt, das Gemüt ist ausgekühlt. Wie dann das manuelle Können verlorengeht, sei durch ein Beispiel erleuchtet: Wie die ersten Forschungsreisenden nach Polynesien kamen, staunten sie, was die Einheimischen für große Schiffe hatten. Sie fanden Schiffe mit Fassungsraum für 250 Mann vor. Diese Schiffe waren seetüchtig, gänzlich aus Holz erbaut. Da es kein Eisen gab, waren auch die Nägel aus Holz, und das hatten die wilden Völkerschaften zustande gebracht. Heute wundern sich die Völkerschaften selbst darüber, daß sie das einmal fertigbrachten. Diese Kunst ist durch den modernen Fortschritt verlorengegangen.

Dessen wurde schon gedacht, daß es mit dem übermäßigen Fremdenverkehr nicht anders ist. In den Spätfolgen muß alles bezahlt werden. Es gibt ein heimliches Defizit. Dafür sei ein Beispiel hierher gesetzt.

Ein Bergtal mit ein paar blühenden Fremdenverkehrsorten. In der Mitte des Tales findet sich eine Ortschaft mit einem etwas dunklen Betrieb, in dem alle Suchtmittel zu haben sind. Das strahlt auf die ganze Gegend aus. Ein Priester wurde gebeten, wie bei uns üblich, den Schulentlaßtag für die Vierzehnjährigen zu halten. Es war ihm aber nicht möglich. Die Vierzehnjährigen machten bei seinen Darlegungen ständig laute Zwischenrufe, sie bewarfen ihn mit Kirschkernen und ähnlichen mehr. Der Tag mußte abgebrochen werden. Wir erinnern uns des Satzes: „Sie haben einen außerordentlich guten Fremdenverkehr und außerordentlich vernachlässigte Kinder."

Das Fazit ist also dieses: Auch der Fortschritt muß kritisch hinterfragt werden. Zuerst die Prüfung, handelt es sich überhaupt um Fortschritt oder nur um etwas anderes, was neu, aber nicht besser, vielleicht sogar schlechter ist? Geht es also aufwärts, nicht nur ebenhin oder gar abwärts? Sodann, ist das richtige Maß bedacht? Wir sind Wesen des Maßes. Das muß bedacht werden. Wir meinen allzuleicht, wenn etwas gut ist, dann sei es schlechthin gut, je mehr, desto besser. Das aber ist falsch. Man braucht nur den Satz hierher zu stellen: Je mehr Vergnügen, desto besser. Dann weiß man gleich, daß da etwas nicht stimmt.

Sodann, sind die Spätfolgen bedacht? Diese können so schlimm sein, daß es besser gewesen wäre, das Ganze zu unterlassen. Wurden nicht nur äußere Folgen, sondern auch innere Auswirkungen bedacht? Stellt man diese Fragen, so ist klar, daß es auch *Schein*fortschritt gibt. Davon ist der echte Fortschritt abzuheben. Um ihn allein geht es. Er allein wird bejaht.

Wir müssen noch Weiteres bedenken. Es ist etwas Eigentümliches um die Anziehungskraft des Wortes Fortschritt. Das alte Sprichwort sagt sonst: Worte bewegen, Beispiele reißen hin. Hier aber reißt schon das Wort hin. Es ist ausgesprochen positiv lustbetont. Das hängt mit dem vielfachen psychologischen Apriori zusammen. Wir stehen im radikalen Umbruch aller Traditionen. Daß damit jeder Weg verlorengeht, machen sich die wenigsten klar. Fast steht die Hybris (im Sinn der Alten) zu Pate. Für die alte Zeit hat Jakob Burckhardt, der große Schweizer Historiker, darauf aufmerksam gemacht. Die Demut wurde preisgegeben, sie war aber nie nötiger als heute. Sonst geht jedes Maß verloren.

Übrigens ist es so, Teilwahrheiten, wie schon erwähnt, erwecken sehr leicht Begeisterung und haben deswegen verführerische Kraft. So etwa Düsenflugzeuge. Alles bewundert die Schnelligkeit usw. Daß durch die Auspuffgase der obere Luftraum in Unruhe gebracht und verschlechtert wird, bedenkt man nicht. Erst durch die Witterungsänderung wird dies deutlich, die natürlich auch andere Gründe hat.

Oder ein anderes Beispiel, etwa im afrikanischen Trockengürtel: Früher gab es in den Stämmen eine feste Ordnung. Der Häuptling mußte gefragt werden, ob ein Baum gefällt werden dürfe. Er gab die Erlaubnis nur, wenn für jeden alten Baum zwei junge Bäumchen gesetzt wurden. Heute ist diese alte Ordnung gefallen. Man kann Bäume fällen und zu Geld machen. Welcher Fortschritt! Nach ein paar Jahrzehnten sah man, daß sich das Klima änderte, daß ganz andere regenlose Zeiten entstanden als früher. Jetzt ist der Trockengürtel ein Todesgürtel. Man sah nur die lockende Teilwahrheit, ohne die Folgen zu sehen.

Nicht anders ist es bei der Erziehung. Kaum jemand wußte mehr, daß das Wort Erziehen im Deutschen den Sinn von Emporziehen hat. Und weil man das nicht wußte, so wollte man Gebote und Verbote abschaffen, um mehr Freiheit zu geben. Das paßte in den Zug der Zeit. Bis dann als Folge die neurotische Verwilderung junger Menschen entstand, und diese macht dem Psychotherapeuten große Sorge. Es werden eben Riesenansprüche gestellt, sofortige Erfüllung wird als selbstverständlich gefordert. Die antiautoritäre Erziehung wird mit der Gefährdung des jungen Geschlechtes bezahlt.

So wurde deutlich, daß alle diese Fortschritte neue Krankheiten weckten. Es wurde deutlich, daß Statik und Dynamik in das rechte Verhältnis zu bringen sind. Jedes Wachstum baut auf das Vorhandene auf. Dieses Vorhandene ist das Erbe. Nur unter seiner Berücksichtigung ist Fortschritt möglich, der nicht Scheinfortschritt ist. Die westliche Menschheit hat das nicht verstanden und so die Zeit der Erprobung nicht bestanden.

Wie sehr man sich hier sogar bei guten Absichten irren kann, wurde durch die Entwicklungshilfe deutlich. Am Ende mehrerer Jahrzehnte zeigte sich, daß die unorganische Entwicklungshilfe, die technisch ein oder zwei Jahrtausende überspringen wollte, menschlichen Rückschritt gebracht hat. Die Afrikaner wurden aus ihrer Großfamilie herausgerissen, kamen in unorganisch aus dem Boden gestampfte Großstädte, verfielen der Sucht und der Krankheit.

Und überdies, nicht selten kam sogar der wirtschaftliche Fortschritt zu kurz. So fanden unsere Entwicklungshelfer auf Feldern in Südamerika verrostete Mähdrescher, die niemand reparieren konnte. Anderseits waren noch Holzpflüge im Gebrauch. Unsere Entwicklungshelfer führten Stahlpflüge ein, die das Erdreich viel tiefer wenden als die Holzpflüge. Das Ergebnis war eine vierfache Ernte. Mit solchen einfachen Mitteln läßt sich manchmal ein echter Fortschritt erzielen. Überspringt man die Entwicklungsphase, so ist das Ergebnis gleich Null.

Aus solchen falschen Forderungen entstehen tiefgreifende Enttäuschungen. Das Chaos wächst und damit auch die Gefahr des Terrorismus. Es leuchtet erneut auf, daß zu einer großen Sache nicht nur Idee, sondern auch Erfahrung und Maß gehört. Daß das not tut, ist uns heute am wenigsten vertraut. Und immer meint man, alles muß ganz neu werden. Keinerlei Abhängigkeit mehr wird anerkannt, denn eine solche wäre unwürdig.

Hier sei eine frühere Bemerkung benützt: Die Neuzeit hat die Erde, astronomisch gesehen, zur Nebensache gemacht, aber den Menschen zur Hauptsache. Doch kann die Erde nur als Planet existieren, um die Sonne kreisend. Also sind die Himmelskörper selbst in Abhängigkeit. Erst dadurch ist ihre Selbständigkeit gesichert. Ein Gleiches gilt für den Menschen. Erst in der naturgegebenen Abhängigkeit kann er sich selbst entfalten. Auch er muß letztlich um die Sonne kreisen. Die Sonne aber ist Gott.

Wiederum, nicht selten tritt ein Schlagwort im Gewand des Fortschritts auf. Es kann sogar geschehen, daß das Gemeinte am Anfang einen echten Fortschritt bedeutete, daß es aber später überbetont wurde. So wurde denn das früher bedeutende Wort zu einem bloßen Schlagwort. Das ist etwa der Fall bei „Gleichheit".

Man kann das sehr gut mit der schönen Geschichte des Prokrustes aus dem Altertum beleuchten. Prokrustes war eine Gestalt der griechischen Sage, ein Unhold, der allen Wanderern auflauerte. Den Kleinen streckte er die Glieder, die Großen verstümmelte er, bis sie alle gleich waren und alle in sein Bett gingen. Der Unhold wurde von Theseus bezwungen. Man muß staunen, mit welcher ahnungsvollen Weisheit das Altertum in solchen Sachen eine tiefe Wahrheit ausdrückte: Wer alle Menschen gleichmachen will, verstümmelt sie.

Die heutige Zeit besitzt nichts mehr von diesen Einsichten. Mann und Frau sollen absolut gleich werden, sie sollen schlechthin austauschbar werden. Die Frau soll, um emanzipiert zu sein, einen hauptamtlichen Beruf ausüben. Die „Nur-Hausfrau" ist verpönt. Dafür soll gegebenenfalls ein „Nur-Hausmann" entstehen.

So verlangen manche Frauen in Österreich, daß der Mann das Karenzgeld für das erste Jahr des Kindes bekomme und aus seinem Beruf für diese Zeit aussteige, damit die Frau ihren Beruf (etwa Lehrerin) auch in dieser Zeit ausüben könne. Man fragt sich nicht mehr, ob das schöpfungsgemäß ist, also ob nicht die Mutter viel besser geeignet wäre, das Kleinkind zu betreuen. Alles soll gleich sein, die Frau wird nach dem Leitbild des Mannes ausgerichtet und damit wesensentfremdet.

Die Schöpfung aber ist anders. Sie ist reich und vielgestaltig, sie liebt wechselnde Formen und Gestalten, sie will kein Eintopfgericht.

Viel schlimmer ist das andere, denn bei dem erwähnten Beispiel handelt es sich um Einzelfälle, daß zahllose Mütter hauptamtlich außer Haus arbeiten. Die kleinen Kinder sind daheim ungeborgen und verlassen. Daß damit die Familie verstümmelt wird, wird nicht beachtet. Daß zuletzt mit der Frau das gleiche geschieht, wird nicht bedacht.

Dazu ist eine kleine Beobachtung nicht uninteressant. Wenn man heute in Schulklassen der Zwölf- bis Vierzehnjährigen kommt, kann man Buben und Mädchen nicht mehr unterscheiden. Die Kleider sind gleich, der Haarschnitt ist gleich, das Bubengesicht ist weicher und das Mädchengesicht ist härter als früher. Die gleichen Gegebenheiten wurden schon in der Spätantike festgestellt. Damals aber wurde es als ein eindeutiges Zeichen des Verfalls gewertet! Und heute?

Die Welt wird durch diese Gleichmacherei ärmer, der Fortschritt wird zum Rückschritt. Übrigens auch hier wieder das Gesetz des Pendelausschlags. Zuerst wurde der Unterschied Mann – Frau überbetont. Man hielt die Frau für weniger begabt, noch im 19. Jahrhundert konnte sie nicht leicht die Universität besuchen. Jetzt leugnet man jeden Unterschied und richtet so also die Frau nach dem Leitbild des Mannes aus. Das aber bekommt ihr nicht gut. Die Frau verliert den Reichtum ihres Gemütes und wird dadurch sowohl für den Mann, wie auch in sich selbst ärmer. Dafür aber ist die heutige Zeit instinktlos geworden.

Freilich hat die Neuzeit eine gewaltige Ausweitung menschlichen Könnens gebracht. Die technischen Apparaturen funktionieren vortrefflich. Aber leider eben nur technisch, nicht sittlich. Nach der Religion scheint es nun, daß auch das Gewissen überflüssig werden soll. Dann aber ist das Tiefste im Menschen verschüttet. Er taumelt wie ein Blinder dahin. Die Entfaltung des Äußeren und des Inneren muß im *Gleichschritt* erfolgen, sonst kann alles verloren sein. Man denke an die Atomkraft. Wird sie nicht sittlich beherrscht, dann geht die Welt zugrunde.

Dagegen kann der Glaube innere Kräfte, seelische Entfaltungen auslösen. Das wird mir zum Beispiel bei der Spendung des Firmsakramentes immer wieder deutlich. Manche junge Menschen zeichnen nach der Chrisamsalbung ein großes Kreuz über sich. Das Antlitz ist nach oben gerichtet, ein Spiegel der Seele, die einen inneren Aufbruch erlebt. In einem heiligen Erschauern erfährt sie das Hingerissenwerden zur Höhe. Wo findet man das sonst noch? Wie sehr sind unsere Gesichter aus der schönen Innerlichkeit des 19. Jahrhunderts, wie sie die deutschen Maler darstellten, abgeglitten! Die geschlossene Einheit und Tiefe ist verlorengegangen. Sie kennen nicht mehr die Erhebung des Geistes zu Gott, aus der in früheren Zeiten die Harmonie erflossen ist.

So fiel der Neuzeit in ihrem Fortschritt immer wieder alles auseinander. Einerseits strebte sie die Mündigkeit des Menschen erfolgreich an, anderseits machte sie ihn zur gleichen Zeit unmündig.

So fiel auch das Menschenbild völlig auseinander. Das Mittelalter hatte das einheitlich christliche Menschenbild. Es ging um die Verwirklichung des Ebenbildes Gottes. Das war nicht etwa statisch zu verstehen, sondern dynamisch. Der Mensch ist ein Same des Ebenbildes Gottes und soll sich zum vollen Ebenbild entfalten. So hat schon Irenäus von Lyon in der Frühzeit des Christentums den Menschen gesehen.

Dann kam das Menschenbild der Renaissance. Der Mensch bricht aus der festen Ordnung aus. Es entfaltet sich der Einzelne zum Machtträger, zum Künstler, zum Literaten, zum Denker. Es war nur noch Platz für bedeutende Menschen. In die Breite wurde dies getragen durch den bürgerlichen Liberalismus. Der Mensch sei von sich aus gut, man soll ihn, gemäß seiner Natur, sich entfalten lassen. Dann geht alles gut.

Wie das, über Ausweis der Tatsachen, doch nicht stimmen wollte, kam der Umschlag in das totalitäre Menschenbild. Dieses Menschenbild leugnet das Eigenrecht der Persönlichkeit und läßt sie nur als Teil des Ganzen gelten. Natürlich wurde auch dieses Menschenbild, wie alles übrige, unter der Rücksicht des sozialen Fortschritts darstellt, der die Ungleichheit beseitigen sollte. Gleich darauf kam das existentialistische Menschenbild. Es wandte den Kollektivismus ins gerade Gegenteil. Der Einzelne verwirklicht sich selbst, er *macht* sicht geradezu selbst, bestimmt Sein und Sinn. Er bleibt aber ins Leere geworfen. Das Titanenhafte der Renaissance ist hier zur vollen Entfaltung gekommen.

Zu diesen neuzeitlichen Menschenbildern, von denen das eine dem andern widerspricht, sagt Guardini: „Diese Bilder sind falsch. Ihren Menschen gibt es nicht.“ Dieser Satz von Guardini drückt eine inhaltsschwere Wahrheit aus.

Ergebnisse

Wollen wir das Besprochene überblicken und ausweiten, so zeigt sich: Das Wort Fortschritt und die Sache Fortschritt haben den geheiligten Klang verloren, den die Neuzeit ihm gegeben hat. Es muß hinterfragt werden.

Zunächst also: handelt es sich wirklich um Fortschritt? Geht es also nicht nur vorwärts, sondern aufwärts? Mit anderen Worten, ist das Neue besser als das Alte? Nebenbei sei bemerkt, neu und alt werden durch die Fragestellung erhellt. Neu und alt sind nicht Wertbegriffe, sondern Zeitbegriffe. Oder ist es nur ein Scheinfortschritt, hinter dem nichts Weiteres steht? Oder gar nur ein Schlagwort?

Sodann: Jeder Fortschritt, auch der echte, hat ein Janusgesicht. Jeder Fortschritt gebiert neue Krankheiten. So werden durch den äußeren Fortschritt auf technisch-wirtschaftlichem Gebiet Verluste an inneren Werten in Kauf genommen. So etwa durch den überbetonten Fremdenverkehr.

Dann ist abzuwägen, wo die höheren Werte liegen. Meist zeigt sich, daß durch Ermittlung des richtigen Maßes eine Lösung gefunden werden kann. Das schon genannte Weisheitswort des Mittelalters ist hier von besonderer Bedeutung: Mächtiger als Macht ist Maß.

Hinter der Wertabschätzung stehen tiefere Schichten. Auf welche Werthierarchie ist dein Leben aufgebaut? Nochmals, es gibt Nutzwerte, Vitalwerte, Geistwerte, absolute Werte. Der erstgenannte Wert ist der niederste Wert, der je nächste ist der höhere bis hin zu den absoluten Werten. Der Mensch erreicht in der Sittlichkeit den absoluten Wert. Wer diese abendländisch-christliche Werthierarchie nicht hat, wird natürlich anders urteilen und zu anderen Ergebnissen kommen, dies jedoch mit den entsprechenden Folgen.

Etwas ist besonders zu erwähnen. Es gibt Rigoristen, diese anerkennen nur *einen* Wert unter Ausschluß aller anderen. Ein moralischer Rigorist anerkennt nur den sittlichen Wert und keinen anderen. Er wird dadurch zum Fanatiker. Der Christ ist für die Wertharmonie. Er anerkennt *alle* Werte und stuft sie zugleich nach ihrer Höhe richtig ein. Er kann deswegen eine begrenzte Gefährdung des höheren Wertes annehmen, wenn der niedere Wert eine starke Wertdringlichkeit hat. Werthöhe und Wertdringlichkeit sind nämlich zu unterscheiden. Das Wasser hat in der Wüste für den Verdurstenden eine höchste Wertdringlichkeit.

Weiterhin und noch stärker zu betonen ist: Die Entfaltung von Innen und Außen muß im *Gleichschritt* erfolgen, sonst geht der Wert des Fortschritts nochmals verloren. Wer also einem jungen Menschen ein Motorrad in die Hand gibt, muß nicht nur dafür sorgen, daß er es technisch beherrscht, sondern auch dafür, daß er es sittlich beherrscht, also etwa, daß er seinen Geltungsdrang beim Vorpreschen beherrschen kann und ähnliches mehr. Autolenken ist nämlich eine Charakterfrage.

Festzuhalten ist, daß die Entscheidung über den Fortschritt ohne weltanschauliche Klärung gar nicht möglich ist. Dennoch ist das nicht so, daß nun jemand sagen könnte, weltanschaulich bin ich ungebunden, daher ist das für mich nicht verpflichtend. Der moralische Stand eines Volkes hat vielleicht unerwartet eine große praktische Bedeutung bekommen. Genügsam bekannt ist, daß die chinesischen Führer gesagt haben, man möge den Westen demoralisieren, dann fällt er uns von selbst anheim, ohne daß wir darum kämpfen müssen. Denn ein demoralisiertes Volk kämpft nicht um seine Freiheit.

Nochmals zu betonen und durch Beispiele zu erläutern: Von ganz besonderer Bedeutung ist die Erkenntnis der Nah- und Spätfolgen eines Fortschritts. Die Nahfolgen sind meist günstig, sonst würde er nicht unternommen. Anders ist es mit den Spätfolgen. Sie werden oft gar nicht vorausgesehen, weil die menschliche Einsicht beschränkt ist und von der gemachten Erfahrung abhängt. Noch viel schlimmer aber ist, daß nach den möglichen Spätfolgen überhaupt nicht gefragt wird. Dann ist das Handeln verantwortungslos. Immerhin besteht auch dann, wenn die Spätfolgen nicht vorhergesehen wurden, des öfteren, freilich nicht immer, die Möglichkeit, die Dinge zu ändern, also den Irrtum zu korrigieren, sobald er erkannt ist.

So wurden die Spätfolgen der Wasserverschmutzung nun endlich erkannt. Seen, sogar Binnenmeere sterben und werden zu Kloaken, die Flüsse sind davon nicht ausgenommen. Und nun gibt es geradezu einen Großeinsatz, um die Schäden einzudämmen, wenn möglich, sogar zu beseitigen. Freilich wird auf unmittelbar leibliche Werte mehr Bedacht gelegt.

Wie steht es mit den *inneren* Werten? Die Spätfolgen der mangelnden Kindererziehung zeigen sich nur allzudeutlich. Was aber geschieht? Man versucht etwa, das eine oder andere Symptom zu kurieren. Aber Ursachentherapie, wo bleibt sie? Ursachentherapie gibt es nur eine einzige: Wiederherstellung der Familie und der mütterlichen Betreuung der Kinder. Oder wollen wir solange warten, bis es auch bei uns soweit ist wie in Amerika?

In der „Frankfurter Allgemeinen" war zu lesen: Im Jahr 1981 wurden in New York 25 Jugendliche wegen 27 Mordtaten unter Anklage gestellt. Im Jahr 1980 wurden im ganzen 16.000 Kinder wegen schwerer Verbrechen festgenommen. Dreizehn- bis Fünfzehnjährige müssen nun vor normale Gerichte gestellt werden. Viele dieser Minderjährigen sind im Besitz von Handfeuerwaffen, die sie auch gebrauchen. Ein Dreizehnjähriger wurde verhaftet, weil er ein anderes Kind ermordet hatte, um in den Besitz von dessen Radioapparat zu kommen. Er wurde gefragt, ob das Grund genug sei, um jemand umzubringen. Seine Antwort lautete: „Für mich schon". (Sic!)

Man sieht nochmals erschreckend, wie tief der Mensch sinken kann. Zugleich ist dies eine entscheidende Warnung, die Dinge laufen zu lassen wie bisher. Wir sind vor ähnlichen Spätfolgen nicht befreit. Zu bemerken ist, bei aller Strenge sieht die New Yorker Polizei keine Möglichkeit mehr, die Dinge zu bessern; nicht einmal die Verschärfung der Strafen hat noch eine abschreckende Wirksamkeit.

Wir wollen noch kurz auf die Spätfolgen eingehen, die bei Preisgabe der Sitten, die in einem Volk Geltung haben, eintreten. Sitte ist nicht Sittlichkeit. Sitte ist das, was in einem Volk oder Stammesgefüge selbstverständlich Geltung hat. Sitte bezieht sich auf Umgang, Umgangsformen, Brauchtum und ähnliches mehr. Um aber die Bedeutung des Verlustes zu ermessen, müssen wir zunächst zusehen, welche positiven Werte in solcher Sitte zu finden sind.

Zwei Beispiele seien genannt: Ich fuhr im Schnellzug von London nach Manchester. Ein Fahrgast neben mir hatte keine Fahrkarte, er konnte sie wenigstens nicht finden. Der Beamte fragte, haben Sie die Karte heute früh zu diesem Zug gekauft? Der Reisende antwortete, ja. Darauf bekam der Fahrgast ohne weiteres eine Ersatzfahrkarte. Der Beamte sagte: „Sie werden nicht mehr belästigt werden."

Ein anderes Beispiel: Ich machte in London-City einen kleinen Einkauf in einem Geschäft. Ich hatte nur eine 10-Pfund-Note bei mir. Die Geschäftsfrau fragte nach kleinerem Geld. Das hatte ich nicht. Worauf die Geschäftsfrau sagte, bringen Sie das Geld morgen. Zweifellos erkannte sie mich als Ausländer. Woher dieses Vertrauen? Ich ging dieser Sache nach und bekam von meinen Leuten diese Auskunft: Wenn ein Erwachsener etwas im Ernst sagt, wird es als wahr angenommen. Wie viele Ordnungskräfte werden gespart, wie viele Schwierigkeiten lösen sich von selbst, wenn so etwas in der Sitte eines Volkes Geltung hat. Nun ist auch von selbst klar, was alles verlorengeht, wenn diese Sitte aufgelöst wird.

Besonders gefährlich ist es, wenn, wie Josef Pieper das nennt, die Heilige Überlieferung (Theios Logos) fällt. Heilige Überlieferung gab es schon vor Christus. Plato spricht von ihr, das göttliche Wort sei von den Alten weitergegeben worden. Das wurde damals sehr ernst genommen. Nun ist es durch die Heilige Überlieferung der Christen auch in unserem Leben und in der europäischen Zeitgeschichte bedeutungsvoll.

Zunächst noch die Welt Platos. Er spricht vom Verfall der alten Sitte, die aus dem Theios Logos herausgefallen sei: „Die Lehrer zittern bei solchen Verhältnissen vor ihren Schülern und schmeicheln ihnen lieber, als sie mit starker Hand auf den geraden Weg zu führen, so daß sich die Schüler nichts mehr aus ihren Lehrern machen. Überhaupt sind wir schon soweit, daß sich die Jüngeren den Älteren gleichstellen. Die Alten aber setzen sich neben die Jüngeren und suchen, sich ihnen gefällig zu machen. So können es die Jungen allmählich nicht mehr vertragen, wenn man auch nur wenig Unterordnung von ihnen verlangt. Am Ende verachten sie dann auch die Gesetze, weil sie niemand und nichts mehr als Herren über sich anerkennen. Das ist der schöne, jugend-frohe Anfang der Tyrannei."

Wer denkt bei diesen Worten nicht an unsere eigenen Verhältnisse! Das ist bei uns genauso, und zwar wiederum deswegen, weil die Heilige Überlieferung aufgelöst wurde. Die Spätwirkung ist dann, daß man nicht mehr erziehen kann, daß man nicht mehr weiß, nach welchen Maßstäben man vorzugehen hat. Dann kommt allmählich der allgemein menschliche Drang, sich nach dem niederen Durchschnitt hin zu bewegen, zum Durchbruch. Damit geht zugleich die Tiefe verloren.

Fortschritt ist also nicht einfachhin gut oder schlecht. In der religiösen Sprache heißt das, auch der Fortschritt muß erlöst werden. Er muß erlöst werden von Schein und Übermaß. So liegen denn rettende Möglichkeiten im Gewissen. Vielleicht hängt die Existenz der Welt davon ab, daß der Christ seine Verantwortung ihr gegenüber erkennt. Der Mensch soll das Werk Gottes retten. So ungefähr hat Guardini gesagt.

Der indische Weise sagt: „Schlag' doch die Knospe, daß sie rasch aufblühe, sie wird nicht aufblühen. Du kannst sie nur zerstören. Er, der uns die Sonne schenkt, macht das alles mit dem Lächeln der Liebe. Aber er hat Geduld." Dabei wollen wir nun stehenbleiben.

11. Kapitel

Das soziale Anliegen

Die Lehre Jesu

Die Neuzeit hat durch Technik und Fabrikwesen viel Entlastung menschlicher Arbeit und zugleich produktive Steigerung gebracht. Sie hat ebenso durch Technik und Fabrikwesen der überwiegenden Mehrheit der Menschen die Möglichkeit genommen, selbständig zu werden. Das ist umso härter, als in der gleichen Zeit der Aufstieg des Menschen zur Mündigkeit erfolgte. Daß aber Unselbständigkeit nicht zufrieden macht, ist auch daran ersichtlich, daß Pachtbauern nicht zufrieden sind. Vergleiche hiezu jene Länder, in denen der Kommunismus groß wurde. Dort überall leben unselbständige Bauern.

Wie konnte dann der Arbeiter zufrieden sein, solange er nur Objekt der Wirtschaft war? Das ist zugleich ein Hinweis darauf, daß das Problem eine geistige Seite hat. Eine bloße Fremdbestimmung kann nicht auf die Dauer befriedigen. Es geht darum, daß der Arbeiter Mitträger des Betriebes werde; daß also der Betrieb selbst eine humanitäre Leistungsgesellschaft werde. Dazu gehört auch, daß der Arbeiter den gerechten Anteil am Betriebsertrag erhalte.

Damit ist auch schon angedeutet, wie christliches Denken die Lösung der sozialen Frage sieht. Es sei erinnert: Der ideelle Ansatzpunkt besteht darin, daß wir den *ganzen* Menschen sehen und nicht nur den verkürzten Menschen. Der Individualismus sieht nur den einzelnen Menschen ohne Wesensbezug zur Gemeinschaft. Er wirkt sich geistig im Liberalismus und wirtschaftlich im Kapitalismus aus. Der Kommunismus sieht nur den kollektiven Menschen, wird daher wirtschaftlich zum Kollektivismus mit Zwangswirtschaft.

Beide Auffassungen sind im Grunde mechanistisch, wirken sich aber in zwei Gegensätzen aus. Der Liberalismus sagt: Alles geht von selbst. Der Kommunismus sagt: alles muß richtig eingerichtet werden, dann geht es auch von selbst. Und zwar ist dieses mechanische Prinzip genau der Standpunkt von Lenin. 1917 nannte er als sein Ziel: er wolle im gesellschaftlichen Leben einen von allen Parasiten befreiten Mechanismus von höchster technischer Vollkommenheit schaffen. Der Kommunismus ist so durchaus der zwar gegensätzliche, aber doch echte Sohn des Liberalismus, denn er wendet das Grundprinzip an: L'homme machine (Der Mensch ist nur eine Maschine). Also, alles geht von selbst, das ist der Liberalismus; alles geht von selbst, wenn die Maschinerie richtig eingerichtet ist, das ist der Kommunismus. Beides erweist sich über Ausweis der Tatsachen als Täuschung.

Die kirchliche Lehre sieht also den ganzen Menschen, dem zwei wesenseigene Beziehungen anhaften: er ist nicht vereinzelte Person, sondern Person in Gemeinschaft; er hat durch seine Vernunft nicht nur horizontale Bezüge, sondern auch vertikale, er frägt und muß wesensgemäß fragen, woher bin ich, wohin gehe ich, was habe ich zu tun? Dieser transzendente Bezug kann nicht ausgeschlossen werden. Das christliche Menschenbild läßt sich kennzeichnen als *sozialer Personalismus*.

Zu dieser Auffassung diente der Kirche als Grundlage die Lehre und das Tun Jesu zu seiner Zeit. Es ist durchaus unvollständig, wenn von Theologen gesagt wird, Jesus habe durch das Gebot der Nächstenliebe grundsätzlich den Ansatzpunkt für die Lösung der sozialen Frage gegeben. Jesus hat viel mehr getan. Er hat gegenüber den Bedrängten seiner Zeit bestimmte Worte geäußert und ein bestimmtes Verhalten gezeigt.

Man frägt vielleicht, gab es denn damals auch schon die bedrängten Menschen und die sozialen Ungerechtigkeiten? O ja, das gab es. Das waren die Ungebildeten vom Land, die am-ha-arez, wie die Pharisäer sagten; das waren die Frauen, das waren die Kranken; das waren schließlich die in Jerusalem beim Zahlen der Tempelsteuer Ausgebeuteten.

Wer waren diese Ungebildeten vom Land, die am-ha-arez? Es waren die, die das Gesetz nicht kannten. Sie konnten nicht lesen und nicht schreiben. Wie hätten sie die vielen hundert Gebote kennen sollen, die die Pharisäer aus den 10 Geboten gemacht hatten? Sie waren daher nach der Auffassung der Pharisäer substantielle Sünder. Sie waren unrein. In dem Gedränge von Jerusalem hütete sich jeder Pharisäer, etwa zufällig von einem am-ha-arez berührt zu werden. Er zog seinen Mantel ein. Es gab rabbinische Aussprüche, wonach man dem am-ha-arez nicht einmal helfen dürfe.

Nun, solche am-ha-arez folgten Jesus zahlreich nach. Um diese Verachteten nahm sich Jesus an. Er sagte: „Selig sind die Armen im Geiste." Wer ist das? Dieser Ausdruck ist ein Hebraismus. Sachlich bedeutet es: anspruchslose, einfache Menschen, demütig vor Gott. Eben das trifft auf einen großen Teil der Zuhörer Jesu zu. Daher fühlen sie sich unmittelbar angesprochen. Und sie atmen auf. Wir, die wir bei den Pharisäern die Ungebildeten und geradezu die Verkommenen waren, wir werden seliggepriesen, weil wir an erster Stelle zum Reich Gottes berufen sind. Die Geringschätzung ist nun weggenommen. Sie sind gleichberechtigt, vollberechtigt bei Gott und bei den Menschen. Sind sie in Not, so wird ihnen geholfen. So kann man mit einem auch heute ansprechenden Ausdruck sagen, diese Armen im Geiste sind einfach die kleinen Leute. Es heißt also: Selig ihr kleinen Leute! Die Pharisäer hatten gesagt: „Dieses Volk, das das Gesetz nicht kennt, verflucht sei es." Jetzt heißt es: „Selig seid ihr". Von den Bedrückten wird die Last der Minderwertigkeit genommen. In aktueller Not wird geholfen.

Sodann waren die Frauen deutlich unterbewertet. Der männliche Israelit mußte zum Sabbatgottesdienst kommen, nicht aber die Frau. Wenn sie dennoch kam, hatte sie ihren Platz nicht in der Versammlung der Gemeinde, sondern rückwärts oben auf einer Empore. Ein Pharisäer durfte sich nie mit seiner Frau auf der Straße zeigen. Wollte der Pharisäer von Jerusalem hinaus zu seinem Weinberg gehen und die Frau mitnehmen, so mußte die Frau eine Viertelstunde vorher hinausgehen, denn miteinander zu gehen, war unpassend. Und so noch vieles.

Wie verhält sich nun Jesus zur Frau? Bei Joh 4. Kapitel wird berichtet, wie er mit der Samariterin ein Gespräch führte, und zwar ein ernstes Gespräch über religiöse Dinge. Die Jünger wunderten sich darüber. Er spricht mit einer Frau und gar noch mit einer Samariterin! Ebenso wird bei Joh 8. Kapitel von dem Streitfall der Pharisäer mit der Ehebrecherin berichtet. Die Frau wird vor der Steinigung bewahrt. Es wird ihr verziehen. Bei Lk 7. Kapitel wird vom Gespräch mit der Sünderin berichtet. Sie wird ebenso begnadigt.

Desgleichen ist davon die Rede, daß Frauen Jesus behilflich waren, mit ihrem Vermögen beisteuerten zu seinem und der Jünger Lebensunterhalt. Kurz, die Frau wird für den Eintritt in das Gottesreich als gleichberechtigt angenommen, für ihre Beziehung mit Gott. Zugleich wird der Frau eine große Aufwertung im menschlichen und sozialen Bereich gegeben. Der Mann konnte die Frau, mit der er verheiratet war, entlassen. Nicht aber die Frau den Mann. So war sie oft schutzlos preisgegeben. Jesu aber verkündet: „Was Gott verbunden hat, das darf der Mensch nicht trennen". Damit wurde die Frau aus der Untertanin des Mannes zur gleichberechtigten Gefährtin. Wieder also die gleiche Lösung: Gleichberechtigung vor Gott und Hilfe in der Bedrücktheit.

Ein Gleiches erleben wir bei den Kranken. Die Kranken galten vielfach als Sünder. Sie waren daher sozial abgewertet. Man meinte, die Krankheit sei Folge persönlicher Sünden oder zumindest Folge von Sünden der Eltern. Ganz besonders hart wurde mit den Aussätzigen verfahren. Sie wurden von der Gemeinschaft mit andern, sogar von der Gemeinschaft mit der eigenen Familie ausgeschlossen. So verständlich das wegen der Ansteckungsgefahr war, so blieb es desungeachtet eine große Härte. Man stelle sich nur vor, ein heranwachsendes Mädchen bekam den Aussatz. Sie wurde von ihrer Familie ausgestoßen, mußte draußen in einer Höhle hausen; es war sicher schon viel, wenn sie noch die notwendigsten Lebensmittel bekam, die an einer bestimmten Stelle abgelegt wurden.

Was sagt Jesus dazu? Er stellt zunächst fest: Die Krankheit ist nicht Folge von Sünden: „Weder er noch seine Eltern haben gesündigt." Dann heilte er viele Aussätzige, Blinde, Lahme, die Aussätzigen rührte er sogar an und wird dadurch, nach Auffassung der Pharisäer, selbst unrein. So ist wieder die gleiche Lösung: Die Kranken werden von ihrem Sündenmakel befreit und dadurch gleichberechtigt vor Gott. Es wird ihnen die beste Hilfe zuteil, die Heilung.

Schließlich gab es noch eine vierte Klasse von Bedrängten. Diese Bedrängnis fand zwar nicht ständig statt, doch kehrte sie immer wieder. Es handelt sich um folgendes: Die Israeliten hatten die Tempelsteuer zu entrichten, und zwar mußte diese im alten Tempelgeld, im Schekel bezahlt werden. Den hatte man nicht allgemein zur Verfügung. Das laufende Geld war der Denar (lateinisch) oder auch die griechische Drachme. Die Steuerzahler mußten sich das Tempelgeld erst wechseln lassen. Deswegen waren im Tempelvorhof die Geldwechsler. Von diesen war bekannt, daß sie die unkundigen Leute vom Land übervorteilten, ihnen einen schlechten Kurs gaben, wie wir heute sagen.

Was tat Jesus? Das wird uns in der Szene von der Austreibung der Händler aus dem Tempel berichtet. Es fällt auf, daß Jesus die Geldwechsler am härtesten behandelt: „Er stieß ihre Tische um." „Ihr habt das Haus meines Vaters zur Räuberhöhle gemacht." Wenn die Händler nur Opfertiere verkauften, so war dadurch der Tempel nicht zu einer Räuberhöhle geworden, wohl aber, wenn sie Betrug übten. Dem Betrug gilt dieses harte Wort. Hier handelt es sich im besonderen um eine echte Sozialhilfe für die Armen und Bedrängten. Der Zugang zu Gott sollte ihnen nicht durch unlautere Machenschaften verdorben werden.

Aus dieser Verhaltensweise Jesu ergibt sich, was die Kirche selbst zu tun hat. Es geht um das gleiche: Die gleiche menschliche Würde und gleichberechtigte Aufnahme in das Reich Gottes. Das steht an erster Stelle. Und an zweiter Stelle: Hilfe für die bedrängten Menschen.

Es geht hier durchaus um eine theologisch bedeutsame Erkenntnis, die nicht vernachlässigt werden darf. Die Kirche blieb sich dessen bewußt. Die Armen und Bedrängten blieben ihr immer ein Anliegen. Ambrosius von Mailand ruft den Reichen zu: „Den Armen gehört das Geld, das ihr im Kasten habt." Und Thomas von Aquin sagt: „Der Überfluß ist nach dem Naturgesetz zum Unterhalt der Armen bestimmt."

Die lehrende Kirche

So hat denn die Kirche in einer Zeit neuer sozialer Nöte vor 90 Jahren durch Papst Leo XIII. dieses Anliegen in einem Lehrschreiben systematisch aufgegriffen. Der Stand der Besitzenden und der Besitzlosen klafft auseinander. Staat und Industrie haben versagt, stellt der Papst fest. Er fordert gerechten Lohn, die Möglichkeit des Eigentumserwerbs; es soll dem Arbeiter auch Gelegenheit geboten werden, Grund und Boden zu erwerben. Als besonders wichtig wird die Vereinigungsfreiheit genannt. Liberalismus (wirtschaftlich) und Marxismus werden abgelehnt, angestrebt wird eine solidarische Gesellschaftsordnung.

Hier sei eine Erfahrung aus meiner jungen Kaplanzeit eingefügt. Bei den vielen Krankenbesuchen, die ich zu machen hatte, traf ich immer wieder auf junge Fabriksmädchen, die lungenkrank waren. Sie erzählten mir etwa: „Meine Mutter war auch in der Fabrik. Sie mußte damals 12 Stunden pro Tag arbeiten und hatte keinen einzigen Tag Urlaub im ganzen Jahr. In den staubigen Fabrikssälen bekam sie die Schwindsucht. Damals wurde ich geboren. Nun habe ich auch die Schwindsucht und werde jung sterben wie sie." Dann weinten diese armen Mädchen. Mir selber wurde das Herz schwer. Das sind also die Folgen unsozialer Verhältnisse, dachte ich mir.

Nun zurück zum päpstlichen Rundschreiben. Eigentümlich ist, daß der Papst die Begründung aus dem sittlichen Naturrecht gibt, nicht aus der Heiligen Schrift. Von aktiver Mitarbeit bei der sozialen Frage ist noch nicht die Rede, es wäre auch kaum zeitgerecht gewesen.

Pius XI. sieht in seinem Lehrrundschreiben dieses Anliegen bereits.

Er bemerkt, daß dem mündig gewordenen Arbeiter die Fremdbestimmung schwerfällt. Der Übergang vom Arbeitsvertrag zum Gesellschaftsvertrag wird empfohlen. Johannes XXIII. sagt dann ausdrücklich (Mater et Magistra): Der Arbeiter darf nicht passiver Befehlsempfänger sein, sondern muß Mitspracherecht haben, so daß eine Betriebsverfassung notwendig wird; anders als Leo XIII. begründet er aus der Menschenwürde und den Menschenrechten. Der Aufstieg des Arbeiterstandes wird als großer Fortschritt genommen. Ebenso spricht das Konzil und Paul VI.

Johannes Paul II. setzt hier fort, begründet ebenfalls aus Menschenwürde und Menschenrechten und läßt als erster die biblische Begründung miteinfließen. Er stellt sich die Frage, woher die Menschenwürde kommt. Freilich daraus, daß der Mensch Person ist und zum Ebenbild Gottes bestimmt wird. Er greift ebenso die Armutslehre Jesu auf, wonach Reichtum gefährlich ist, weswegen die Verpflichtung besteht, einen Ausgleich herbeizuführen. Im Lehrrundschreiben stellt er ausdrücklich fest, die Arbeiter haben ein Recht auf Mitbestimmung, Gewinnbeteiligung und Miteigentum. Damit ist über gerechten Lohn hinaus die Forderung aufgestellt, daß der Arbeiter auch an dem Unternehmungsgewinn mitbeteiligt werde. Eben dadurch kann er auch Mitbesitzer werden. Er verzichtet freiwillig auf die Auszahlung des Gewinnanteiles und erwirbt sich dadurch einen Mitbesitz.

Johannes Paul II. ist es eigen, daß er auch ein Recht auf Arbeit anerkennt. Hier ist freilich der Verpflichtungsträger nicht leicht zu bestimmen. Dennoch gibt es eine doppelte Begründung: die mittelalterliche Lehre des Thomas von Aquin von der magnanimitas (der Hochherzigkeit) und die soziale Gerechtigkeit. Die Hochherzigkeit besteht unter anderem darin, daß der Reiche große Aufträge vergeben soll, die vielen Menschen Arbeit geben. Sie besteht in der Neuzeit darin, daß von den staatlichen Einrichtungen eine Gesellschafts- und Wirtschaftsordnung eingerichtet wird, die hinreichende Arbeitsmöglichkeiten anbieten kann. Doch gehört dies nicht mehr eigentlich zur Hochherzigkeit, sondern zur sozialen Gerechtigkeit.

Damit ergeben sich neuartige Betriebsformen. Nämlich der Sozialbetrieb, der Partnerschaftsbetrieb und die Produktiv-Genossenschaften.

Im *Sozialbetrieb* besteht vor allen Dingen ein Mitspracherecht. Dieses Recht wird in den Betriebsaussprachen, die regelmäßig stattfinden, betätigt.

Der *Partnerschaftsbetrieb* geht darüber hinaus. Er anerkennt eine Mitbestimmung der Arbeiterschaft im Rahmen der Zuständigkeit. Deswegen wird mit allen Arbeitern ein Partnerschaftsvertrag geschlossen. Daraus ergibt sich dann auch eine Gewinnbeteiligung.

Die *Produktiv-Genossenschaft* sodann bringt die volle Lösung der Spannung zwischen Kapital und Arbeit, denn hier sind die getrennten Faktoren wieder verbunden. Jeder Mitarbeiter ist zu seinem Teil auch Mitbesitzer. Voraussetzung ist freilich eine gut eingearbeitete Belegschaft, über Ausweis der Erfahrung; außerdem ein technischer und kaufmännischer Leiter. Der einfache Arbeiter kann nicht Fachmann auf dem Gebiet der schwierigen technischen Erkenntnisse und Fortschritte sein. Man denke an Elektronentechnik usw. Er kann auch nicht das notwendige Wissen über den Weltmarkt haben, was meist auch Kenntnis fremder Sprachen voraussetzt. Man braucht daher diese beiden Leiter, die nicht unbedingt Mitglieder der Produktiv-Genossenschaft sein müssen, die aber zum dauernden Bestand der Produktivgenossenschaft notwendig sind.

Im Dienste dieser sozialen Forderung haben die österreichischen Bischöfe drei kirchliche Sozialbewegungen geschaffen: nämlich Katholische Arbeiterbewegung, Katholische Arbeiterjugend und die Christliche Unternehmerbewegung. Damit die Arbeiter eine entsprechende Schulungsmöglichkeit hatten, wurde die Katholische Sozialakademie in Wien gegründet.

Die Katholische Arbeiterjugend hatte einen charismatischen Führer, den Kanonikus und späteren Kardinal Cardijn. Ihm folgten Tausende von Jungarbeitern. Auf dem Arbeiterkongreß im Jahr 1957 in Brüssel waren über 100.000 Jungarbeiter männlichen und weiblichen Geschlechts zugegen. Die Begeisterung war groß. Es war zugleich der klassische Fall für die Bedeutung einer großen Persönlichkeit.

Nach seinem Tod ging es leider abwärts. Eine große internationale Schulung zu Beginn der siebziger Jahre in Linz wurde von Südamerikanern getragen und brachte die Wendung nach links. Es wurde wieder vom Klassenkampf, der schon veraltet war, gesprochen. Damit setzte der Niedergang ein. Die Industriellen wurden zurückhaltend.

Ich denke daran, wie es in den fünfziger Jahren war. Damals konnten wir Tagungen abhalten, in denen Arbeiter, Industrielle und Jugendarbeiter gleichberechtigt am runden Tisch saßen. Wenn viele Hoffnungen, die damals aufkamen, sich nicht entfaltet haben, sind daran nicht nur die

Industriellen schuld. Gegen den Klassenkampftrend der KAJ wurden sie berechtigt mißtrauisch. Der österreichische Episkopat hatte sich ehrlich darum bemüht, die Lösung zu finden. Deswegen wurde im Jahre 1956 der genannte Sozialhirtenbrief geschrieben.

Geschichtlich gesehen, war es so: Zuerst herrschte vom Mittelalter her das patriarchalische System. Der Betriebsinhaber war Vorgesetzter und Vater in einer Person. Er trug Verantwortung für seine Arbeiter. Das drückte sich im Zunftwesen dadurch aus, daß die Gesellen in seinem Haus wohnten und am gemeinsamen Tisch aßen. Im Industriesystem überholte sich das von selbst. Es kam im Zusammenhang mit den geistigen Strömungen des 18. und 19. Jahrhunderts der Liberalismus auf, der, wie gesagt, sich im Kapitalismus auswirkte. Der Betriebsinhaber blieb aber zugleich der Vorgesetzte im strengen Sinn, so daß sich das Verhältnis zwischen Arbeitgeber und Arbeitnehmer nach dem vierten Gebot regeln sollte.

Das war jetzt nicht mehr berechtigt und sogar wider den liberalen Gedanken. Es handelt sich jetzt um das sachliche Verhältnis zwischen Recht und Gerechtigkeit. Dafür ist das siebte Gebot zuständig.

Der Liberalismus rief als Gegensatz den Marxismus hervor. Wäre Marx nur Sozialreformer gewesen, so hätte er ein berechtigtes Anliegen vertreten. Er war aber zugleich nicht nur Atheist, sondern Anti-Theist, also kämpfender Gottloser. Pfliegler sagte zu seiner Zeit: Der Marxismus ist die größte Sozialbewegung der Geschichte. Er hat aber ohne Not Millionen von Arbeitern die lebendige Beziehung zu Gott geraubt. Das aber war das Unglück.

Dadurch wurde die Auseinandersetzung zwischen Kapital und Arbeit zum Klassenkampf. Von der naturgegebenen Gemeinsamkeit der Menschen im gleichen Betrieb blieb nichts mehr übrig. Dieses völlige Auseinanderfallen ist in gewisser Weise unnatürlich. Daher das Suchen nach neuen Wegen. Es gibt nicht nur Kapitalismus und Marxismus. Es gibt ein drittes Wirtschaftssystem, das *Partnerschaftssystem.* Arbeitgeber und Arbeitnehmer sind Partner am gleichen Werk. Der Weg geht von der Auseinandersetzung von Klassen zur friedensstiftenden Zusammenarbeit. Diese Lösung allein ist zukunftsträchtig.

Zuwenig wurde bis vor kurzem das Sozialanliegen der Bauern gesehen. Als erster hat der österreichische Hirtenbrief diese Frage aufgegriffen. Darin hat er in dem Weltrundschreiben Johannes' XXIII. „Mater et Magistra" eine Nachfolge gefunden. Auch der Papst weist darauf hin, daß sich das Bauerntum in einer großen Umwälzung befinde. Das frühere Handwerk des Bauern wurde zu einem Maschinenwerk. Das setzt neue Kenntnisse, Fähigkeiten und neues Lernen voraus. Zugleich aber setzt das Maschinenwerk viele Arbeitskräfte frei. Sie wandern in die Stadt, in die Industrie ab. Da man das väterliche Erbe vernünftigerweise nicht ganz preisgeben wollte, entstand der Wochenendbauer. Zugleich zeigte sich, daß der Ertrag der Landwirtschaft vielfach hinter dem Ertrag der Industrie zurückbleibt. Nicht selten wurden sogar die Preise der landwirtschaftlichen Güter staatlich niedrig gehalten. So geht der Bauernstand zurück. In den Bauernhäusern leben keine Bauern mehr.

In dieser Lage wies der Hirtenbrief darauf hin, daß der Bauernstand nicht allein gelassen werden darf. Der Bauer soll die Hand Gottes bleiben, durch die uns Gott das tägliche Brot gibt, also der Nährstand des Volkes. Gott gibt das Wachstum, aber er sät nicht und er erntet nicht. Dazu ist der Bauer berufen. Da der Bauer der Nährstand des Volkes ist, soll ihm auch der gerechte Ertrag gegeben werden. In allen Schwierigkeiten soll die tätige Anteilnahme des Volkes erkennbar bleiben.

Im Ganzen all dieser Änderungen fallen dem Staat neue Aufgaben zu. Er soll Wohlfahrtsstaat, jedoch nicht Versorgungsstaat werden. Der Wohlfahrtsstaat hilft nicht wahllos, er entmündigt den Bürger nicht, er hilft vielmehr zur Selbsthilfe. Es gibt keine Allzuständigkeit des Staates, sondern nur subsidiäre Zuständigkeit. Subsidiär, das heißt, helfende Zuständigkeit. Die je kleinere Gemeinschaft wird ertüchtigt, ihre eigene Aufgabe selbst zu lösen. Erst, wenn das nicht möglich ist, tritt die Hilfe der größeren Gemeinschaft ein. So gibt der Wohlfahrtsstaat zuerst der Familie, dann dem Dorf, der Stadt, sodann der Region Hilfen. Die helfende Zuständigkeit macht die Eigentätigkeit nicht überflüssig, sondern unterstützt sie.

Dabei kann wieder ein Fehler entstehen. Der Staat hilft dem Einzelnen, statt der Gemeinschaft. Dadurch löst er die Gemeinschaft auf. Das ist falsch. Not tut also z. B. Familienhilfe, Gewerbehilfe usw. In all diesen Umänderungen der Zeit kann der Staat nicht konfessioneller Staat sein oder bleiben, aber er muß Kulturstaat sein. Also nicht wertneutral. Es gibt *Grundwerte*, ohne die ein staatliches Leben nicht bestehen kann. Der Liberalismus hat Kulturwerte, der Kapitalismus und Marxismus hat primär nur Nutzwerte. Dann sinkt auch die Universität zur höheren Fachschule ab, denn Wissenschaft ist nur soweit interessant, als sie durch Technik nutzbar gemacht werden kann.

Auf die volle Klärung der Grundwerte werden wir in einem späteren Kapitel eingehen. Klar muß aber auch sein, daß das Leben geschützt bleiben muß, daß auch Diebstahl und Raub unter Strafe stehen.

Im ganzen Zusammenhang fallen dem Staat wegen der ständig wachsenden Vergesellschaftung weitere Aufgaben zu. Doch sei Vorsicht am Platz. Der Staat soll zunächst darauf acht geben, was gemäß dem Prinzip der helfenden Zuständigkeit von der je kleineren Gemeinschaft, Region, Land usw. geleistet werden kann. Dennoch, es müssen Überlandstraßen gebaut werden, Autobahnen mit ungeheuren Kosten, für Reinerhaltung von Luft und Wasser muß gesorgt werden; auch kulturfördernde Einrichtungen sind ins Leben zu rufen; die Forschung muß gefördert werden, und so noch vieles.

Dieser neuen Vergesellschaftung ist eine menschliche, und wenn möglich, auch eine christliche Note zu geben. Allzuleicht wird nur mechanisch, aber nicht menschlich aufgebaut. Die Menschen werden automatisiert. Die Maschinen werden automatisiert, und so fort. Es soll aber als Grundsatz gelten: Maschinen, soweit sie dem Menschen eine Hilfe sind, nicht aber, soweit sie ihn überflüssig machen. Also nicht soweit sie ihn arbeitslos machen und menschlich verstümmeln, Selbständigkeit und Gemüt rauben. Dazu müssen wir nein sagen.

In diesem ganzen Komplex ist organisch vorzugehen. Besonders muß die Familie als Einheit gesehen werden. Also nicht Krabbelstuben und ähnliches außerhalb der Familie, sondern eine Mutterbeihilfe für Mütter, die ihre Kinder selbst betreuen und erziehen. Dabei ist es eine besondere Aufgabe, allmählich die öffentliche Meinung so zu lenken, daß diese Betreuung durch die Mutter persönlich schließlich allgemein zum guten Ton gehört. Das wäre die Umkehr der jetzigen Auffassung von der „Nur-Hausfrau". Aber wieviel Segen ginge davon für das ganze Volk und vor allem für die junge Generation aus!

Ebenso ginge es auch in den größeren Bereichen um echte harmonische Entwicklung. So etwa in der Agrarfrage. Die Zahl der Bauern geht, wie erwähnt, stark zurück. Die landwirtschaftlichen Maschinen sparen die menschlichen Arbeitskräfte. Die Jungbauern wandern in die Stadt ab. Hier wäre demnach durch Förderung der gerechten Preise der landwirtschaftlichen Produkte Hilfe zu schaffen. Es ist nicht angängig, daß junge Bauern durch eine Stunde schwerer Arbeit nicht einmal den Gegenwert von 10 Schilling verdienen. Schon in der Industrie wird das Drei- und Mehrfache dem Arbeiter gegeben. Die Bergbauern müßten im besonderen durch ein Entgelt für die Erhaltung der hochgelegenen Kulturflächen eine Unterstützung erhalten.

Kulturförderung aber hätte so zu geschehen, daß die Universitäten ihre doppelte Aufgabe für Forschung und Lehre behalten und nicht zur höheren Fachschule herabsinken müssen. In der Kultur geht es nicht einfach um das praktisch Nützliche, sondern es geht um die Geistwerte, die der Mensch bewahren muß, wenn er Mensch bleiben will.

Aus dem Ganzen ergibt sich ein Gesellschaftsmodell, das vom Partnerschaftsgedanken getragen ist. Dieser Partnerschaftsgedanke ist das Leitbild gegen den Liberalismus und gegen den Kommunismus. Der Liberalismus überläßt den Schwachen seinem Schicksal. Der Kommunismus zwingt alle in das Prokrustesbett, in mechanisierte Gleichheit. Die Partnerschaftsgesellschaft gibt jedem Raum und zugleich Anteil am Ganzen.

Bei allen Bemühungen um soziale Lösung wurde mir klar, wie schwer es ist, gegen Ideologien anzukommen. Dies besonders dann, wenn die Ideologien einem bestimmten Stand besondere Rechte oder auch Vorrechte zugestehen. Dann entstehen geballte Affekte gegenüber den anderen Lösungen, nicht selten tritt geradezu eine affektive Verhärtung ein, gegen die die Logik nicht mehr aufkommt.

Freilich muß zuerst gefragt werden, was ist eine Ideologie? Nun, bei Ideologien wird eine Idee, die an sich gut ist, so übersteigert, daß sie exklusiven Charakter erhält und alleinherrschend wird. Der Gedanke des Maßes wird vernachlässigt. Die Ideologie wird von der Wirklichkeit nicht mehr gedeckt.

So zum Beispiel ist der Fortschritt der Technik bereits zu einer Ideologie geworden. Daher denn auch unbegrenzte Automatisierung. Sich dagegen zu wehren, wird als hoffnungslos veraltet angesehen. Man ist antiquiert. Aber man sieht nicht mehr, daß durch dieses uferlose Automatisieren viele Menschen arbeitslos gemacht werden. So müssen etwa derzeit in Deutschland für die Arbeitslosen Milliarden aufgebracht werden, und zwar aus dem allgemeinen Budget, weil die Versicherungsgelder nicht mehr reichen. Und doch ist damit keine Lösung erreicht. Denn wenn zwei Millionen Menschen arbeitslos sind, dann fragen sie sich, wofür bin ich da, man braucht mich nicht. Besonders verstärkend kommen die Minicomputer dazu.

Für junge Menschen ist das nun ganz außerordentlich bitter und beklagenswert. Es geht also nicht einfach um Automatisierung, sondern um Automatisierung, soweit sie dem Menschen dient und ihn nicht überflüssig macht. Warum gibt es denn keine zeitgerechten Erfindungen, die Arbeit schaffen?

Zur Lösung dieser Fragen sind naturgemäß auch internationale Beratungen notwendig. Dafür gibt es ein internationales Arbeitsamt in Genf, wo alle Daten vorliegen, die zugleich Unterlagen wären für sach- und menschengerechte Lösungen.

Gleichwohl gibt es auch Beispiele, die leicht im eigenen Land zu einer Lösung geführt werden könnten. Wozu sind etwa die Selbstbedienungsläden und die Selbstbedienungsgaststätten gut? Billiger wird dadurch nichts, da viele Diebstähle geschehen. Die Diebstähle gehen nach Zeitungsnachrichten bis auf Milliardenhöhe. Wohl aber werden nicht wenig junge Menschen dadurch arbeitslos.

Im Zusammenhang damit steht die Ideologie, nur ständig die Arbeitszeit zu verkürzen, um das „Arbeitsleid" zu mindern. Von Arbeitslust weiß man nämlich nichts mehr. Man will damit freilich die Arbeitslosigkeit verringern. Das ist zwar noch keineswegs erprobt. Denn viele gehen dann in den Pfusch und andere nehmen nach der Frühpensionierung eine weitere Stelle an.

Vor allem aber ist der Grundansatz ein Fehler. Der Mensch hat Fähigkeiten, die genützt werden wollen. Sonst verkümmert er. Wenn die Leistungsfreude weggenommen wird, so sehen viele Menschen ihr Leben als sinnlos an.

Wieder ist es eine Ideologie, die Frau sei nicht emanzipiert, wenn sie nicht eine hauptamtliche Stellung hat. Die Frau hat einen viel höheren Dienst zu leisten, nämlich den Mutterdienst. Darin liegt ihre tiefste Wesenserfüllung. Die Ideologie besteht darin, daß die Frau nach dem Leitbild des Mannes ausgerichtet wird.

Wenn die Hofgemeinschaft durch die moderne Entwicklung aufgelöst und dadurch die Familie gefährdet wurde, so haben Länder und Staat die Aufgabe, die Familie neu zu stützen. Das kann wie erwähnt durch eine Mutterhilfe geschehen, die nicht karg bemessen werden darf und die zugleich jenen zugute kommt, die ihre Kinder selbst erziehen. Wie sehr aber der Mensch für herrschende Ideologien anfällig ist, zeigt sich dadurch, daß auch viele Frauen schon das gesellschaftliche Ansehen, das man mit einer Stellung erhält, höher schätzen, als die Mutteraufgaben. Die Kinder werden preisgegeben.

Eine nicht zeitbedingte, sondern überzeitliche Ideologie ist schließlich die allgemein verbreitete Ansicht, daß Reichtum glücklich mache. Das läßt sich gerade heute, und zwar besonders in der Kehrseite, beobachten. Genauso wie Not sittliche Gefahren birgt, so auch der Reichtum. Das Besitzstreben, wenn es Aussicht auf guten Erfolg hat, wird zur Habsucht. Das läßt sich am Fremdenverkehr beobachten. Man macht weitere Investitionen, auch wenn kein Bedarf vorliegt, damit die Gewinnsteuer vermindert werden kann. Denn Steuerzahlen sieht man geradezu als Sünde an. Man trachtet nach ständig höheren Preisen und macht sich keine Verantwortung über Schulden. So kommt man in den Streß. Aus den großen Möglichkeiten, die der Besitz erschlossen hat, wird Luxus und Luxusverwahrlosung geboren. Was das Glück betrifft, so ist bezeichnend, daß die junge Generation, soweit deren Eltern Gastwirte sind, es weithin ablehnt, die Nachfolge der Eltern anzutreten. Das hauptsächlich deswegen, weil das Familienleben, in dem die Quelle des Glückes läge, zugrunde geht.

Ergebnis: Auch hier ginge es um das rechte Maß. Nochmals: Mächtiger als Macht (und Reichtum) ist Maß.

So umfaßt das soziale Anliegen das ganze Volk in allen seinen Teilen, Strukturen und Unternehmungen. Natur, Wirtschaft und Kultur sind betroffen. Eine Lösung bietet sich in dem partnerschaftlichen Gedanken, der auf drei Prinzipien aufgebaut ist: Personalprinzip, Subsidiaritätsprinzip (unterstützende Hilfe), Solidaritätsprinzip. Zum letzten Prinzip ist nur noch zu sagen, es bedeutet, daß mich die gemeinsame Sache auch persönlich angeht und daß ich daher für das gemeinsame Anliegen eintreten will.

12. Kapitel

Glaube und Theologie

Grundlegung

Das Schwinden christlichen Glaubens in den letzten Jahrzehnten erklärt sich aus drei Gründen: Zunächst ist in der Kriegszeit der *Vorsehungsglaube erschüttert* worden. Dann wurde durch die fortschreitende Wissenschaft die *Welt erklärbar.* Alles geht nach der inneren Natur des Kosmos vor sich; weiterer Erklärungen bedarf es nicht. Schließlich wurde *alles machbar.* Der Mensch bedarf nicht einer überweltlichen Hilfe, er kann für sich selber sorgen.

Damit ist die Dominante des heutigen Geisteslebens ausgesprochen. Glaube und Religion scheinen überholt zu sein. Freilich wissen wir nicht, ob diese Dominante so bleibt. Im Umbruch des 18. auf das 19. Jahrhundert wurde der zunächst von England und dann von Frankreich gekommene Rationalismus durch die Romantik abgelöst. Das war ein erstaunlicher Vorgang, umso mehr, als geistige Voraussetzungen hiefür kaum gegeben waren. Dadurch wurde die damalige Dominante geändert.

Auch heute könnte etwas Ähnliches geschehen. Sind doch zwei Gegebenheiten allmählich deutlich geworden. Die immer mehr sichtbar werdende Energie- und Rohstoffverknappung und die Umweltkrise weisen darauf hin, daß der äußere Aufstieg nicht mehr so weitergehen wird, wie in den drei vergangenen Jahrzehnten. Es ist mit Rückschlägen zu rechnen. Die fernere Zukunft ist nicht mehr überschaubar.

Zum andern hat sich gezeigt, daß der äußere Lebens- und Wohlstands-Standard, sobald er erreicht ist, innerlich doch nicht befriedigt. Wie schon erwähnt, eine Generation, die darum noch kämpfen mußte, wurde durch das Streben lebendig erhalten. Eine Generation, die das schlechthin vorfand, sieht es als selbstverständlich an und wird dadurch nicht mehr innerlich erfüllt. Langeweile und Enttäuschung stellen sich ein. Ist das alles, wird gefragt. So ist die horizontale Hoffnung in eine tiefe Krise geraten.

Diese doppelte Gegebenheit kann sehr wohl geschichtsmächtig werden und einen Umschwung des Zeitgeistes herbeiführen. Hiefür gibt es auch Anzeichen. Doch sind sie noch nicht mächtig genug, um Sicherheit zu geben. Wir müssen uns der Gegenwart stellen. Wie hat nun die theologische Forschung hierauf reagiert?

Bei einer großen Tagung des Katholischen Familienverbandes in Innsbruck hielt Otto von Habsburg vor Jahren eine Rede, in der er dreimal mit kurzen Bemerkungen die katholische Theologie angriff. Da gab es jedesmal einen rauschenden Beifall der über tausend Zuhörer. Es war deutlich, daß die vor zehn Jahren weithin übliche Theologie das Ohr der Gläubigen nicht gefunden hatte.

Wir befinden uns im Wendepunkt der Geschichte. Da besteht jeweils die Gefahr, alles Vergangene wegzuwerfen und sich stürmisch dem Neuen zuzuwenden. So war denn auch die wissenschaftliche Theologie in Bedrängnis. Sie wollte als modern und nicht als rückständig erscheinen. Dabei ging sie nicht selten zu weit. Es gab Ausnahmen, wie etwa den damaligen Professor und heutigen Kardinal Ratzinger. Aber der allgemeine Trend ging nach der Seite der Glaubensaufweichung. Und eben das kam bei unseren Gläubigen nicht an.

Nochmals muß bemerkt werden, allgemein gilt, es gibt neben dem Neuen bleibende Fragen der Menschheit, die nicht zeitbedingt sind. Auf diese Fragen wollen die Menschen eine Antwort. Also etwa, woher kommen wir, wohin gehen wir, was haben wir zu tun, was hat mein Leben für einen Sinn? Das sind übrigens ziemlich genau die Fragen, die sowohl Kant wie auch das II. Vatikanum sich gestellt haben.

Das ist das Ewige im Menschen, wie Scheler sagt, das diese Fragen stellt. Und darum geht der Wunsch der Gläubigen dahin, die Theologie möge eine umfassende christliche Anthropologie erarbeiten, in der Ewiges und Zeitliches zu finden sind, Altes und Neues. Die Wesensfragen des Menschen wollen beantwortet sein, die überzeitlich sind, die aus dem Offenbarungserbe ihre Klärung finden. Und ebenso die Zeitprobleme, die drängend sind und einer Orientierung bedürfen.

So ergeben sich mannigfache Wünsche an die wissenschaftliche Theologie, denen wir uns zuwenden wollen. Zugleich ist festzuhalten, daß es sich nicht nur um Fragen religiöser Menschen, sondern um Menschheitsfragen überhaupt handelt.

Wir erfahren heute, ohne Glaube werden die Tiefenschichten des Menschen nicht aufbrechen. Sie verfallen allmählich. Diese Tiefenschichten im Menschen stellen Fragen, was ist das Ganze der Welt? Welchen Sinn hat es? Was ist mit dem Ganzen des Menschen, wie ist er zu verstehen? Wenn diese Fragen nicht mehr gestellt werden, dann wird Höhe und Tiefe menschlichen Denkens abgeschnitten. Der Mensch ohne Transzendenz kann sich nicht voll entfalten. Allmählich entsteht ein verkümmertes Menschentum.

Des weiteren: Wir mußten schon feststellen, der Mensch erfährt sich selbst als zwiespältiges Wesen. Die Sinne begehren gegen den Geist. Lust und Vergnügen wollen sich gegen die Pflicht durchsetzen. Das Verlangen nach Glück ist stärker als der Mahnruf des Gewissens. Wer befreit den Menschen aus diesem Zwiespalt? Ohne gültige Wertordnung geht das nicht. Bei diesen inneren Auseinandersetzungen erfährt der Mensch, daß sein Denken von seinem Begehren stark beeinflußt wird. Ich erinnere an Paulus im Römerbrief. Er sagt, unser Denken wurde durch die Sünde unbrauchbar, es erfaßt die Wirklichkeit nicht mehr richtig. Darum entstehen immer wieder neue Blindheiten. Heute leiden wir besonders an der Blindheit für das Sittliche und wir verdrängen den Gedanken an die Schuld. Das kommt von der Überbetonung des eigenen Ich, das wir auf den Altar des Herzens erhoben haben. Die sittliche Bewertung aus dem Zeitgeist ist unbrauchbar geworden. Und plötzlich machte man die Erfahrung, daß in allem Freiheitsstreben die innere Freiheit verlorenging. Religion ist Sinngebung des Lebens und Weltdeutung zugleich. Ohne Kompaß verirrt man sich im Nebel der Zeit.

Und wieder: Die Sinnfrage fordert Antwort. Sinn hat, wie festgestellt, etwas, für das zu leben es sich lohnt. Endgültigen Sinn hat etwas, für das auch zu sterben sich lohnt. Wer kann nun diese Fragen beantworten? Sie stellen sich dem unverkürzten Menschen elementar. Weil diese Fragen erst im Evangelium ihre volle Antwort finden, darum wollte Papst Johannes Paul II. die christozentrische Anthropologie.

Die Dinge haben ihre Tiefe. Man darf sie bei wissenschaftlichen Untersuchungen nicht vorläufig ausklammern. Man kann etwa fragen, was ist ein Baum? Die naturwissenschaftliche Antwort ist einfach und klar. Aber ist das das Ganze? Man frägt doch nie, wer trägt den Baum? Aber fragen wir doch, wer trägt den Baum? Nächste Antwort: der Erdboden. Wer trägt den Erdboden? Nun, die Erde als Ganzes. Wer trägt die Erde und warum wächst der Baum senkrecht in die Höhe? Ohne die Anziehungskraft der Erde würde er das nicht so tun. Und weiter: Wer trägt die Erde? Wir merken, es gibt endlose Fragen, die Geheimnisse aufreißen. Auf einmal muß man wieder staunen.

Wir merken, wir fragen meist zuwenig. Es entschleiert sich die Tiefendimension der Dinge nicht. Ich erinnere wieder an Sokrates, der gesagt hat: Ich weiß, daß ich nichts weiß. Er fügt aber an (was sehr selten zitiert wird, worauf aber Pieper aufmerksam macht): O ja, ich weiß schon einiges. Aber das sind nur Kleinigkeiten. Das eigentlich Wissenswerte weiß ich nicht.

Geht das uns nicht genauso? Unsere Wissenschaft klammert sich methodisch vieles aus. Wissen wir also die Urbedeutung des Menschen, die Urbedeutung der gesamten Wirklichkeit? Ist es nicht so, daß wir in einem Bild oft tiefer schauen als in abstrakten Begriffen? Ein Begriff grenzt ab. Ich meine dann, ich habe alles erfaßt. Aber das trifft nicht zu. Das Bild ist offen für Tiefen und daher auch für Ahnungen. Und damit verstehe ich mehr. „Es gibt eine Dimension der Wirklichkeit, die unserem rationalen Zugriff nicht zugänglich ist", sagt Pieper.

Wenn man sagt, der Mensch ist ein vernünftiges Lebewesen, was wissen wir dann eigentlich? Die Bibel sagt bekanntlich, der Mensch ist das Ebenbild Gottes. Damit sagt sie viel mehr. Das ist natürlich ein Bild. Aber es führt in unergründliche Tiefen. Vielleicht ist so die Urgestalt des Menschen erahnbar. Und wenn wir früher sagten: Der Mensch ist ein auf Gottes Ebenbild hin geschaffenes Wesen, dessen geschichtlich erweisbare Brüchigkeit in der Gnade Christi Heilung findet, so bleibt auch diese Begriffsumschreibung im Bild.

So erfährt man, es gibt Wahrheiten, die von geringer Bedeutung sind. Eben die Kleinigkeiten des Sokrates. Und andere von großer Bedeutung. Die höchste Form der Wahrheit ist der Sinn, aus dem man leben kann, in dem sich also die Wirklichkeit lichtet. Und wenn man schon glaubt, die große Fülle des Wissens habe uns wesentlich weiter gebracht, so sagt Bergengruen: „Das Unendliche wird nicht kleiner, wenn auch das Endliche wächst und das Geheimnis verbleibt." Damit werden die irdischen Erfahrungen transparent für das Überirdische.

Es wird verständlich, was Glaube ist. Glaube ist Antwort auf den Anruf Gottes. Damit eröffnet sich ein weiter Weg und ein unendliches Ziel: Auf dein Wort hin wage ich mein Leben und mein Sterben.

Wenn jemand nach Glaubensbegründung fragt, so sei kurz angedeutet: Es gibt eine *rationale* Begründung, die aus Ursache und Wirkung argumentiert. Sie begründet aus dem Wesen der Dinge, ist aber nicht existentiell. Sodann gibt es das transzendentale Apriori von Karl Rahner, das freilich große philosophische Vorbildung fordert und von der Mehrzahl der Menschen als zu schwer empfunden wird.

Augustinus kennt den Weg vom *Herzen* her, der vom *ganzen Menschen* ausgeht, nicht nur vom Verstand. Dieser Weg bricht die Tiefendimension auf, in der der Mensch noch die ursprüngliche Einheit von Erkennen, Fühlen und Wollen erfährt. Es wird das Erkennen vom Fühlen und Wollen her bereichert. Also durch die inneren Erfahrungen und Strebungen. So erfährt das Erkennen nicht nur Wahrheit, sondern auch Wert und Schönheit. Im besonderen das Erhabene. Darauf antwortet der Mensch mit Ergriffenheit. So treten hier Ganzheitserlebnisse zutage. Der Mensch tritt ein in das Geheimnis. Es gibt, wie früher erwähnt, das unendlich Große, das unendlich Kleine, das unendlich Feine und dann noch das unendlich Geheimnisvolle, nämlich das menschliche Herz. Besonders auf diesem Weg bewährt sich der Glaube als richtig, vermittelt existentielle Glaubenserfahrung, die zugleich Urerfahrung ist, die die Tiefen berührt.

Die wissenschaftliche Theologie sollte diese Urerfahrungen in weit reicherem Maße freilegen. In der Zeit des Intellektualismus wurde sie vielfach verschüttet. Am leichtesten werden solche Urerfahrungen im Erlebnis der Liebe und des Erhabenen freigelegt. Das Kind denkt in der Ferne an die geliebte Mutter und sofort ist nicht etwa nur der Verstand, sondern der ganze Mensch angesprochen; der Bräutigam denkt an die Braut. Hier ist es ebenso. In diesem Angerührtsein des ganzen Menschen realisieren sich viele Möglichkeiten, die im Menschen sonst nicht zum Durchbruch kommen. Das betrifft auch das Erkennen. Neue Einsichten öffnen sich.

Für die Begegnung mit dem Erhabenen sei ein Beispiel hierher gesetzt. Ein junger Mann kam auf seinen vielen Fahrten mit einigen Kameraden nach Afrika. Sie kampierten in Zelten. In der Nacht mußte doch einer um der Sicherheit willen Wache stehen. Wie es ihn traf, war eine wunderbar sternenhelle Nacht. Die Sterne hingen wie leuchtende Ampeln am Himmelszelt. Auf einmal überkam es ihn, das ist so wunderbar und erhaben, das ist der Lichtschleier, hinter dem der Schöpfer sichtbar wird. Schweigend brach er in die Knie. Vorher war er nicht gläubig, jetzt war er es und blieb es auch.

Wem dennoch diese Erweckung des ganzen Menschen nicht leicht zugänglich ist, dem sei die Meditation als Vorbereitung empfohlen. In der meditativen Versenkung können auch bei rein verstandesbetonten Menschen Tiefen aufbrechen, so daß Neues entsteht; Erkenntnisse gelingen, die vorher nicht da waren. Freilich wird der intellektuelle Typ sagen, das ist nur intuitiv. Der Intuition aber mißtraut er. Dazu ist zu sagen, daß Intuition gleichwohl ausreicht, daß sich auch dem *intellektuellen Typ* ein Weg zeigt. Das Ganze scheint ihm nicht mehr unwahrscheinlich zu sein, wie früher, sondern eher wahrscheinlich. Damit aber ist der Angelpunkt erreicht, der das Schwergewicht auf die andere Seite legt. Er wird ein *suchender* Mensch.

Hier schließt sich der Weg des großen Kardinals Newman an. Sein *sensus illativus*, sein Schlußverfahren, wenn man das so übersetzen darf, ist dieses: Wenn auf einem Platz eine Fahne steht und rings um diese Fahne in ganz genau gleichem Abstand hingeschleuderte Speere stehen, einen Kreis bilden, so wird kein Mensch sagen, das ist Zufall. Vielmehr, das war Absicht, ein bewußtes menschliches Handeln. Newman hat das Beispiel von Cicero, der von einer coniectura spricht. Diese coniectura kommt von dem lateinischen Zeitwort iacere = werfen. Eine coniectura ist also ein Zusammenwerfen, das einen Grund erforderlich macht. Wenn diese Art zu argumentieren auch nicht eine metaphysische Sicherheit gibt, so doch eine praktische. Mehr aber als eine praktische Sicherheit können wir auch in wichtigen Dingen des Lebens kaum erreichen. Der Weg Newmans ist also bedeutungsvoll.

Im übrigen scheint es, daß Newman sein Innerstes im Gewissen fand. Von dort her wurde der ganze Mensch aktiviert und zu seinem Erkenntnisflug angetrieben. Er nennt zum Beispiel folgenden Erweis des Christentums: Daß Gott ist, läßt sich durch den sensus illativus leicht begreifen. Wenn man aber auf das Menschengeschlecht und seine irdische Geschichte schaut, dann ist klar, daß hier ein Bruch gegenüber der göttlichen Vorsehung geschehen sein muß. Gott könnte das alles, was an Leid und Untat geschieht, nicht zulassen. Wer kann diesen Bruch erklären? Antwort: Nur der christliche Glaube mit seiner Lehre von der Erbschuld und, o Wunder, dennoch der Erlösung. Also, so schließt Newman, ist das Christentum wahr. Dieses Argument konnte nur jemand finden, der in der Gewissenstiefe angerührt ist. Hiezu paßt der alte Satz: Wer mehr sieht, hat recht.

Aufgaben

Zur inneren Erneuerung der theologischen Lehre ist zu beachten: Die Theologie als Wissenschaft war vor dem II. Vatikanum zurückgeblieben. Nun hat sie stürmisch nachgeholt, dabei aber nicht immer die Grenzen, die einer theologischen Wissenschaft gezogen sind, beachtet. Theologie ist die systematische Erfassung des Offenbarungsgutes in Auseinandersetzung mit den Ideen der Zeit.

Da manches nachzuholen war, soll die Theologie weder triumphalistisch sein, noch Selbstbeschmutzung üben, sondern vertiefend Zeugnis geben. Zugleich soll sie die neue Richtung *und* ihre Grenzen angeben. Man braucht immer beides, neue Richtung und Grenzen. Ich erinnere an den merkwürdigen Irrweg des atheistischen Christentums.

Schon Gottfried Keller hat zu seiner Zeit im „Grünen Heinrich" darauf aufmerksam gemacht, daß es eine Art Theologie gäbe, die den Ast abschneidet, auf dem sie sitzt. Dabei könne denn nichts Vernünftiges herauskommen.

Wie der Mensch an seine Natur, wie die Wissenschaft an die Wahrheit, so ist die Theologie an die Offenbarung gebunden. Darüber hinaus ist pastoral zu beachten, die Menschen wollen in der Kirche Heimat finden. Heimat aber muß einem vertraut sein, sonst ist es keine Heimat. Daher denn Neueinführungen ohne Vertrautmachen zweckwidrig sind. Im übrigen ist zu beachten, das Urchristentum hat nicht durch Anpassung, sondern durch Widerstand gesiegt. Aggiornamento heißt nicht Anpassung, sondern „auf den Stand der Gegenwart bringen". (NB. Anpassung heißt im Italienischen adattamento.) „Das Christentum ist die göttliche Medizin, die sich nicht nach den irdischen Wünschen richtet." „Wir wollen die Offenbarung Gottes nicht aufgeben für das Linsengericht des Zeitgeistes." Beide Sätze stammen von Ratzinger. Gottes Botschaft ist unbedingt. Da kann man keine Bedingungen stellen.

Zur inneren Entfaltung der Theologie ist zu unterscheiden: konzeptionelle und existentielle Theologie. Die erste argumentiert aus Begriffen, ist also deduktiv. Die letztere aus der Wirklichkeit, ist demnach induktiv. Der ersteren geht es um die Wahrheit, der letzteren auch um den Wert. Wenn also etwa Leo XIII. aus dem sittlichen Naturrecht den gerechten Arbeitslohn erweist, dann ist das konzeptionelle Theologie. Wenn Johannes Paul II. das gleiche aus dem inneren Wert der Arbeit, die aus der Person fließt, dartut, so ist das existentielle Theologie. Diese letztere stellt einen Weg der Erneuerung dar.

Wenn andere Theologien hauptsächlich aus den Enzykliken der Päpste ihre Beweise aufbauen, dann heißt man das Enzyklikentheologie. Machen sie das gleiche mit einem Schlußverfahren, das auf rationale

Annahme aufbaut, so ist das Konklusionstheologie. Als Beispiel sei der mittelalterliche Syllogismus (Scotus) genannt: potuit, decuit, ergo fecit. Das ist verkürzt ausgedrückt. Es heißt: Gott konnte Maria von der Erbsünde bewahren. Das aber war geziemend, also tat er es. Dagegen ist zu sagen: Was wissen wir von dem, was sich für Gott geziemt? Hat es sich etwa geziemt, „daß Er seinen eigenen wesensgleichen Sohn am Kreuze sterben ließ"? So sind denn die beiden letztgenannten theologischen Methoden mit Recht nicht in hohem Kurs.

Aber auch die Gefälligkeitstheologie steht nicht mehr in hohem Kurs. Sie nimmt ihre Norm aus der Zeit, nicht aus der Ewigkeit. Alle Theologie muß auf die Grundkonstante der Offenbarung und der Glaubensbekenntnisse aufbauen. Nur in diesem Rahmen ist ein Pluralismus berechtigt. Sonst wird unter der Devise der Erneuerung die Demontage des Christlichen betrieben.

Um noch ein Beispiel zu nennen, wie man verschiedene Methoden anwenden kann: Bei den Kirchenvätern herrscht das intuitive Erfassen vor, das wenig methodisch ist. Später kommt die Scholastik, die reflex vorgeht und methodisch genau ist. Zuerst herrscht also das Kerygma vor, die Theologia Cordis, dann die systematische Theologie, die abstrakt ist. Beide haben ihre Vor- und Nachteile. Eine Gefahr der letzteren ist heute aktuell. Es werden eine Reihe von Hypothesen, ähnlich wie in anderen Wissenschaften, aufgestellt. Diese Hypothesen werden vielfach als Thesen dargestellt. Von Hypothesen aber kann man nicht leben. Auf sie kann man den Glauben nicht aufbauen. Das ist für die Verkündigung zu beachten.

Unsere Theologie war früher theozentrisch, jenseitig. In der neueren Zeit wurde sie individualistisch. Heute ist sie anthropozentrisch, diesseitig, gemeinschaftlich. Die Kategorien entsprechen den Dominanten der Gegenwart. Nicht aber einfach der Theologie. Die weiterführenden Kategorien müssen wohl sein: das Personale, das Dynamische, das Historische, Wirklichkeit und Leben.

Dazu ist einiges zu bemerken. Der Papst spricht, wie schon erwähnt, von christozentrischer Anthropologie. Das ist ein echter Schritt vorwärts. Erst in Christus ist der Mensch zum vollen Menschen geworden. Durch ihn wurde sein Wesen gerettet. Das Ganze aufzuzeigen, wäre Aufgabe der heutigen Theologie. Die Kategorie des Persönlichen ist also groß zu schreiben.

Sodann stehen wir heute in dynamischen Entwicklungen. Geschichte und Dynamik müssen Berücksichtigung finden. Sonst bleibt alles zeitfremd. Doch darf es kein bloßer Historismus sein oder eine Dynamik, die das bleibende Wesen übersieht. Es gibt immer zwei Dinge, nämlich das bleibende Wesen *und* seine Entfaltung. Der Träger einer Entwicklung ist immer der Mensch, dessen Wesen gleich bleibt, der sich aber weiter entfaltet. Das Gerede von einer bloßen Existenz ohne bleibendes Wesen ist Unfug.

Schließlich die konkrete Wirklichkeit und das Leben. Der Theologie wird vorgeworfen, daß sie zu abstrakt ist. Das Konkrete lockt. Im Konkreten ist auch immer Wahrheit und Wert zugleich, also die ganze Wirklichkeit. Im Abstrakten fällt die Werthaftigkeit allzuleicht aus. In der a-priori-Methode können bestimmte Werte heller beleuchtet werden, andere dagegen treten in den Schatten zurück. Schon hier kann aufmerksam gemacht werden, daß das eine Eigenschaft fast aller wissenschaftlichen Methoden ist. Bei einigen wird das deutlich, bei anderen aber fällt das nicht mehr ins Gesichtsfeld. Wie etwa bei der Schau durch ein Fernglas, eine Einzelheit sieht man sehr scharf, das Ganze aber nicht.

Hinsichtlich der verschiedenen Methoden mag man es bedauern, daß der Schwung, der vor wenigen Jahrzehnten von der kerygmatischen Theologie ausging, so bald verebbt ist. Hier wäre manches zu machen gewesen. Ich erinnere mich, wie Hugo Rahner sagte und schrieb: „Was ist ein Wassertropfen? Nun, laut Chemie ist es H_2O. Und ein Wassertropfen von der Sonne beleuchtet? Auch nur H_2O, oder doch mehr? Die kerygmatische Theologie hätte das zum Ziel, das Werthafte einer Botschaft herauszustellen. Wenn die Theologie zur induktiven Methode und damit zur konkreten Wirklichkeit findet, wird das Werthafte von selbst wieder miteinbezogen."

So könnte man etwa bei dem Thema Erlösung folgenden Ausgangspunkt wählen: Ist unser Sinnen und Trachten immer gesund? Mischen sich nicht Triebe und Antriebe ein, die uns selbst nicht immer gefallen? Haben wir auf dem heimlichen Altar unseres Herzens nicht unser eigenes Bild aufgestellt? Lieben wir also nicht etwa gar manchmal die Finsternis mehr als das Licht? Umgeben uns nicht Strukturen, die aus der Selbstsucht geboren sind? Ist unsere Freiheit nicht oft gebrochen? Muß ich diese Fragen bejahen, so ist Erlösung Befreiung von der Unheilsgeschichte des eigenen Herzens und der ganzen Menschheit. Damit aber wird das Bild Gottes und der Welt neu aufgehellt und die Tat Christi viel näher gerückt. Es ist dann nur die Konsequenz, daß Erlösung auch Erlösung ist von Sünde und Schuld, und in der letzten Auswirkung, vom Tod.

Damit wird zugleich dem Leben sein endgültiger Sinn zurückgegeben. Sünde und Schuld haben ihre unentrinnbare Macht verloren. Das Leben endet nicht in Finsternis, sondern im Licht. Es gibt nicht nur eine Unheilsgeschichte, sondern auch eine Heilsgeschichte. Wir werden des Reiches Gottes hier und drüben teilhaftig. Darüber hinaus gibt es die Gerechtigkeit. Auf Erden gibt es sie ja nicht. Sterbend werden wir auferstehen zum vollendeten Menschen.

Zur Theologie der Befreiung, die vor allen Dingen soziale Befreiung im Auge hat, wäre zu bemerken: Es gibt auch eine diesseitige Erlösung, die das *Seelische* angeht. Nämlich Erlösung des Gemütes, also Befreiung von Haß, Feindschaft, Rivalität. Die schon in dieser Welt gegenwärtigen Heilsgüter seien nochmals genannt: Geborgenheit, Friede, Freude; Gelassenheit und Trost; Sinn und Ziel. Das ist wirklich soviel, daß wahr ist, was bei Markus steht: „Das Hundertfältige hier und das ewige Leben dort." Siehe die Urgemeinde, in der es keine Armen mehr gab und die ihr Brot in Unschuld und Freude des Herzens brach. In der ganzen Apostelgeschichte wird immer wieder von Freude gesprochen. Um noch die zukünftigen Güter zu nennen: Leben, Heil, Herrlichkeit. (Im Urtext heißt das zoé sotería dóxa. Drei Begriffe, die im Deutschen leider ihre volle Fülle verlieren.)

Auch die Sakramente mögen von ihrer Wertseite her betrachtet werden. Durch die Sakramente wird der Mensch aufgenommen in das Paschamysterium des Herrn, in das Stirb und Werde. Die Taufe ist ein Beginn, nicht ein vorübergehender kurzer Akt. Das Sterben des niederen und die Auferstehung des höheren Menschen wird grundgelegt. Im ganzen Leben soll es, angereichert durch die Firmung, zur Entfaltung kommen, kraft des Todes und der Auferstehung unseres Herrn. Damit wird in einer dynamischen Entfaltung die Ordnung der Schwachheit und des Todes allmählich gewendet in die Ordnung des Geistes und der Kraft. So hat Ostern die Richtigkeit des Kreuzes bewiesen: ohne Karfreitag keine Auferstehung.

Es ergibt sich wohl auch hier, man hätte Dogma und Mysterium nie voneinander trennen sollen. Dogma enthält primär die Wahrheit, aber im Kern auch Sinn und Wert. Die irdischen Konturen werden gesprengt, damit leuchtet das Geheimnis auf. Alle Dogmen müssen im Licht des großen Ostergeheimnisses gesehen werden. Christus hat durch Kreuz und Auferstehung die Vergöttlichung des Menschen verdient, sagt Maximus Confessor. Franz von Sales schreibt: Die Vollendung des Universums ist der Mensch; die Vollendung des Menschen ist der Geist, die Vollendung des Geistes ist die Liebe. In diesem Wort leuchtet unter neuem Aspekt wiederum das Geheimnis auf. Diese Wahrheit sollen wir „tun", sagt die Schrift, das heißt, diese Wahrheit sollen wir leben. So ist klar, das Ostergeschehen ist das Geschehen der göttlichen Liebe, die in uns an die Stelle der Eigenliebe treten muß. Die österliche Liebe Christi muß in unseren Herzen geboren werden und Platz greifen. Das Kreuz Christi ist nicht einfach ein Mittel zum Zweck, sondern Darstellung der Liebe und sogar Darstellung des Wesens Gottes, wie bei Scheeben zu lesen ist.

Noch ein Wort zum Gottesbegriff und zur jenseitigen Erfüllung. Vielleicht ist uns in der Verbindung von metaphysischem Gottesbegriff und heilsgeschichtlichem Gottesbegriff eine Synthese noch nicht ganz gelungen. Metaphysisch sagen wir, Gott ist actus purus (reinste Wirklichkeit). Das ist statisch gesehen. Könnte man nicht auch sagen: actio pura (reinste Tätigkeit)? Das wäre dynamisch. Das Alte Testament hatte das. Wie wunderbar beschreibt es Gott im Psalm 29, Gottes Herrlichkeit im Gewitter. „Die Stimme des Herrn sprüht flammendes Feuer, die Stimme des Herrn läßt die Wüste erbeben . . . In seinem Palast rufen alle: O herrlicher Gott." Noch Goethe ist es ganz ähnlich ergangen,da er schrieb: „Wenn der uralte heilige Vater Blitze schleudert mit segnender Hand, küsse ich in Demut den Saum seines Kleides, kindliche Schauer treu in der Brust."

Wenn Gott Welt und Weltall trägt und erhält und seine Vorsehung walten läßt hin zum ewigen Ziel, kann man dann wirklich nicht sagen: actio pura = reinste Tätigkeit? Oder wenn Tätigkeit zu alltäglich ist, reinstes Walten? Und die Folgerungen daraus ziehen!

Zur jenseitigen Erfüllung. Die Theologen sagen: visio beata. Noch Bonaventura sagte ergänzend: caritas beata, also beseligende Liebe. Um zusammenzufassen, könnte man wohl sagen: Der Himmel ist Lebensgemeinschaft mit Gott. Und vielleicht dürfte man noch dazu sagen, und mit den Seligen.

Dennoch genügt das noch nicht. Mt 19,28 wird gesagt, daß die Apostel die zwölf Stämme Israels richten werden. 1 Kor 6,2 wird das auf alle Seligen bezogen: „Wißt ihr nicht, daß die Heiligen die Welt richten werden?" Es wird also den Seligen ein Wirken zugeschrieben, das eine herrscherliche Tätigkeit beinhaltet. Also auch hier nicht nur Statik, sondern Dynamik. Das heilsgeschichtliche Wirken setzt sich drüben noch fort.

Das Ganze von Seligkeit und Seligen-Wirksamkeit ergibt eine sehr reiche Aussage. Die Theologie sei eingeladen, diese Mysterien voll zu entfalten.

Es wird klar, daß Glaube über das hinaus, was wir schon gesagt haben, Teilnahme an der freien Selbsterschließung des innergöttlichen Lebens und Lichtes ist. Auch der Begriff des Wunders bekommt seine Dynamik. Der Gesandte Gottes befreit den Kosmos aus seiner Verfallenheit an die Mächte. Wunder sind nicht Durchbrechung der natürlichen Ordnung, sondern Zeichen der Wiederherstellung, habe ich bei Urs von Balthasar gelesen. So besteht denn der christliche Glaube wesentlich in einem Sehenkönnen dessen, was Gott zeigen will und was ohne Glaube nicht gesehen werden kann.

Die Alten haben das besser gewußt. Origenes spricht von den geistlichen Sinnen in Ergänzung zu den fünf äußeren Sinnen; unter anderem sagt er einmal: Möge uns der Herr das Auge des Herzens entschleiern, mit dem Gott geschaut wird im Geiste. Und Augustinus sagt: „Was liebe ich, wenn ich meinen Gott liebe? Ich liebe Licht und Klang und Duft und Speise und Umarmung meines inneren Menschen. Dort erstrahlt meiner Seele, was kein Raum erfaßt, was keine Zeit entführt." Und: „Dem gläubigen Menschen werden die Freuden nicht entzogen, sondern gewandelt. Oder haben nur die Sinne ihre Lust? Nein, auch der Geist, die Wahrheit, Gerechtigkeit, Schönheit, Seligkeit." (Beide Zitate sind aus Urs von Balthasar, „Herrlichkeit" entnommen.)

In diesem Zusammenhang ist ein Wort über das Schöne zu sagen. Nach Urs von Balthasar hat das Sein nicht nur drei transzendentale Eigenschaften: unum, verum, bonum (Einheit, Wahrheit, Gutheit), sondern vier: unum, verum, bonum, pulchrum. Es kommt das Schöne dazu. Er beweist diese Auffassung mit zahlreichen Zitaten aus den Kirchenvätern. Das Schöne ist nichts anderes als das Aufleuchten der Wertigkeit des Seins, Ausdruck seiner Tiefe. Es zeigt sich in Splendor und Harmonie, Farbe und Maß. Es muß auch so sein, denn alles Sein ist eine Spur von Gott, im höchsten Fall ein Abbild von Gott. Und dieser ist die höchste Schönheit. Läßt man das weg, dann bleibt auch der Bezug zum sittlich Guten allzuleicht utilitaristisch, sagt Urs von Balthasar. Das Schöne aber steht in sich und ist nicht zweckbezogen. Die Erfahrung der geistigen Schönheit ist etwas vom Kostbarsten, was der Mensch besitzen kann. Diese Erkenntnis werden wir bald nützen können.

Wir wenden uns weiteren Fragen zu: Was ist sittlich? Diese Frage wird heute selten gestellt. Stellt man sie aber, so bekommt man noch seltener eine Antwort. Nun, sittlich ist die richtige Gestalt des Menschen vor Gott, der ihn zu seinem Ebenbild geschaffen hat. Zum Sittlichen gehören drei Dinge: die Selbstverwirklichung zur Persönlichkeit nach dem Ebenbild Gottes; die Berücksichtigung der dynamischen Zielgestalt der Weltvollendung im Reiche Gottes; die Bereitschaft für den Anruf und die Weisung Gottes.

Das erste ist klar. Im zweiten tritt die Weltvollendung vor Augen, die in den Schriften des Neuen Testaments gelehrt wird. Der Mensch ist kein Einzelwesen. Er steht in Gemeinschaft. Die Gemeinschaft der Menschheit aber soll das Reich Gottes erlangen und dafür trage ich als Einzelner eine Mitverpflichtung. Das vollendete Reich Gottes aber wirkt sich auf den Kosmos aus, so daß auch dieser vollendet wird, wie Paulus im Römerbrief schreibt.

Das dritte aber, die Bereitschaft für die Weisung Gottes, kann nicht mehr schwer sein. Im Gebrauch der Freiheit liegt, wie früher dargelegt, die Bindung. Freiheit eröffnet Verantwortung. In der Verantwortung aber ist Bindung mitgegeben. Weil man das nicht mehr wahrhaben will, hat man heute an die Stelle der drei göttlichen Tugenden den Glauben an den Fortschritt (zwar schon etwas erschüttert), die Hoffnung auf den steigenden Lebensstandard, und an die Stelle der Liebe Gottes die Liebe zu sich selbst gestellt. Doch das alles kommt nicht auf gegen den unbedingten Wert des Sittlichen. Da das Sittliche in der Verwirklichung des Ebenbildes Gottes liegt, ist damit ein absoluter Wert erreicht.

Der Streit wegen einer sogenannten teleologischen Moral ist daher überflüssig. Die teleologischen Moralisten sehen den Wert des Sittlichen als etwas Bedingtes an. Sie sagen, bei der moralischen Entscheidung müsse eine Güterabwägung statthaben; das zu erwartende höhere Gut bringe die Entscheidung. Der Richter zum Beispiel, so behaupten sie, könne bewußt einen Unschuldigen zum Tod verurteilen, wenn aus dem Freispruch ein größeres Übel entstünde, also etwa ein Aufruhr. Gott aber ist gerecht. Sie berücksichtigen nicht, daß der Abfall von der Gerechtigkeit auch der Abfall vom Ebenbild Gottes ist. Der absolute Wert wäre preisgegeben.

Im übrigen besteht der wahre Fortschritt in der Kirche natürlich nicht darin, daß man sicheres Glaubensgut wieder in Frage stellt. Der wahre Fortschritt in der Kirche ist der Fortschritt in der Liebe. Er besteht also auch nicht darin, daß konkrete Organisationen und Strukturen möglichst vervollkommnet werden. Es heißt doch: „hätte ich aber die Liebe nicht, so wäre ich nichts". Das gilt in einem so hohen Ausmaß, daß Chrysostomus sogar sagt: „Der Tisch des Erbarmens ist ebenso heilig wie der Tisch des Brotes."

Wenn gleichwohl immer wieder Bedenken gegen Gebote auftreten, so darf an zwei Worte des hl. Thomas erinnert werden: Ziel und Norm der Zucht (der Sittlichkeit) ist Glückseligkeit. Es geht demnach immer auch um dein eigenes Heil. Sodann sagt er: Sünde besteht darin, daß jemand hinter dem Gut, das ihm zugeordnet ist, zurückbleibt. Das heißt, irdische Lust, das sind nur die Kleinigkeiten. Dir ist etwas ganz anderes zugeordnet.

So wird man aber sagen müssen: Es gibt heute eine Krankheit, für die niemand eine Diagnose stellt, nämlich die *Sünde*. Sünde und Schuld werden verdrängt. Niemand glaubt daher, daß sie Schaden bringen. Aber sie wirken sich unbewußt im seelischen Bereich aus. Christa Meves bringt dies geradezu aus ihren tiefenpsychologischen Erfahrungen zum Ausdruck: Es gibt schon eine Hölle im Diesseits. Es ist erstaunlich, man spricht ständig von der Wirkung der Erfahrungen, kommt aber nicht darauf, daß auch die Verdrängung von Schuld Krankheitswirkungen zeugt.

Man kann also deutlich festhalten, genauso wie Sokrates von den bloßen „Kleinigkeiten" spricht, die er erkannt habe, so ist alle irdische Lust, die im Abfall vom Ebenbild Gottes erschlichen wurde, nur eine Kleinigkeit, eine Kleinigkeit nämlich im Vergleich zu dem, was uns zugeordnet ist. Augustinus sagt: Du mußt deine Augen rein waschen durch die Liebe, daß du Gott schauen kannst; dann wirst du dessen inne, daß es höhere Güter gibt. Die hl. Theresia von Avila äußert: Wer immer einen Blick in die jenseitigen Räume tun durfte, der vergeht aus Sehnsucht auf die höheren Werte, die uns dort erwarten.

Wir wollen auch das beachten, wir möchten ständig kritisieren und bedenken nicht, daß wir unter der Kritik Gottes stehen. Desgleichen wollen wir auch hier bedenken, daß wir an einem nichtigen Erkennen leiden. Jede Sünde schwächt die Erkenntnis: die eigenen Sünden und die Sünden der Welt. Schließlich löst sich die Fähigkeit, die sittlichen Werte zu erkennen, auf. Wer begreift etwa heute die Schönheit der Demut?

Demütig sein heißt erkennen, was uns noch fehlt, sagt Lacordaire. In dieser Wahrheitserkenntnis aber, die sich gegen das eigene Ich durchsetzt, liegt eine hohe Freiheit und damit eine besondere Schönheit.

Diese geistige Schönheit der Tugend, der sittlichen Tüchtigkeit also, wieder zu erkennen, muß uns ein Anliegen sein. Nehmen wir eine heute weithin verkannte sittliche Tüchtigkeit als Beispiel her. Ich spreche von der Sanftmut. Wir sind in Gefahr, sie als Lebensschwäche anzusehen. Sogar die neue Einheitsübersetzung der Bibel sagt: „Selig sind, die keine Gewalt gebrauchen". Offensichtlich um das Wort Sanftmut zu vermeiden. Aber das ist keine Übersetzung, das ist schon Interpretation.

Was ist das, Sanftmut? Sanftmut schließt Demut ein und nimmt Milde dazu. Milde steht im Gegensatz zu aller Härte. An Härte aber gibt es im Umgang mit den Mitmenschen zwei Formen, das gewaltsame Sich-Wehren und das gewaltsame Sich-Verschließen. Der Zornmütige wehrt sich gewaltsam, der schlägt aus. Wer aber verschließt sich gewaltsam? Das ist der Empfindliche, in späterer Form der Verbitterte. Sanftmut schließt beides aus, sowohl Zornmütigkeit wie Empfindlichkeit. Der Zornmütige schlägt aus, der Empfindliche schlägt zu, nämlich die inneren Türen; er läßt sein Visier herunter. Es gibt keinen Zugang mehr zu ihm. Er weiß meist gar nicht, daß das auch Härte ist. Diese ganze Härte, Zorn und Empfindlichkeit, wird durch Sanftmut ausgetrieben.

In diesem doppelten Gegensatz leuchtet das Ideal der Sanftmut auf als etwas Hohes und Schweres zugleich. Sanftmut ist nicht Phlegma, Phlegma läßt sich nicht verletzen. Damit aber ist der Sanftmut die Grundlage entzogen. Der Sanftmütige wird verletzt und reagiert doch nicht mit Härte und Gewalt.

Sanftmut ist nicht Gutmütigkeit. Der Gutmütige empfindet die Verletzung nur wenig und reagiert daher nur wenig. Er ist dem Phlegmatiker noch nahe. Der Sanftmütige empfindet die Verletzung ganz. Er lebt aber nicht mehr in der Heteronomie der Triebe, sondern in der Freiheit des Geistes. Daher reagiert er nicht nach dem physischen Gesetz von Stoß und Gegenstoß. Er hat vielmehr eine neue, menschenwürdige Art der Reaktion gefunden.

Sanftmut ist auch nicht nur Selbstbeherrschung. Auch Selbstbeherrschung unterläßt die gewaltsame Reaktion, sie überwindet sich, doch sie muß sich noch Zwang antun. Sanftmut schließt das aus. Man ist innerlich gelöst, frei und gütig.

So steht die Sanftmut in ihrer ganzen Gestalt vor uns. Und diese

Gestalt ist gezeichnet in leuchtender Schönheit. Wer das nicht mehr sieht, ist blind. Die Sanftmut betätigt die eigentümliche Freiheit des Geistgeborenen. Befähigt dazu, eine neue und höhere Weise des Verhaltens zu finden. Gegenüber der verletzenden Waffe steht sie waffenlos und unbewehrt, in überlegener Güte da. Sie ist nicht nur geistgeboren, sondern von oben gezeugt, der Glanz des Erhabenen liegt über ihr.

Warum gelingt uns das nicht mehr, daß wir auf den ersten Blick diese Schönheit sehen? Nun, die Menschen sind ohne Gott ungeborgen, dann werden sie aggressiv und unstet zugleich. Dann meinen sie auch, sie müssen sofort zurückschlagen, wenn sie angegriffen werden. Weil ihnen die geistgeborene Freiheit bereits fehlt, geht ihnen auch die höhere Erkenntnis verloren. Es gibt diesen tiefen Zusammenhang zwischen innerer Haltung und Erkenntnisfähigkeit. Von dem niederen Standpunkt aus kann ich das nicht sehen. Wie ich eben von einer Niederung aus die Stadt auf dem Berge nicht sehen kann. Erst vom höheren Standpunkt aus wird die sittliche Schönheit wieder leuchtend, gleich einer Sonne, die aufstrahlt.

In einer kleinen Anwendung kann man sagen, gerade weil unsere Zeit so glücklich sein will, ist sie unglücklich. Sie hat sich die Grundlagen des Glückes nicht erarbeitet. Hätte sie das, dann wäre sie glücklich geworden, ohne daran zu denken. Das christliche Ethos, von dem hier die Rede ist, läßt sich nur halten, wenn das Mysterium gewahrt bleibt.

Aus all den Folgen, in deren Mitte wir stehen, die den Menschen erniedrigen, müssen wir sagen: Sünde, was ist das? Sünde, das sind die Metastasen, du merkst sie zwar nicht, aber bald mußt du sterben, du und das Volk. Es ist also wirklich nicht gut, auf eine Hoffnung zu verzichten, die das Leben beflügelt und auch dem Tod noch standhält. Freilich ist es heute so: daß jedermann sich alles zu gönnen hat, ist geradezu zur moralischen Norm erhoben worden. Gleichwohl wurde der Mensch durch die Abschaffung der Bindungen nicht freigegeben, er wurde vielmehr preisgegeben. Das Humanum in ihm erlischt. Darum ist es schlechthin dringlich geworden, daß die Christen die Unterscheidung des Christlichen im Leben wieder sichtbar machen, um das Humanum zu retten. Das hat Guardini schon vor zwanzig Jahren gefordert.

Wir kehren zu interessanten, altchristlichen Entscheidungen zurück. Die Christen nahmen nicht an dem großen heidnischen Volksfest teil, der sogenannten Pompa. Diese Pompa wurde ursprünglich nur dem siegreich heimkehrenden Feldherrn gewährt. Er durfte mit seinen Truppen durch den Triumphbogen einziehen. Dabei wurden die besiegten Völkerschaften mitgeführt. Desgleichen die Standbilder der heidnischen Götter, die den Sieg gewährt hatten. Es schlossen sich Zirkus und Theaterspiele an. Meist war das Ganze mit Gladiatorenkämpfen verbunden.

In späterer Zeit gelangen die Siege nicht mehr. Das Volk aber wollte sein Fest. Es wurde nun alljährlich auch ohne Sieg in Rom gefeiert. Allmählich auch in allen Provinzstädten. Der erste Teil war so etwas, was wir einfach eine Prozession nennen würden, ein feierlicher Zug mit vielen Götterstandbildern. Der zweite Teil bestand in Zirkus und Gladiatorenspiel, wobei gefährliche Wagenrennen bevorzugt wurden. Gemäß den Spielregeln durften die zweirädrigen Wagen gerammt werden, um den Sieg herbeizuführen. Dabei gab es nicht nur Verletzte, sondern auch Tote. Der dritte Teil bestand in Theaterspielen. Die Schaustücke wurden von Dirnen dargestellt. Dieses ganze Fest, die Pompa, nannten die Christen die Pompa diaboli, also die Teufelspracht. Warum? Weil damit die Verehrung der falschen Götter verbunden war. Aber nicht nur das. Es wurde das Sittengesetz verletzt, das Leben vielfach leichtsinnig aufs Spiel gesetzt und zur Unsittlichkeit eingeladen. Es war dem Christen verboten, daran teilzunehmen. Er wurde öffentlich gerügt, wenn er es dennoch tat.

Diese Sache galt als so wichtig, daß sie im Taufgelöbnis aufgenommen wurde: Ich widersage Satan, seinen Werken und seiner Pracht. Noch heute heißt das Taufgelöbnis so. Nur manche, die von der historischen Kenntnis unbeschwert sind, wollen „die Pracht“ weglassen.

Die Christen lehnten die religiöse Verehrung der Cäsaren ab. Sie verweigerten das Weihrauchopfer. Viele mußten wegen dieser Verweigerung sterben. Sie mußten auch den Vorwurf hören, daß sie sich der Volksgemeinschaft entfremden. Es gab freilich die Libellatici, solche, die sich durch Bestechungsgelder ein Zeugnis verschafften, daß sie Weihrauch gestreut hätten, obwohl sie es nicht taten. Aber schon die Libellatici wurden aus der Kirche ausgeschlossen. Daraus kann man ersehen, wie ernst die Frühkirche das meinte.

Ebenso war dem Christen die Ehescheidung und die Kindesaussetzung verboten. Beides war damals an der Tagesordnung. Der heidnische Vater durfte sogar entscheiden, ob er das neugeborene Kind annahm. Das alles war den Christen fern. Ihre eheliche Treue wurde gerühmt.

In einer Zeit der Bestechlichkeit war ihnen Rechtschaffenheit Norm. Dafür haben wir ein Zeugnis von Plinius dem Jüngeren, der gegen Ende des ersten Jahrhunderts Statthalter in Bithynien war. Er fragte bei Kaiser Trajan an, was er mit den Christen tun soll, und bemerkte in seinem Schreiben an den Kaiser, daß Christen anvertrautes Gut gewissenhaft zurückgeben. Dazu, daß sie an einem bestimmten Tag Christus als ihrem Gott (quasi Deo) Verehrung darbringen. Gleichwohl aber, wie er weiter schreibt, ließ er sie hinrichten, wenn sie das Kaiseropfer verweigerten. Der Kaiser antwortet, er habe recht getan, doch sollten die Christen nicht aufgespürt werden, nam non est nostri temporis (das paßt nicht in unsere Zeit).

Diese Unterscheidung des Christlichen muß heute wieder lebendig werden. Wenn die alten Christen das heidnische Volksfest nicht besucht haben, so war der überzeitlich geltende Gedanke dieser: Wir meiden das sittlich gefährdende Vergnügen. Das wäre heute zu beachten. Ich kann mir nicht vorstellen, daß ein Familienvater sich am Drachenfliegen beteiligen darf. Die Gefahr ist zu groß und für Frau und Kind nicht verantwortbar. Und so noch vieles.

Das aber gleich auf entscheidenden Gebieten. Die alten Christen haben das Weihrauchopfer verweigert. Welches sind heute die falschen Götter? Nun, vor dem Wohlleben bringen wir unser Opfer dar, vor der Lebenslust, auch wenn sie gegen Pflicht und Treue sind. Vor der Habsucht beugen wir unsere Knie. Fast jeder meint, es müsse jedes Jahr besser gehen. Verzicht wird als sinnlos angesehen. Und dies, obwohl es in der Heiligen Schrift heißt, Habsucht ist Götzendienst.

Die Ehrenhaftigkeit schwindet im Zusammenhang mit dieser Götzenanbetung immer mehr. Bestechlichkeit und Korruption nehmen zu. In dem Wiener Krankenhausskandal wurde zum Beispiel unter vielen anderen ein Akt mit der Überschrift: Ausgaben für die Kinderklinik gefunden. Der Betrag war genannt und betrug ungefähr fünfhundert Millionen. Aufgemacht erwies sich dieser Akt als leer. Kein einziger Beleg, keine Rechnungsaufstellung war enthalten. Bundeskanzler Kreisky erklärte im Sommer 1981, nachdem er von den Dingen informiert worden war, er sei fassungslos. Im Herbst des gleichen Jahres gab er bekannt, es gäbe überhaupt keinen Krankenhausskandal. Wo bleibt hier die öffentliche Moral?

In Deutschland sagte man mir, jede anständige Regierung würde unter diesen Umständen zurücktreten. Wo bleibt also die Ehrenhaftigkeit? Eine Regierung trägt ja Verantwortung. Aber es geht um die Macht, die man behalten will. Auch die Macht gehört zu den falschen Göttern, die angebetet werden. Also Lebensstandard, Wohlleben, Geltung, Macht, Ichsucht sind die falschen Götter unserer Zeit. Sie tragen die Zeichen des Tieres an ihren Stirnen. Die Unterscheidung des Christen verlangt, daß wir den geforderten Weihrauch nicht streuen, sondern verweigern. Mit der Devise „einfacher leben“ könnte man einen Anfang machen.

Im Zusammenhang mit dieser Überbetonung des Irdischen ist jetzt die Angst erwacht und sogar gesellschaftsfähig geworden. Vor hundert Jahren sagte Wilhelm II.: „Wir Deutschen fürchten Gott und sonst nichts auf der Welt.“ Jetzt heißt es: Wir haben Angst. So sagte ein junger Mensch zum früheren deutschen Bundeskanzler Helmut Schmidt: Ich habe Angst, in dieser Atomzeit zu leben. Der deutsche Bundeskanzler: Ich habe Angst um den Frieden. Und der junge Mensch: Ich habe auch Angst vor Ihrer Politik.

Das ist die Folge: Weil man die Knie beugt vor den irdischen Göttern, darum hat man Angst, wenn sie einem genommen werden. Warum haben denn die Polen keine Angst? Es zeigt sich die Kehrseite der Medaille. Wer Gott anbetet, hat nicht Angst. „In der Welt habt ihr Angst, aber seid getrost, ich habe die Welt überwunden.“ Gottverbundenheit ist Quelle der Kraft.

Ehescheidung, Kindestötung, Ehe ohne Trauschein, das sind gleich drei üble Dinge, die heute leicht genommen werden, sie werden aber durch die heutige Gesetzgebung begünstigt. Bei der Scheidung denkt man nicht an die Scheidungswaisen. Nicht an ihr allzuoft trauriges Los. Wie kommen die unschuldigen Kinder dazu, aus der Geborgenheit, deren sie bedürfen, hinausgestoßen zu werden in die kalte Welt der Selbstsucht. Nie hätte ich geglaubt, daß Frauen sich so entarten lassen, daß sie die Kindlein ihres eigenen Schoßes töten. Und daß man verantwortungslos eine Ehe ohne Trauschein eingeht, in der Treue nur ein loses Wort ist, ja, in der Treue nicht einmal mehr genannt wird. Das ist Dekadenz. Aber freilich, der Staat gibt die Verlockung dazu, denn die uneheliche Mutter bekommt das um fünfzig Prozent höhere Karenzgeld.

Die Unterscheidung des Christen fordert überall das persönliche Gewissen. Unabhängig vom Zeitgeist entscheidet es sich für das, was recht ist. Das Gewissen ist ein letztes Heiligtum, um das dich auch die Spötter beneiden.

So ergibt sich durch die Entscheidung und Unterscheidung des Christen die Option für das Gewissen, für Rechtschaffenheit und Treue, für

Unabhängigkeit und Befreiung vom Zeitgeist. Kein Beugen der Knie vor den Göttern dieser Welt. Das alles aber ist notwendig zur Rettung der Welt.

All das hätte die Theologie wieder lebendig zu machen. Theologie muß doch hinführen zum wahren Leben. Zwischen beiden darf es keine Trennung geben.

Die Bibel

Auf dem Gebiet der Heiligen Schrift wurden die Gläubigen besonders vielen Belastungen ausgesetzt. Sie beklagten sich bitter darüber, daß jetzt sogar das Wort Gottes verunsichert werde.

Nun ist manches verständlich. Um zu erinnern, besonders im ersten Jahrzehnt dieses Jahrhunderts hat die päpstliche Bibelkommission manche Erlässe herausgegeben, die wissenschaftlich nicht zu halten waren. Die Exegeten waren aber darauf verpflichtet. Sobald sie die größere Freiheit des II. Vatikanums verspürten, ist es demnach begreiflich, daß sie viele zurückgedrängte Anliegen aussprechen wollten. Dabei ging es aber wieder um den berühmten Pendelausschlag: zuerst wenig und dann zuviel. Es wurde übersehen, daß man ein Geheimnis, und das ist die Heilige Schrift, nicht nur als Problem behandeln darf.

So seien die Zeugnisse von bedeutenden Theologen hierher gesetzt, die kritische bis sehr kritische Gedanken gegen die neue Bibelerklärung ausgesprochen haben.

Urs von Balthasar schreibt: „Macht es nicht vorsichtig, wenn eine Bibelphilologie grundsätzlich das Vorliegende dadurch zu verstehen sucht, daß sie schon im ersten Akt seine Gedanken zerlegt in Quellen, psychologische Zwecke und soziologische Milieueinflüsse, noch bevor die Gestalt als solche wahrhaft erkannt und in ihrem Gestaltsinn gelesen worden ist? Denn dieses eine ist sicher, daß man vom einmal Zerlegten und Zersägten her niemals mehr die lebendige Gestalt zurückgewinnt" (Herrlichkeit, Band I, S. 28f).

„Man muß sich daher immer klar sein, wieweit die philologisch-archäologische Methode reicht und wo sie von einer dem einzigartigen Gegenstand angepaßten Sondermethode ergänzt und überholt werden muß" (ebd. S. 41).

„Deutung von Kunst setzt Kunstbewußtsein voraus. Zugang zu einer dem Künstler verwandten Inspiration, zu dessen genuiner Inspiration" (ebd. S. 95f). Gemeint ist, die Heilige Schrift ist ein Kunstwerk und setzt zu ihrer Erklärung die Gesamtsicht der Heilsgeschichte als Gottes Offenbarung voraus.

Guardini sagt: „Das Unheil des neuzeitlichen Verständnisses der Schrift besteht darin, daß mit dem alles tragenden Begriff der Offenbarung nicht ernst gemacht wird. Sie wird mit Begriffen gedacht, die aus der Religionspsychologie, der vergleichenden Religionswissenschaft stammen. Was in diese Begriffe nicht paßt, müsse angeglichen oder ausgeschieden werden. Dabei wird aber das Eigentliche zerstört. Denn hier handelt es sich um Offenbarung, will sagen, um die Kundwerdung von etwas, das nicht von der Welt her, sondern nur von Gott selbst her erfahren und mit seinen Gedanken gedacht werden kann" (Christliche Existenz S. 37f).

Der Grundgedanke dieser Kritik ist der, daß philologische und historische Methoden allein nicht ausreichen, um Offenbarung zu verstehen. Bei Urs von Balthasar im besonderen wird ausgesagt, daß man ein Kunstwerk nicht verstehen kann, wenn man es zuerst in seine Bestandteile auflöst. Ich kann auch ein Gedicht nicht verstehen, wenn ich es zuerst in Teile auflöse, die Reime zerstöre usw. Dann ist es eben kein Kunstwerk mehr; ich komme nie mehr zu der begeisternden Inspiration, die den Dichter beseelt hat. Man kann hier auch an die Schule von St. Viktor im mittelalterlichen Paris denken, bei der Intuition für die Grundidee eines Werkes im Vordergrund stand. Sonst sei es eben nicht verständlich. Deshalb wird denn auch hier diese Methode der Hermeneutik von den genannten Autoren angegriffen.

Ein so besonnener und anerkannter Forscher, wie Prof. Grillmeier, sagt hiezu: „Die Hermeneutik ist unter der Hand mehr geworden als eine Methodenreflexion zur Deutung von Texten. Wer von Hermeneutik spricht, sucht von seinem Standpunkt aus den Umkreis seiner Fragen zu entwerfen. Die kompetenten Hermeneutiker stellen ihre Methodenreflexion *über* den Inhalt, oder machen sie zu einer Universalkritik" (Grillmeier, Mit Ihm und in Ihm, S. 714). „Ein der Kritik geopfertes Mysterium Christi ist verraten, nicht ausgedeutet" (ebd. S. 715).

Zu Wort und Begriff von Hermeneutik sei kurz bemerkt: Hermeneutik ist *Verstehenslehre*. Also die Lehre vom rechten Verstehen eines im allgemeinen alten Textes. Diese Verstehenslehre stammt an sich nicht aus der Theologie, sondern aus der Literatur, wo es ja auch oft um das Verständnis alter Texte geht. So wird etwa auch Goethe durch Hermeneutik ausgedeutet.

Da wird nun scherzhaft erzählt, einem Goetheausdeuter sei Goethe selbst in der Nacht erschienen und habe ihm erklärt, ihr schreibt mir zu, was ich nicht sagen wollte, und verschweigt das, was ich sagen wollte. Nun, das ist nur ein ben trovato (gut gedacht). Geschichtlich aber ist, daß Sokrates einst gefragt wurde, warum er nicht schreibe und warum er keine Bücher hinterlasse. Er antwortete: „Ein Autor ist nach seinem Tod der Willkür seiner Ausleger überlassen, gegen die er sich nicht mehr wehren kann." Es gab also schon sehr früh dieses Problem, das uns heute noch in schärferer Weise bedrängt.

Es tritt bei der heutigen Hermeneutik eine doppelte Gefahr auf: Man tritt mit einem gewissen *Vorverständnis* an den Text heran, also nicht voraussetzungslos. So sagt zum Beispiel Bultmann: Wie kann ein moderner Mensch, der am Radioapparat sitzt, noch an Wunder glauben? Daher müsse der ganze Bericht existentiell erklärt werden. Nämlich, was hat das mir zu sagen? Das Historische kann dann wegbleiben, manchmal noch mehr, es wird geradezu getilgt. Das ist die eine Gefahr.

Und die andere: Man stellt die Hermeneutik *über* den Inhalt und löst so nicht nur den Inhalt, sondern auch die Hermeneutik auf. Hermeneutik will ja lehren, den alten Text zu verstehen. Wenn ich mich aber bei der Erklärung über den Inhalt stelle, mich also über ihn hinwegsetze, dann stelle ich den Text beiseite, statt ihn zu erklären.

So geschieht es zum Beispiel durch die Entmythologisierung. Alles Mythische muß wegbleiben. Da ist natürlich jede Prophezeiung nur noch ex eventu, das heißt, sie ist erst *nach* einem Ereignis, nicht vorher gemacht worden. So steht zum Beispiel bei Lk 12,49f: „Ich bin gekommen, um Feuer auf die Erde zu werfen. Wie sehr wünschte ich, daß es schon brenne. Ich muß mit einer Taufe getauft werden, und wie bedrängt es mich, bis sie vollzogen ist." Der zweite Satz bezieht sich auf das Todesleiden und ist also eine Vorhersage. Solche aber gibt es voraussetzungsgemäß nicht. Daher ist dieser Satz unecht. Dann aber auch der erste Satz, weil er in innerem Zusammenhang mit dem zweiten steht. Das ist die Art, wie diese Hermeneutik arbeitet. Dazu kann man nur sagen, solche Exegeten machen durch ihre Entmythologisierung das Neue Testament zu einem Skelett dessen, was verkündet werden soll.

Hier ist auch ein Wort zu der historisch-kritischen Methode fällig. Nicht allgemein, aber weithin wird sie so erklärt und auch gehandhabt, daß nur das als echt genommen wird, was sich nach den allgemeinen innerweltlichen Gesetzen erweisen läßt. Damit aber ist a priori alles ausgeschlossen, was außerhalb dieser Gesetze liegt. Daher müssen die Evangelien verstümmelt werden. Die nur in diesem Sinn historisch-kritischen Forscher können das Ganze gar nicht mehr wahrnehmen. Sie sehen auch die kunstvolle Gestalt des Ganzen nicht. Urs von Balthasar sagt hiezu: „Auch eine Besinnung auf die unterdessen allgemein anerkannten Voraussetzungen in einer Wissenschaft von geistigen und künstlerischen Werten hätte die Theologen von der *Naivität* einer solchen methodischen Annahme überzeugen müssen" (Herrlichkeit, Band I, S. 513f). Sowie: „Die Figur, die aus der Heiligen Schrift auf uns zutritt, wird ‚historisch-kritisch' solange zersetzt, bis vom lebendigen Organismus nur ein toter Klumpen von Fleisch und Blut und Knochen übrigbleibt" (ebd. S. 167).

Ein Beispiel aus der Formgeschichte: Die formgeschichtliche Methode sieht bei allen Heilungsberichten nur das Schema, ein Kranker tritt auf, Begegnung erfolgt, Jesus heilt, Staunen des Volkes. Dieses Schema wiederhole sich ständig. Also sei der Sache kein Glaube zu schenken. Als ob sich nicht ein ähnliches Schema bei jedem Arzt wiederholt: der Kranke, die Diagnose, die Therapie. Hat deswegen die Heilung etwa nicht stattgefunden?

Ein ähnliches Beispiel aus dem Alten Testament: Hier wird gesagt, das Alte Testament kannte keine Erbsünde. Es ist richtig, daß der Vers „in Sünde empfing mich meine Mutter" nicht als Beweis herangezogen werden kann. Dabei übersieht man aber ein grundlegendes Faktum: Die Verstoßung aus dem Paradies, und zwar für alle kommenden Geschlechter. Das ist eben die Erbsünde im Alten Testament. (Es wäre auch das Absinken der menschlichen Haltung in den kommenden Geschlechtern zu beachten bis dorthin, wo Gott spricht, der Mensch ist nur noch Fleisch.)

Es ergibt sich: Methoden haben nicht nur eine erschließende Bedeutung, sondern auch eine ausschließende. Das will besagen, man sieht manches deutlicher, anderes aber gar nicht, weil der Blick nicht mehr daraufhin gelenkt wird.

Ein typisches Beispiel dafür ist das griechische Wort psyché. Es heißt in seiner ersten Bedeutung Seele, dann auch Leben. Sobald man nun gefunden hatte, daß im Alten Testament der Mensch vielmehr als Einheit gesehen wird, die starke Trennung von Seele und Leib aber aus der platonischen Philosophie stammt (der Leib = Kerker der Seele), wurde es beinahe zu einem Dogma, Psyché immer mit Leben zu übersetzen. Seele sollte verschwinden. Das geht aber nicht. Mt 10,27 heißt es: „Fürchtet euch nicht vor denen, die nur den Leib töten, die Seele aber nicht töten können, sondern fürchtet euch vor dem, der Seele und Leib ins Verderben der Hölle stürzen kann." Hier kann man „Seele" nicht durch „Leben" ersetzen. Ähnlich ist es bei dem Liebesgebot: „Du sollst den Herrn deinen Gott lieben aus deinem ganzen Herzen, mit deiner ganzen Seele und mit all deinen Kräften" (Mt 22,37).

Übrigens ist das auch im Alten Testament nicht so einfach. Vergleiche das Totengesicht bei Ezechiel: der Prophet sieht die Totengebeine auf weitem Feld zerstreut. Gott will, daß sie wieder lebendig werden. Der Prophet spricht die Worte, die ihm Gott befohlen hat. Die Gebeine rükken zusammen, bekommen Sehnen und Fleisch und Haut überzieht sie. Aber es ist noch kein Geist in ihnen. Dann heißt es (Ez 37,10): „Da sprach ich als Prophet, wie er mir befohlen hatte, und da kam Geist in sie. Sie wurden lebendig und standen auf." Auch im Alten Testament wird Geist als Lebensprinzip ausgegeben. Ohne Geist kein Leben. Auch im Alten Testament wußte man etwas von einer Zweiheit der Prinzipien menschlichen Seins (in Gen 2,7 wird das wenigstens angedeutet, wenn auch schwierig wäre, es als eigentlichen Beweis anzuführen).

Zur Lösung der exegetischen Fragen ist es erheblich, einmal festzustellen, wie Jesus selbst die Schrift erklärt hat. Ich wundere mich manchmal, daß die Exegeten das nicht tun. Eine solche Stelle findet sich zum Beispiel bei Mt 22,23–32. Es handelt sich um die Sadduzäerfrage hinsichtlich der Leviratsehe. Die offenbar fingierte Geschichte ist bekannt. Sieben Brüder, der erste heiratet eine Frau, ohne Nachkommen zu erwecken und stirbt. Dann heiratet der zweite die gleiche Frau, um seiner Pflicht zu genügen. Es geht ihm aber gleich. Und so weiter bis zum siebten. Schließlich stirbt auch die Frau. Dann kommt die hinterhältige Frage: Wessen Frau wird sie bei der Auferstehung sein? Die Antwort Jesu kommt von einem höheren Standpunkt her. Er sagt: Ihr irrt euch, ihr kennt weder die Schrift noch die Macht Gottes. Denn nach der Auferstehung werden die Menschen nicht mehr heiraten, sondern sein wie die Engel im Himmel. Habt ihr im übrigen nicht gelesen, was Gott auch über die Auferstehung von den Toten mit den Worten gesagt hat: „Ich bin der Gott Abrahams, der Gott Isaaks und der Gott Jakobs. Er ist doch nicht der Gott der Toten, sondern der Gott der Lebenden."

Demnach beruft sich Jesus nicht auf eine unmittelbare Aussage der Heiligen Schrift, sondern auf die tiefere Voraussetzung, die jeder Erklärung der Offenbarung zugrunde liegen muß. Diese Voraussetzung ist offensichtlich ein großer Gottesbegriff. „Gott ist nicht ein Gott der Toten, sondern ein Gott der Lebendigen." Wenn ich diese stillschweigende Voraussetzung nicht mache, kann ich also die Schrift nicht erklären.

Wäre das nicht eine Lösung für viele exegetische Fragen und Methoden? Klar ist, die Einführungswissenschaft in die Heilige Schrift muß rational argumentieren. Sie darf den Glauben nicht voraussetzen. Der eigentliche Schrifterklärer aber muß aus dem Glauben heraus den Sinn der Offenbarung erschließen. Hiebei muß er der Größe dessen gerecht werden, der hier zuletzt spricht. Dann wird er auch die Gestalt des Ganzen sehen. Er wird sehen, wie eine Entfaltungslinie vom Alten zum Neuen Testament geht. Er wird nicht das Kunstwerk zerstückeln und dann die einzelnen Stücke kritisch befragen. Die einzelnen Teilstücke sind ja nicht mehr das Ganze.

Unter dieser Rücksicht muß ich bewundern, wie zum Beispiel Augustinus den ersten Johannesbrief erklärt hat. Er machte dies in den Predigten an die Neugetauften in der Osterwoche. Dabei hatte er doch kaum irgendwelche Hilfsmittel zur Hand, die unseren Modernen zur Verfügung stehen. Und doch, in welche Tiefen kommt er und bleibt zugleich sehr lebensnahe. So sagt er etwa: Der Reiche, der an seinem Geld hängt, gleicht einer törichten Braut. Sie hat von ihrem Bräutigam ein kostbares Geschmeide bekommen und vergißt über der Betrachtung dieses Schmuckstückes den Spender. Genau so macht es der Reiche. Über der Freude am Reichtum vergißt er den Spender alles Guten.

Ich möchte auch hinweisen auf ein Buch von Gustav E. Closen, „Wege in die Heilige Schrift" (Regensburg 1939). Der Autor ist leider noch während des Krieges gestorben. Das Buch erschien zwar im Jahr 1955 in 2. Auflage, ist jedoch ebenfalls vergriffen; es hätte aber eine neuerliche Auflage verdient.

Weil die in diesem Buch eingeschlagene Methode so wertvoll ist, sei sie hier kurz an Hand eines Beispiels erläutert. Ein Kapitel heißt: Weinberg, Weinstock und Reben in den Gleichnissen der Heiligen Schrift. Die Darlegung geht von Isaias 5 aus. Dort besingt der Prophet fast in der Art eines Liebesliedes den Weinberg, den Gott gepflanzt und gehegt hat. Trotz aller Mühe und Treue brachte er keine Frucht. Und dann: Der

Weinberg des Herrn ist Israels Geschlecht! Was soll der Herr mit diesem Weinberg tun? Er will ihn der Vernichtung preisgeben als enttäuschter Liebhaber.

Darauf baut nun Ezechiel im 15. Kapitel seines prophetischen Buches auf. Der Weinberg ist verwüstet. Es kommt der weiterführende Gedanke, was hat das Holz des Weinstockes voraus vor allen anderen Hölzern? Die Antwort heißt, es ist weniger wert als das andere Holz. Es wird dem Feuer preisgegeben. Der weiterführende Gedanke ist dieser: Wenn Israel seinem übernatürlichen Gnadenruf nicht entspricht, dann ist es auch natürlich gesehen ohne Wert und Bedeutung. Ist der Weinstock nicht fruchtbar, dann ist er nur noch Brennholz und hat seinen Sinn verloren. Das ist eine erschütternde Predigt über die Berufung von Menschen, die ihrer Berufung nicht gerecht wurden. Zuerst die Veruntreuung der Berufung, dann die Folge: sinnlos seid ihr geworden sogar in eurem natürlichen Sein.

Darauf folgt im Psalm 80 (79) noch im Alten Testament die Bitte um die Erlösung des Weinstockes (nicht mehr Weinberg ist hier, sondern Weinstock). „Einen Weinstock hobst du aus Ägypten aus . . . Du schafftest ihm weiten Raum, so daß er tiefere Wurzeln treiben konnte und das Land erfüllte.“ Dann wird von der Verwüstung des Weinbergs gesprochen. Jede Strophe schließt mit dem Kehrvers: „Herr der Himmelsheere, stelle uns wieder her, laß dein Antlitz leuchten über uns, daß wir gerettet werden.“

Klar ist in diesem Psalm die Erkenntnis, wir sind verloren und preisgegeben, wenn du uns nicht rettest. So wird die Erlösungsbedürftigkeit festgestellt und die vertrauensvolle Bitte ausgesprochen, Gott möge wieder die Rettung bringen: Wende uns dein Antlitz zu und alles ist wieder gut. Es ist in diesen drei Lehrstücken viel von der realistisch-biblischen Anthropologie enthalten. Der Mensch weicht von seinem hohen Ziel sowohl als einzelner Mensch wie als ganzes Volk ab. Der Mensch gibt seine Aufgabe preis. Damit gewinnt er nichts, sondern er verliert alles und sich selbst. Nur Gott kann retten.

Die Lösung wird im Neuen Testament geboten, und zwar in Johannes 15, Gleichnis vom Weinstock. Gott findet einen Weg, den unfruchtbaren Weinstock zu erlösen. Er wird selbst zum Weinstock: „Ich bin der wahre Weinstock.“ Von Ihm geht die Kraft in die Rebzweige hinein aus. Damit können neue Früchte ansetzen. Damit kann eine reiche Fruchtbarkeit entfaltet werden.

Es gelingt Closen, schöne Durchblicke zu geben. Vom Alten zum Neuen Testament geht der Weg. Vom unfruchtbaren Weinberg, der seinen Sinn auch im natürlichen Bereich verliert, zur Bitte um Erlösung, die sich im Neuen Testament in ungeahnter Weise vollzieht. Es sind, darauf macht Closen aufmerksam, in diesen Stufen, die in leicht faßlichen, anschaulichen Texten angeboten werden, große Menschheitsprobleme behandelt. Daran denkt man zunächst vielleicht gar nicht. In Isaias 5 liegt der Gedanke von Gnadenangebot und Mißbrauch der Freiheit. Also das große Thema von Freiheit und Gnade. Ezechiel behandelt die Frage von Natur und Übernatur. Wer seiner hohen Berufung nicht gerecht wird, verliert auch die natürliche Chance. Sein Leben kann sinnlos werden. Schließlich kommt die Sehnsucht nach der Erlösung im 80. Psalm und dann im Neuen Testament die tatsächlich durch Gott selbst bewirkte Erlösung. So sind entscheidende Menschheitsprobleme behandelt. Ein Durchblick ist gegeben, der das Mysterium der Heiligen Schrift ganz neu aufleuchten läßt. Hier ist das erfüllt, was wir von unseren Exegeten erwarten würden.

Nach all dem ist es also unrichtig, wenn manche Schrifterklärer glauben, man könne hier nach *allgemeinen* Regeln historischer Wissenschaft allein vorgehen. Diese Regeln sollen nicht außer acht gelassen werden, aber sie genügen nicht. Sie müssen überboten werden durch zwei Fakten, die bei der allgemeinen Historie nicht zutreffen; der letzte Autor bei der Offenbarung ist *Einer,* und dieser *Eine* ist *Gott.* Das ändert das Ganze.

Es ist mir auch immer aufgefallen, mit welcher Unbefangenheit Schlier, einer der besten Exegeten unserer Tage, die Schrift zitiert. Er denkt gar nicht daran, nach verschiedenen Schichten zu suchen: Formgeschichte, Redaktionsgeschichte usw. oder nach Ipsissima verba Jesu (das sind die Worte, von denen auch die kritischen Forscher annehmen, daß sie von Jesus selbst stammen). Er, Schlier, hält sich an das, was Kardinal Ratzinger schon früher schrieb: Es sei auch nicht so wichtig, ob Ipsissima verba vorliegen, denn alles ist inspiriert.

In diesem Zusammenhang ist noch auf etwas aufmerksam zu machen, was nach der modernen kritischen Methode sehr leicht geeignet ist, die Urheberschaft verschiedener Teile der Heiligen Schrift in Frage zu stellen. Es handelt sich konkret um die Autorschaft des hl. Paulus hinsichtlich seiner Briefe. In der neuesten Zeit werden ihm die sogenannten Pastoralbriefe trotz persönlicher Erinnerungen nicht mehr zugeschrieben. Als Begründung dient vor allem, daß in diesen Briefen neue Begriffe auftauchen, die in den früheren Paulinen nicht vorkommen. Es wird zwar eingeräumt, daß die paulinischen Grundgedanken ebenso vertreten sind wie früher, dennoch sei die neue Begriffsbildung zu auffallend, als daß sie dem gleichen Autor zugeschrieben werden könne.

Was ist dazu zu sagen? Nun, soweit sich die neue Auffassung auf diesen Grund stützt, beweist sie doch nichts. Man könnte nämlich ebensogut sagen, die Hirtenbriefe der Bischöfe vor 1965 und nach 1965 stammen nicht von den gleichen Bischöfen, obwohl sie die gleichen Unterschriften tragen. Auch hier treten nämlich neue Begriffe auf, die früher nicht zu finden waren. Andere Begriffe aber, die früher häufig waren, bleiben aus. Zum Beispiel sprachen diese Hirtenbriefe früher oft von der lehrenden und von der hörenden Kirche; ebenso von der streitenden, leidenden und triumphierenden Kirche; häufig war die Rede davon, daß man die gute Meinung täglich erwecken soll, und ähnliches mehr. Wiederum wurde sehr oft von der vollkommenen Reue gesprochen. Desgleichen vom geheimnisvollen Leib Christi.

Von all diesen Dingen hört man jetzt kaum noch etwas. Andere Kategorien treten auf: Volk Gottes, Gemeinde und Ortskirche, Pascha-Mysterium, Eucharistiefeier, um nur einiges genannt zu haben. Das wurde durch das II. Vatikanum bewirkt.

Nun, in der frühchristlichen Zeit gab es auch einen Einschnitt, sogar einen sehr bedeutenden. Die anfängliche Parusieerwartung erfüllte sich nicht. Man mußte sich für eine längere Dauer auf der Welt einrichten. Dadurch wurde zugleich notwendig, den Gemeinden eine festere Einrichtung zu geben, zumal Glaubensirrtümer aus der Gnosis zu erwachen begannen.

Um das alles zu erklären, bedurfte es neuer Gedanken und neuer Begriffe. Mit den Beweisen aus diesen neuen Begriffen ist es also nichts. Die englischen Exegeten belächeln denn auch die deutschen Exegeten.

Zusammenfassend bleibt kurz zu sagen: Das Volk Gottes erwartet von seinen theologischen Lehrern, daß das Mysterium der Heiligen Schrift nicht aufgelöst, sondern daß es erschlossen werde. Eine nach allgemein literarischen Methoden vorgenommene Untersuchung genügt nicht. *Gott* ist der eine und letzte Autor der *ganzen* Heiligen Schrift. Also wird die wissenschaftliche Erschließung dieses Eigengutes auch einer eigenen Methode bedürfen.

13. Kapitel

Kulturkrise

Was ist Kultur?

Wir wollen uns der Kulturkrise zuwenden, in der wir stehen. Da ergeben sich die Fragen: Was ist Kultur? Was ist Kulturkrise? Wie entsteht sie? Aus welchen Elementen setzt sie sich zusammen? Gibt es objektive Kriterien, und so noch vieles.

Zunächst, was ist Kultur? Einfacher, wie wird Kultur? Kultur entsteht durch eigene Anstrengung. Dies im Gegensatz zur Natur, die von selbst wirkt und tätig ist. Wie etwa bei Wachstum, Blühen und Fruchttragen von Bäumen usw. Beim Menschen beginnt die Kultur damit, daß er sich bewußt um Sauberkeit bemüht. Kultur beginnt mit der Seife. Sie setzt sich fort in Kleidung, Wohnung. Dazu kommt sofort die Pflege des Schönen. Der Mensch ist von Natur aus ein Kulturwesen.

Diese Eigenleistung setzt sich fort in der bewußten Vorsorge für sein Leben und den Unterhalt, also beim Landbau, Bevorzugung bestimmter Pflanzen, die ertragreich sind, Besiedlung, Häuserbau usw. Ebenso bei der Bestattung von Toten, womit weitere Entwicklungen angedeutet sind.

Dies alles kann aber der Mensch nicht als einzelner, er braucht andere dazu, die diese Werke vollbringen helfen. So kann man sagen, *Kultur ist bewußt gepflegte Natur, ist gemeinschaftlich entfaltete Natur.*

Daraus ergibt sich sofort eine gewisse Differenzierung von Kultur. Offenbar ist es nicht ganz gleich, ob sich der Mensch um Sauberkeit und Schmuck seiner Kleidung bemüht oder im Landbau, ertragreiche Felder usw. Das eine ist subjektiv, das andere objektiv. Dementsprechend unterscheidet man *Persönlichkeitskultur* und *Sachkultur.*

Und wiederum ist ein großer Unterschied zwischen einem schlichten Bauernhaus, das durchaus schön sein kann und es meistens auch ist, und einem Schloß, etwa des Hochbarock. Dementsprechend gibt es *Volkskultur* und *Hochkultur.* Weniger bei Volkskultur, mehr bei Hochkultur kann eine Spannung zwischen Natur und Kultur entstehen. Kultur ist entfaltete Natur, wie wir sagten.

Die Kultur kommt bei Hochkultur in Gefahr, die Natur nicht zu entfalten, sondern zu unterdrücken. Ein Beispiel dafür ist ein Wort, das ich einmal las: „Unsere Wissenschaftler sind brillentragende Blaßgesichter". Nun, ich glaube, dieser Zustand ist, wenn er je bestand, überwunden. Das Wort deutet aber die Gefahr genau an. Wiederum gibt es eine Spannung zwischen Persönlichkeitskultur und Sachkultur. Wenn sich die Menschen fast nur der Entfaltung der Sachkultur zuwenden, so sinkt die Kultur zur bloßen Zivilisation ab. Das ist heute weitgehend der Fall. Große technische Werke entstehen, Straßen werden gebaut, Hotels für Fremdenverkehr eingerichtet . . . Was aber ist mit dem Menschen? Der Mensch wird angeleitet, Diener der Sachkultur zu sein. Was aber geschieht mit ihm selbst? Auf diese Frage kommen wir noch zurück.

Zur vollentfalteten Kultur, gleichviel, ob Volkskultur oder Hochkultur, gehören drei Stücke, Religion, Kunst, Wissenschaft. In der Religion frägt der Mensch nach seinem Woher und seinem Wohin. Diese Fragen brechen aus der ihm eigenen Natur von selbst auf.

Ich kann mich an ein solch kleines Erlebnis aus der Kinderzeit erinnern. Von einer Anhöhe aus sah ich zum erstenmal den Bodensee. Die Größe beeindruckte mich. Sofort kam mir die Frage, wer hat den Bodensee gemacht? Das war mit knapp sechs Jahren. Die Kausalfrage ist also sofort da. Und etwas später nach der Kausalfrage kommt die Zweckfrage, wofür ist das? Damit ist unreflex schon die Sinnfrage verbunden.

Ebenso spontan bricht im Menschen das Verlangen nach dem Schönen auf. Zuerst vielleicht nur als Schmuck, dann aber auch sehr früh beim Wohnungsbau und bei Einrichtungen. Das gleiche zeigt sich ebenfalls früh schon selbständig und um seiner selbst willen. So etwa die vorgeschichtlichen Höhlenzeichnungen und anderes mehr.

Die reflex vorgehende Wissenschaft entsteht begreiflicherweise zuletzt. Doch hat sie eine Vorstufe in dem grübelnden Menschenverstand, der von Anfang an nach Ursache, Wirkung und nach dem geheimnisvollen Wesen der Dinge sucht. Um zur voll entfalteten Wissenschaft zu werden, die methodisch und systematisch nach Ursache, Wirkung und Wesen frägt, bedarf es selbstverständlich vieler Voraussetzungen. Es muß bereits eine Schriftkultur da sein, es bedarf der Schulen und der Schulung, der großen Meister und Initiatoren und noch vieles.

Eine Frage: Warum streben die Menschen naturhaft nach Kultur? Kultur wird als Wert erlebt. Gleichviel, ob sie nun Sachkultur oder Persönlichkeitskultur ist, Volkskultur oder Hochkultur. Sind diese Werte etwas Subjektives oder etwas Objektives? Nun, zuletzt ist auch das Subjektive etwas Objektives. Jedes Ich ist ein Subjekt, aber es ist ebenso objektive Wirklichkeit. Die Werte sind durchaus objektive Größen. Wir haben die Wertordnung schon kennengelernt: Nützlichkeitswerte, Vitalwerte, geistige Werte, absolute Werte. Es ist leicht einzusehen, daß das objektive Größen sind. Etwa das elektrische Licht, die behende Muskelkraft, die Geistwerte, die in der Kultur zum Ausdruck kommen, die absoluten Werte, etwa das Ethische. Das bestreitet manche Wissenschaft zwar, aber zu Unrecht. Ein anständiger Autolenker schneidet nicht die Kurven, so und so viele Unfälle vermeidet er daher. Nun, ist das nicht etwas Objektives?

Umwertung und Krise

Kultur beruht also auf Werten; und, so muß man hinzusetzen, deren Dominanten. Die vier Grundwerte lassen vielfache Kombinationen zu. Welches ist der Höchstwert?

Es sei erinnert, in der abendländischen Geistesgeschichte sind die absoluten Werte die Höchstwerte. Aber schon in der Renaissance brechen andere Ideen auf. Macht und auch das Schöne gelten als Höchstwerte. Das gebar den amoralischen Staatsmann; auch den Künstler, der über den sittlichen Gesetzen steht. Weiter ging Nietzsche, bei dem Vitalwerte zum ersten Wert aufrückten. Bei Marx aber wurden die Nutzwerte zum ersten Wert. Das hängt mit seinem grundsätzlichen Materialismus zusammen. Die Meinung freilich, wenn die stofflichen Güter gleichmäßig verteilt sind, werden auch die menschlichen Probleme gelöst, ist utopisch. Da gibt es noch ganz andere Probleme. Probleme der Geltung, des Neides, der Eifersucht, des Egoismus, und den Gruppenegoismus, den Nationalegoismus usw.

Durch dieses Durcheinander verschiedener Wertauffassungen entstand die Meinung, daß alle diese Ideen unverbindlich seien, angefangen von den sittlich religiösen Werten bis hinunter zu den letzten, die eben auch die obersten Werte sein können. Deswegen ist in unseren Tagen die Problematik über die Grundwerte aufgebrochen. Wenn nämlich keine gemeinsamen Werte mehr anerkannt werden, läßt sich ein Staat und ein Volk nicht mehr lenken. Aus diesen Diskussionen kamen weithin die Werte Freiheit, Gleichheit, Gerechtigkeit heraus, wie ähnlich schon bei der Französischen Revolution. Von einer grundsätzlichen Debatte wurde abgesehen. Es fehlte dann die Vertiefung. Und ebenso auch die allgemeine Annahme dieser Werte. In Wirklichkeit geht es in der Praxis primär um etwas anderes. Wohlstand und Lebensgenuß regieren. Es ist Marx und Nietzsche zusammengenommen, Nutzwerte und Vitalwerte gelten als Höchstwerte.

Im Zusammenhang mit dieser Umwertung hat sich aus dem modernen Fortschritt etwas Weiteres entwickelt. Wissenschaft und der daraus ermöglichte technische Fortschritt haben eine wissenschaftlich-technische Kultur hervorgebracht. Damit wurde eine ganz geänderte Auffassung von Wissenschaft geboren. In der Wissenschaft geht es nicht mehr um zweckfreie Wahrheit, sondern um die Nutzbarkeit. Diese Auffassung dominiert heute.

Daraus kam die optimistische Meinung, Wissenschaft und Technik liefern uns die Grundlagen für Wohlstand und Lebenslust. Das ist die Hauptsache. Alles andere ist unverbindlich. Damit aber ist, sobald dies öffentliche Meinung geworden ist, die Kulturkrise da. Kulturkrise ist Wertkrise, wie aus dem Zusammenhang hervorgeht. Hier ist nämlich die Natur der Dinge verkannt. Es geht in der Wissenschaft um Wahrheit, nicht einfach um Zweckmäßigkeit. Diese Auffassung bedeutet also einen Rückschritt. *Kulturkrise* besteht genau darin, daß die bestimmende öffentliche Meinung die höheren Werte nicht mehr anerkennt. Es entstand der unverbindlich-individualistische Egoismus, geradezu der Kult des Egoismus, es entstand die Leibdominante, es geht um Leibsorge, nicht mehr um Seelsorge.

Aus allem zusammen wurde die hedonistische Lebensauffassung geboren. Höchstwert ganz konkret, ist die sinnengebundene Lust, die wiederum mit Geschlechtslust nahezu identifiziert wird. Der höchste Unwert ist die Unlust, also Leid, Schmerz usw. Von dem Schiller'schen Satz: „Das Leben ist der Güter höchstes nicht. Der Übel größtes ist die Schuld", ist nichts mehr in Erinnerung.

Daher denn auch Ehescheidung, Abtreibung, Euthanasie. Schließlich auch Ablehnung der Familie, die als antiquierte Einrichtung gewertet wird. Alles wird unverbindlich, richtig ist das, was lustbetont und vorteilhaft ist. Das Gewissen bildet sich jeder selbst zu seinem eigenen Nutzen. Der Staat wird nicht mehr als die res publica (also als unsere gemeinsame Sache), angesehen; alles nehmen, nichts geben, ist die Devise.

Im Zusammenhang damit sind die Jugendunruhen zu erklären.

Die erste Jugendunruhe entstand in den späten sechziger Jahren. Sie war von der akademischen Jugend getragen. Akademische Irrlehrer, wie etwa Marcuse, haben einen großen Anteil daran. Die Gedankengänge gingen grundsätzlich nach Verneinung der Gesellschaft, die plötzlich an allem schuld sein sollte. Daher zielt die Bewegung auf Umsturz, auch mit Gewalt. Die echten akademischen Lehrer wissen allerlei davon zu erzählen. Freilich waren auch bessere Klänge zu vernehmen, zum Beispiel Kampf gegen den bloßen Materialismus und Wohlstand. Diese besseren Klänge verstummten aber bald. Die Jugend selbst hat ungebrochen diesen Lebensstandard gelebt und auch gefordert. Im Hintergrund stand freilich etwas anderes. Darauf kommen wir später zurück.

Jetzt leben wir in einer zweiten Jugendunruhe. Sie gefährdet bereits die Tendenzwende, die in den späten siebziger Jahren aufgebrochen war, und die mit dem Wort „fragende Jugend“ gekennzeichnet werden konnte. Sie hielt nach echten Antworten Ausschau. Möge diese wertvollere Haltung dennoch ihre Bedeutung bewahren. Freilich muß bemerkt werden, daß nur die kleinere Zahl der Jugend diese wertvolle Haltung angenommen hatte, die Mehrheit sucht das bequemere Leben.

Diese zweite Unruhe nahm also Ausgang von einem berechtigten Anstoß. In großen deutschen Städten mit Wohnungsnot standen viele Häuser leer. Da liegen Versäumnisse vor. Man wollte zunächst den Althausbestand beseitigen und Neues schaffen. Dann aber ging das Geld aus. So ließ man alles liegen. Daß das berechtigterweise Unwillen hervorrief, ist begreiflich. Auch Erwachsene sind an dieser neuen Unruhe beteiligt. Schnell aber zeigte sich, daß die frühere grundsätzliche Verneinung wieder an die Oberfläche drang. Gewalt wurde angewendet, sinnlose Zerstörung kam an die Tagesordnung. So muß man nach den tieferen Gründen suchen.

Es erwachte in der Jugend eine starke Abneigung gegen die Lebensbedingungen einer großtechnisch geprägten Kultur oder Zivilisation, die anonymen, unpersönlichen Charakter trägt, die zugleich undurchschaubar ist. Daher werden alternative Subkulturen angestrebt. Man will sich aus der Welt der Erwachsenen emanzipieren. Nicht wenige Jugendliche lehnen das Zusammenleben mit ihren Eltern ab, suchen sich eine eigene Bleibe.

Daraus spricht ein Schwund an Vertrauen, der über die Jugend hinaus auch manche Erwachsene ergriffen hat, besonders gegenüber Politik und den Politikern. Man will aus der öffentlichen Gesellschaft aussteigen und flüchtet sich in das Utopische.

Hier sind Querverbindungen zum Umweltschutz, zur Grünen Bewegung gegeben. Natürlich besteht auch Gegnerschaft zu den Atomkraftwerken, zum Dienst mit der Waffe. Der herrschende Lebensstil sei sinnlos, darüber hinaus, zum Beispiel, das ganze Leben sei sinnlos. Von den amerikanischen Hochschülern wurde statistisch festgestellt, daß 81 Prozent von der Sinnlosigkeit des Lebens überzeugt seien. Ein Recht auf angebliche Notwehr, auch mit Gewalt, wird verkündet. Jeder zwanzigste Lehrer in den USA hat von seinen Schülern schon Gewalt erlitten. Das sind de facto hunderttausend Lehrer, da es deren in den USA zwei Millionen gibt. Nicht wenige wurden sogar ernst verletzt. In Deutschland gilt die Gewalt gegen Sachen. Waschräume in Schulen werden demoliert, Garderobenwände werden eingetreten und anderes mehr.

Von der Alternativbewegung sei das eine oder andere Beispiel hierher gesetzt. Es werden Buchläden eröffnet, freilich mit einer Literatur, die keineswegs aus einer besseren Welt kommt. Es werden Zeitungen ins Leben gerufen, die immerhin schon eine Auflage haben, daß sie sich selbst erhalten können. Die Ideen decken sich mit dem, was oben dargelegt wurde. Freizeitprojekte werden lanciert, die sich bindungslos abwickeln, und ähnliches mehr.

Natürlich wird dabei von zivilem Ungehorsam gesprochen. Desgleichen von Gewaltfreiheit. Nur schade, daß die gleichen Leute selbst die Gewaltanwendung nicht scheuen. Getragen wird das Ganze weithin, aber nicht ausschließlich, von der Neuen Linken. Söhne und Töchter von Eltern in höheren Stellungen und mit hohem Einkommen sind zahlreich dabei, oft natürlich auch Drogenabhängige.

Der Umfang der Beteiligten ist beträchtlich. Nach einem Bericht der Herder Korrespondenz sind je nach Landschaft und Großstadt zwölf bis zwanzig Prozent der Jugendlichen davon erfaßt. Lebensqualität wird angestrebt, nicht Arbeit. Vielfach wird gesagt, Schule und Beruf soll man abschaffen. Man wolle ungehinderte Selbstverwirklichung. Klagen kommen über die Unmenschlichkeit der Großstädte mit ihren Hochhäusern und Straßenschächten. Die Familie sei konfliktträchtig.

Hinter allem steht meist unausgesprochen: diese Jugend hat keine Gewissensbildung mehr erhalten. Nicht daß all diese Dinge einfach falsch wären. Doch fehlt die hinreichende Kenntnis dessen, was möglich ist. Es fehlt ebenso das Bewußtsein sittlicher Verpflichtung.

Das zeigt sich denn auch auf dem Gebiet der Ehe und Familie. In Deutschland lehnen schon bis zu 20 Prozent der 18- bis 30jährigen die Ehe grundsätzlich ab. Ehe sei eine veraltete Einrichtung. Unverheiratetes Zusammenleben ist bereits gesellschaftsfähig geworden. Auch diese Auffassung umfaßt alle sozialen Schichten. In Österreich besteht, wie erwähnt, das schlechte Gesetz, daß ledige Mütter im Karenzurlaub, also nach der Geburt eines Kindes, für die Dauer eines Jahres eine Monatsvergütung bekommen, die um 50 Prozent größer ist als die Monatsvergütung für eine verheiratete Frau, die ein Kind bekam. Diese Vergütung kann bei der ledigen Mutter auf drei Jahre erstreckt werden. Das bewirkt, daß mancherorts bei jungen Paaren die Ehe ohne Trauschein schon auf 30 Prozent angestiegen ist. Die für das Kind lebensnotwendigen Beziehungen werden vielfach auf Kindergärten und Schulen verlagert. Die Schule aber soll nicht erziehen, sondern nur unterrichten. Man schafft in ihr weitgehend die Klassengemeinschaft ab, die noch die einzige Möglichkeit darstellt, dem Kind eine ruhige Geborgenheit zu vermitteln.

Übrigens kennen die Ehen ohne Trauschein nicht weniger Konflikte als die normale Ehe. Hinter dieser neuen Auffassung und Praxis steht die Bindungsscheu, die Unfähigkeit zu Dauerentscheidungen, die wir bei der jungen Generation auch sonst vielfach feststellen müssen. Man vertraut auf die Kraft der Gefühle auch ohne institutionelle Bindung. Früher gab man Versprechen an heiliger Stätte ab, damit ein Band da sei, wenn die Gefühle nicht mehr ausreichen. Das war wirklichkeitsnäher. Man erfährt neuerdings, daß das Gefühl der Liebe allein nicht ausreicht und dann wird gesagt, ohne Liebe sei auch die Treue ein leeres Wort. Dennoch wird die Trennung meist als Scheitern erlebt.

Dazu kommt, daß aus dem Zeitgeist heraus ein übertriebenes Streben nach Gleichheit und Gleichberechtigung vorliegt. Daher will jeder jedes tun. Das aber läßt keine echte Partnerschaft mehr zustande kommen. Vertrauen ist dem Menschen aber naturgemäß. Der Mensch will nicht allein sein und kann es wohl auch nicht. Man spricht sogar von der Isolierfolter, wenn Menschen in Haft allein in einer Einzelzelle sein müssen.

Das sind deutliche Zeichen dafür, daß Bindungen naturhaft gegeben sind. Wenn man allein ist, fühlt man sich überflüssig, wenn man nicht gebraucht wird. Festzuhalten ist, dauerhafte Bindung kann sich nicht allein auf Gefühle verlassen.

Ehe ist also nach dieser neuen Auffassung eine überholte Konvention. Der Sinn der Institution wird nicht mehr erlebt. Ein so bedeutender anthropologischer Forscher wie Gehlen sieht jedoch in der Institution die Korrektur gegen den bloßen Subjektivismus. Es fehle freilich bei den jungen Menschen das richtige Leitbild. Sie hätten nur ein patriarchalisches Leitbild, das sie ablehnten, nicht aber das Leitbild der partnerschaftlichen Ehe und Familie.

Es ist zu beachten, daß auch für die partnerschaftliche Ehe eine echte Bindungsfähigkeit vorausgesetzt werden muß. An dieser fehlt es aber heute. Man liebt das Unverbindliche. Das hängt mit dem falschen Freiheitsbegriff zusammen. Man weiß nichts mehr von wesensgemäßen Bindungen. Eine solche wesensgemäße Bindung ist, daß wir Menschen kleine, überschaubare Gemeinschaften brauchen. Also entsteht das Gefühl der Vereinsamung und damit auch der Aggression.

In diesem Zusammenhang ist es von Interesse, von einer Erfahrung in Deutschland zu hören. Wo in deutschen Schulen die Klassenkameradschaft wegen der Sondergruppen aufgehoben wurde, da wird sehr viel demoliert. Wo die Klassenkameradschaft mit eigenem Schulzimmer aufrechterhalten wurde, wird nicht demoliert. Das ist die Rückprobe dafür, daß sich auch junge Menschen in einem vertrauten Kreis viel geborgener fühlen.

Es ergibt sich, daß die Frage nach dem Verhältnis von Individuum und Gesellschaft heute praktisch vielfach ungeklärt ist. Auch weiß man nicht mehr, daß Liebe nicht einfach im Gefühl besteht, sondern eine Angelegenheit gemeinsamer Aufgabe und Verantwortung ist. Treue ist gerade dann besonders notwendig, wenn das Gefühl erkaltet.

Das alte Rom

Um diese Dinge unbefangen in den Blick zu bekommen, wollen wir ein geschichtliches Modell betrachten, dessen zeitlicher Abstand so groß ist, daß alles klar und abgeschlossen vor uns liegt. Ich meine das alte Rom. Aber nicht in seiner klassischen Zeit, sondern in der Spätzeit, da sich durch die Ausweitung von Macht, Herrschaft und Reichtum eine Kulturkrise abzuzeichnen begann.

Wir haben für die damaligen Zustände gute Zeugnisse von bedeutenden Männern jener Zeit. Cicero beklagt sich, daß die Zahl der großen

Männer immer mehr abnehme. Man kümmere sich auch nicht darum, daß solche herangebildet werden. Die Zahl der Beamten und der Gesetze werde ständig vermehrt. Steuergelder werden verschwendet, die Bestechlichkeit nehme zu. Ebenso wachsen die Schulden, sowohl der Privaten wie die des Staates. Der Konsum werde ständig gesteigert. Der Staat muß für den Unterhalt sorgen: panem et circenses. Der Strafvollzug werde aufgeweicht, der Militärdienst vielfach abgelehnt. Dafür setze Bandenbildung ein. Die Banden wüten und zerstören den öffentlichen Raum. „Wir müssen mit dem Verbrechen leben." Gladiatorenkämpfe und Tierkämpfe mit ungeheuren Auslagen fänden statt. Die „Pompa" werde immer öfter gewährt.

Seneca und Tacitus beklagen sich über vielfältigen und unnotwendigen Luxus. Die Mahlzeiten seien zur Verschwendung entartet, Kleidung und Schmuck übertrieben; der Tourismus (!) werde mit Hektik betrieben, dafür werde die Arbeitszeit verkürzt. Seneca beklagt sich noch im besonderen über die Zerstörung des Schamgefühls, die herausfordernde Kleidung; die vermehrten gleichgeschlechtlichen Vergehen, das Absinken des Theaters; Sexualität und Brutalität nähmen zu.

Dann weiter: Die Erziehung werde vernachlässigt, alle Launen des Kindes werden respektiert; die Eltern werden von den Kindern terrorisiert. Die Ehescheidung sei erschreckend, die Ehe sei überhaupt veraltet, die Frau wolle die Rolle des Mannes spielen, sie sei nicht mehr bereit zur Mutterschaft. Desgleichen sinke die Kinderzahl rapid ab. Die Erwachsenen seien mit ihrem Reichtum und Wohlstand beschäftigt.

Wiederum: Die Jugend vernichte ganze Bibliotheken, zeige Zerstörungswut, sei intellektualistisch angekränkelt und werde immer wieder neurotisch, leide am Verlust der inneren Werte, statt Virtus = Mannestugend gelte nur noch das bloße Wissen.

Die Kunst treibe Kult mit dem Häßlichen und Perversen. Die Götter werden bedenkenlos entthront, man verfalle dem blinden Fatum, der Pessimismus nehme überhand. „Das beste ist, nicht geboren zu sein."

In Griechenland war schon Plato der Ansicht, daß der Mangel an Festigkeit bei der Erziehung und die damit verbundene Nachgiebigkeit die Ursache der jugendlichen Entartung sei. Führungskraft bedeute für das Kind und den jungen Menschen eine Lebenshilfe. Die Verweigerung dieser Lebenshilfe sei schuldbar. Anders ausgedrückt, Vorenthaltung der Autorität sei Sünde, denn Autorität kommt von augere = vermehren, stärken. Es geht also immer um einen Dienst am Leben.

Es gibt ein interessantes Wort von Goethe: „Die Welt kann nur durch die gefördert werden, die sich ihr entgegenstellen. Wer sich ihr anpaßt, ist für alles tüchtige Leben verloren."

Ich meine nun, es ist wohl jedem Leser aufgefallen, daß sehr viele Erscheinungen dieser spät-römischen Zeit eine auffallende Ähnlichkeit mit unserer Zeit haben, um nicht geradezu zu sagen, eine Gleichheit.

Das alte Rom hat von anderen Werten gelebt. Da war die Virtus, die Festigkeit, Tapferkeit, Einfachheit. Das alte Rom war religiös. Religion und Götterglaube war öffentliche Angelegenheit, war Staatssache. Diese früher gelebten Werte waren nun gewichen. An ihre Stelle trat die Auflösung des religiösen Glaubens und der Sittlichkeit. Und negativ, dafür trat die Betonung der Macht und des Reichtums hervor. Mit Gläubigkeit und Sittlichkeit verfiel auch die öffentliche Sitte. Dabei ist Sitte als eigene Größe zu verstehen, wie früher dargelegt. Sitte drückt sich in einem Verhalten aus, das allgemein Geltung hat.

In Rom kam noch folgendes dazu. Wie bemerkt, wollten die jungen Römer nicht mehr Militärdienst leisten. Fremde Söldner mußten aufgenommen werden, und zwar in immer steigender Zahl. Allmählich gab es natürlich auch Söldnerführer, die einige Bedeutung hatten. So waren denn alle Voraussetzungen für einen Umsturz gegeben. Die Charakterwerte waren geschwunden, man hatte nichts mehr, wofür man sich einsetzen konnte. Es brauchte keinen Sturm mehr, ein Windhauch genügte. Der Zusammenbruch war da. Daraus können wir für unsere Zeit einiges lernen.

Dieses geschichtliche Beispiel zeigt uns, daß mehrere wichtige Faktoren zusammenkamen, um das erschreckende Ergebnis zu bewirken: der alte Glaube zerfiel, die strenge Sittlichkeit desgleichen; damit auch die alte, ehrenwerte Sitte, die die frühere Häuslichkeit und das öffentliche Leben durchdrungen hatte. Damit wurden auch die festen Einrichtungen Ehe, Familie, Staat, die in unruhigen Zeiten stabilisierend gewirkt hatten, in den Zusammenbruch hineingezogen.

Und wir

Nun blicken wir auf uns. Wie sieht es hier aus? Weithin genau so. Doch kommen einige Differenzierungen dazu, die die Sache noch verschlimmern. Also, der alte christliche Glaube hat schwere Einbußen erlitten, noch schwerere die Sittlichkeit. Damit ist auch die alte Werthierarchie dahin. Nutzwert und Vitalwert stehen an höchster Stelle. Anders ausgedrückt, der Lebensstandard spielt die Hauptrolle. Das Gewissen fällt aus. Die private und öffentliche Sitte zerfällt immer mehr. Die Ehrfurcht ist dahin, die öffentliche Schamlosigkeit macht sich breit. Nicht nur in Städten, sondern auch in Dörfern gehen die Fremden und Feriengäste ungeniert mit bloßen Badehosen bekleidet auf Straßen und Plätzen dahin. Die gültigen Institutionen werden ebenso abgelehnt wie Ehe, Familie, Staat, Kirche. Ehe ohne Trauschein wird ohne weiteres auch im gesellschaftlichen Leben akzeptiert.

Vor wenigen Jahrzehnten war es in unseren Dörfern noch so, daß nicht christlich verheiratete Paare öffentlich geschnitten wurden. Sie wurden auf Dorffesten, aber auch auf Bällen nicht eingeladen. Man nahm sie nicht zur Kenntnis. Jetzt ist das alles bedeutungslos geworden, womit nicht gesagt sein soll, daß die alte Sitte wieder erstehen sollte; es gäbe verschiedene Formen, um auf etwas, was nicht in Ordnung ist, aufmerksam zu machen. Aber es fehlt ein einheitliches Menschenbild, das einen sittlichen Leitgedanken ausdrückt. Lebensqualität, Wohlstand und Lust, Emanzipation und Sicherheit spielen die Hauptrolle.

Dazu kommt etwas, was von der Wurzel her krank macht. Und hier liegt der letzte Hintergrund aller Jugendunruhen. Das Kind wächst weithin nicht mehr in der lebensrichtigen Weise auf. Wie erwähnt, war das kindliche Leben früher gekennzeichnet durch Geborgenheit, Lebensfreude und Ehrfurcht. Geborgenheit bei Mutter und Vater; daraus erfloß die natürliche Lebensfreude; aus dieser Geborgenheit, die von den Eltern vermittelt wurde, entsprang die Ehrfurcht. Das ist nun anders geworden. Viele Kinder erfahren keine Geborgenheit mehr. Die Mutter ist hauptamtlich beschäftigt und nicht zu Hause. Die Kinder, sogar Kleinkinder, werden sich selbst überlassen.

Diese Liebesverweigerung versucht man durch große Geschenke zu ersetzen. Aber das ist ein schlechter Ersatz. Denn das Kind kann sich nicht von selbst lebensgerecht entwickeln, die Mutterferne ist naturwidrig und schöpfungswidrig. Aus ihr entsteht bei vielen Kindern die neurotische Verwahrlosung. Das Kind hat also Antriebsstörungen und leidet an Passivität. Auf der anderen Seite ist es unmotiviert und aggressiv und stellt Riesenforderungen. Größer werdend neigt es zum kollektiven Lebensstil, verbindet sich mit andern, die ähnlich geartet sind. Alle haben Verhaltensstörungen und ein Schrumpfgewissen.

Durch viele Untersuchungen ist nachgewiesen, daß auch Kinder der oberen Kreise in diesen Verfall einbezogen sind. Christa Meves berichtet von einem Fünfzehnjährigen aus der oberen Gesellschaftsschicht, der an einem Stehldrang litt, obwohl er alles hatte. Durch tiefenpsychologische Behandlung wurde deutlich, der Bub hatte Hunger, nämlich Hunger nach der Mutterliebe, die ihm als Kind verweigert worden war. Er findet nun keinen anderen Ersatz als eben zu Stehlen. Der Fall ist repräsentativ. Dabei sind aber die Folgen nicht immer die gleichen, nicht alle stehlen. Andere schließen sich in Banden zusammen, werden aggressiv und revolutionär und ähnliches mehr.

Alle diese Kinder sind also verhaltensgestört, sie müssen heilbehandelt werden. Dabei ist diesen Kindern natürlich nicht bewußt, warum sie so sind. Ihr Leben ist freudlos, es ist um Geborgenheit und mütterliche Zuwendung betrogen. Das macht sie so.

Es gibt die Gegenprobe von hospitalisierten Kindern und Sträflingskindern. Hospitalisierte Kinder sind solche, die in hygienisch einwandfreien Säuglingsheimen genährt wurden und auch später in verschiedenen Heimen untergebracht wurden und so aufgewachsen sind. Sträflingskinder werden von ihren Müttern in der Gefangenenanstalt geboren und dort auch von diesen betreut. Ergebnis ist, die Sträflingskinder sind gesünder, erliegen weniger Infektionskrankheiten. Es gibt unter ihnen weniger Sterbefälle als bei den hospitalisierten Kindern. Die einen haben ihre Mütter, die anderen alles, außer der mütterlichen Zuwendung. Das ist also entscheidend.

Eine alte Urkunde aus dem 13. Jahrhundert gibt einen Bericht über einen eigentümlichen Vorgang. Damals fragten sich die Gelehrten, welches die Ursprache der Menschheit sei. Kaiser Friedrich II. ordnete an, daß eine große Zahl von Kriegswaisen, deren es damals genug gab, in einem Heim untergebracht werde. In diesem Heim hatten Kriegsinvaliden die Verpflegung und Betreuung der Kleinkinder zu übernehmen. Sie hatten den strikten Auftrag, kein Wort mit den Kindern zu sprechen. So wollte man die Ursprache des Menschen erheben, die nämlich die Kinder aus sich aus entwickeln sollten. Nun, das Experiment hatte kein Ergebnis. Die Kinder waren alle, bevor sie reden konnten, gestorben. Die Begebenheit ist so gut bezeugt, daß man nicht wohl daran zweifeln kann.

Das eine bestätigt das andere. Die mütterliche Zuwendung ist von ausschlaggebender Bedeutung.

Christa Meves berichtet noch eine erschreckende Tatsache: Mutterferne gefährdet, nach genauen Untersuchungen, fünfmal mehr dazu, kriminell zu werden, als sämtliche anderen Gründe. Wegen dem Liebesmangel oder der Liebesverweigerung entsteht die Aggressivität. Die Aggressivität wird nicht selten an unschuldigen Opfern abreagiert. Die eigenmächtige Triebhaftigkeit führt bis zur totalen Zerstörung. Und zwar zur Zerstörung der Gesellschaft und des eigenen Ich. Wer denkt hier nicht an die Jugendunruhen! So werden die Folgen lebenswidrigen Verhaltens an Kindern tragisch deutlich.

Die Untersuchung eines Wiener Mediziners besagt, daß es viel weniger kosten würde, den Müttern, die ihre Kinder selbst erziehen, ein entsprechendes Muttergeld zu geben, als diese große Zahl von verhaltensgestörten Kinder zu heilen. Volle Heilung werde ohnedies oft gar nicht erreicht.

Etwas Tragisches geschieht hier. Diese jungen Menschen suchen nach Selbstverwirklichung, bewirken aber nur eine Selbstzerstörung. Alle Entfaltung muß den Lebensgesetzen entsprechend erfolgen. Die Hauptschuld aber tragen hier die Erwachsenen. Wozu noch zu bemerken ist, daß sowohl bei den Erwachsenen wie bei den Jugendlichen nicht nur ein Streben nach Wohlstand, sondern ein viel weitergehendes nach voller Autonomie (ich bin mir selbst Gesetz) vorhanden ist, das die Auswirkungen ins Erschreckende vergrößert. Man denke an die Terroristen.

Hier ist übrigens die Stelle, wo die biologisch-lebenswidrige Aufzucht sich mit dem seelisch-geistigen Bereich berührt. Würde dem Kind, das Anfänge der Verhaltensstörung zeigt, religiöse Bildung und Gewissenserziehung gegeben, so wären die Auswirkungen nicht so tragisch, sie würden gemildert. In vielen Fällen, wenn frühzeitig geholfen würde, könnten die Schwierigkeiten sogar gelöst werden. Ein voll verhaltensgestörtes Kind bedarf freilich des Psychotherapeuten. Die hier aufbrechende Unheilstiefe der Seele bedarf der seelenkundigen Betreuung.

Daher ist sehr ausdrücklich daran zu erinnern, daß Gebsattel feststellt, durch falsches Handeln werde die Natur der Antriebe umgebildet. Es wächst eine Schicht von verkehrten Impulsen und Antrieben heran. Das Verkehrte (sittlich gesehen, das Böse) inkarniert sich in der Tiefenschicht des Menschen. Erbsünde realisiert sich aufs neue. (Es sei bemerkt: Wenn man den Satz Röm 5,12 übersetzt: „*weil* alle sündigten“ [nicht in quo], ist klar, daß die Ursächlichkeit der ersten Sünde die Mit-Ursächlichkeit der späteren Sünden nicht ausschließt.) Unkritisch entsteht die Überzeugung, daß damit die personale Tiefe aufgebrochen sei. Es ist aber in Wirklichkeit nicht die Tiefenperson, sondern die Primitivperson. Aus atavistischen Trieben wird sie verspätet reaktiviert. Der Sinn des Lebens verschiebt sich von oben nach unten. Nicht personale Liebe wird freigesetzt, sondern blinde Triebhaftigkeit und sexuelle Hörigkeit entstehen. Lebenshäresien, die es auch gibt, feiern lächelnd Urständ. Hörigkeit nimmt zu, Sexualprimitivlinge überbieten sich gegenseitig.

So ist eindeutig, das Persönlichkeitsniveau sinkt ab. Die eigentlichen Führungsstellen fallen aus. Die Fähigkeiten der Primitivperson werden aufgewertet. Der rücksichtslose Egoismus wird unter dem Kennwort Selbstverwirklichung großgeschrieben, Gewaltinstinkte und Gewalttaten haben den Beifall auf ihrer Seite. Gebsattel sagt hiezu: Zum Ausgleich entstehen Angst, Verzweiflung und Neurosen.

Er bemerkt weiter: Die echten Führungspotenzen der Persönlichkeit hängen von den menschlich personalen Akten ab, die als Glaube, Hoffnung und Liebe zu bezeichnen sind. Es bestehe ein Zusammenhang zwischen dem Verlust dieser Akte und der Aufwertung der Primitivperson. Es beginne die Entwertung der obersten Werte, ihre Verbindlichkeit gerät ins Wanken. Die Möglichkeit zur Entfaltung der Vollperson werde gering, die falsche Wertung setze sich sozial durch. Daraus aber entstehe der Nihilismus. Dieser aber ist nichts anderes als die Leugnung aller Werte.

Fassen wir nach diesen Erörterungen kurz zusammen: Kulturkrise ist immer eine *Wertkrise.* So war es im alten Rom. So ist es heute. Die Kulturkrise beginnt mit dem Wanken der obersten Werte. Die Fragen nach dem Ewigen werden zurückgestellt. Das verbindliche Ethos wird aufgelöst. Sittlichkeit und Sitte verfallen. Der Primitivperson wird Autonomie-Charakter zuerkannt. Absolute Selbstbestimmung und Selbstverfügung! Religion aber und Gott werden als etwas Unrealistisches angesehen, das die volle Persönlichkeit breche. Daher entstehen die Anti-Theisten, nicht nur ohne Gott, sondern gegen Gott, wie Nietzsche und andere.

Dazu kommt heute von seiten der Technik und Wirtschaft der Glaube, der Mensch kann alles selbst. Und die Wissenschaft hat die Welträtsel geklärt. Demnach wir wissen alles, wir können alles, wir brauchen Gott nicht mehr. Alte Werte sind relativ. Nur schade, daß jetzt die dreifache oder vierfache Krise aufgebrochen ist.

Dazu tritt schließlich die Gefährdung der biologischen Basis, die biologisch gefährdeten Kinder, die weithin verhaltensgestört sind, nehmen zu. Das wirkt sich wieder in der Aggressivität der Jugend aus. Man wundert sich, daß diese Menschheit noch leben kann, ohne leib-seelische Gesundheit, ohne verbindliche Werte, ohne letzten Lebenssinn.

Diese Kulturkrise setzt sich also bei der jungen Generation vor allem aus diesen zwei Elementen zusammen: vorbewußt, aber durchaus wirksam aus der fehlenden Betreuung im Kindesalter, bewußt aber durch das Fehlen der echten Wertorientierung. An beidem ist weithin die Erwachsenen-Generation schuld.

Es war daher etwas optimistisch, von der Tendenzwende 1975 zu erwarten, daß die Krise überwunden sei. Zwar ist nicht zu leugnen, daß im gesünderen und edleren Teil der Jugend neue Aufbrüche da sind. Die Dominante aber liegt noch immer auf der Krise. Diese Dominante können auch Katholikentage und auch Kirchentage nicht (oder noch nicht) brechen, so wertvoll sie sind. Die jungen Menschen, die zahlreich kommen, sind zum großen Teil *suchende* Menschen. Nun ist auch das schon viel. Vor jedem Suchenden muß man Ehrfurcht haben. Aber es ist nicht alles. Noch bleibt die alte Dominante, wie die Jahre von 1980 an bestätigen.

Nach allem Dargelegten ist das Werden und auch die Tiefe der Krise klar; desgleichen auch ihre Ursachen. Wir wollen uns nun den Möglichkeiten einer Wende zum Besseren widmen. Denn, vergessen wir nicht, so geht es nicht!

III. Abschnitt

Wege

Die bisherigen Ausführungen haben sich nur auf den eigenen Kulturkreis erstreckt.

Nun aber wird es notwendig, die Gedankenführung auszuweiten, gegebenenfalls bis auf Weltebene. Die Völker rücken ja immer mehr zusammen; ist ein Volk geschädigt, so berührt dies großenteils auch die übrigen Völker. Lösungen lassen sich daher weithin nur auf Weltebene anbahnen und verwirklichen.

Man nehme als Beispiel etwa die Arbeitslosigkeit. Ein Kleinstaat, aber auch ein Mittelstaat hat nur beschränkte Möglichkeiten, hier zu helfen. Er kann durch internationale Konkurrenz überrundet werden. Es ist daher notwendig, daß die weithin technisch bedingte Arbeitslosigkeit auf Weltebene in Angriff genommen wird. Das internationale Arbeitsamt in Genf hat hier, grundsätzlich gesehen, große Möglichkeiten. Da es aber selbst nur Unterlagen und Anregungen bieten, nicht aber Entscheidungen geben kann, so ist hier unmittelbar das Staatengefüge selbst anzusprechen, um Lösungen zu erreichen.

Ähnlich ist es auch auf geistigem Gebiet, worauf in den folgenden Ausführungen eingegangen wird.

14. Kapitel

Orientierung

Die Diagnose der heutigen Zeit wurde bereits im vorausgehenden Kapitel gegeben: Wir befinden uns in einer Kulturkrise. Kulturkrise ist Wertkrise. Wir leben in einer Zeit der Dekadenz. Diese Dekadenz ist soweit vorangeschritten, daß sie auch das biologische Erbe schon angreift. Verhaltensgestörte Kinder nehmen zu, ebenso psychosomatische Erkrankungen.

Gleichwohl, man darf nicht nur das Negative sehen. Wie festgestellt, zeigt sich seit einigen Jahren eine gewisse Tendenzwende. Sie ist nicht ungebrochen. Sie läßt sich aber durch gegenseitige Tendenz auch nicht unterdrücken.

Im besonderen tritt der *personale Wert* stark hervor. Die Gewissensknechtung wird viel leidenschaftlicher abgelehnt als noch vor wenigen Jahren. Man denke an das Aufbegehren des polnischen Volkes, wie immer das auch ausgehen mag. Es handelt sich nicht mehr um einige wenige, wie das schon immer der Fall war. Es handelt sich um ein ganzes Volk. Person und Persönlichkeit spielen die große Rolle. Auf die Dauer wird es nicht möglich sein, das zu unterdrücken. Man beachte auch die Betonung der Menschenrechte.

Neu treten ebenso die religiösen Werte hervor. Das Interesse für Meditation hat, wie bemerkt, stark zugenommen und erfaßt weitere Kreise. Freilich gibt es nicht nur christliche Meditation. Gleichwohl führt jede Meditation zu einer Innerlichkeit. Und das ist viel wert. Übrigens spielt die christliche Meditation im Gesamt dieser Bewegung eine große Rolle.

Darüber hinaus gibt es auf dem Boden des Christentums die charismatische Bewegung, die zu echten Hoffnungen berechtigt. Sie wird vielfach von der jungen Generation getragen. Wie ich selbst erfahren habe, ist sie sehr wohl befähigt, Menschen innerlich zu wandeln. Manch einer, der früher ziemlich gleichgültig, manchmal eher gedrückt dahinlebte, ist in der Grundstimmung des Lebens nun froh und eifervoll geworden. Die Hoffnung wird wieder groß in den Herzen derer, die davon erfaßt sind.

In dieser Bewegung kommt man meist wöchentlich in einem kirchlichen Raum, nicht gerade in einer Kirche, bis zu zwei Stunden zusammen. Es wird gebetet, gesungen, Schrift gelesen, meditiert. Immer wieder fühlt sich einer in der Tiefe angerührt und spricht es in einem ergriffenen Bekenntnis aus. Dabei ereignen sich nicht selten Dinge, von denen schon Paulus geschrieben hat. Also etwa die Sprachengabe, die Gabe der Heilung und ähnliches mehr. Eben deswegen heißt sie charismatische Bewegung. Wie einst in der Urkirche finden sich charismatische Gaben vor.

Zu dem, was an religiöser Innerlichkeit aufbricht, kommt ergänzend der Erweis der *dienenden Liebe* hinzu. Die deutsche katholische Kirche hat zwei große Werke aufgebaut. „Misereor" heißt das eine, das andere „Adveniat". „Misereor" dient dem missionarischen Einsatz, „Adveniat" aber der unmittelbaren Nothilfe, besonders in Südamerika. Dieses „Misereor" hat in den letzten zwanzig Jahren bereits einen Betrag von 1,3 Milliarden Deutsche Mark aufgebracht. Das ist eine bedeutende Summe, die sich sehen läßt. Damit wurde eine Reihe von großen Werken aufgebaut. Siedlungen sind entstanden, Schulen werden gebaut, neue fruchtreichere Bodenkultur wird ermöglicht. Besonders gilt der Grundsatz: Hilfe zur Selbsthilfe. Es werden also einheimische junge Menschen ausgebildet, damit sie selbst die Werke weiterführen können, die begonnen wurden. Das allein ist das richtige Ziel und die richtige Sinngebung, weil es allein *dauernde* Hilfe ist und zur Mündigmachung der Völker führt.

Nun müssen wir eine ganz neue Bewegungsrichtung ins Auge fassen. Es handelt sich um einen Aufbruch in der Familie, der dem allgemeinen Strom gänzlich entgegengesetzt ist. Bekannt ist, daß die Familien in den Entwicklungsländern weitgehend in Ordnung sind. Nicht aber bei uns. Die Abwertung der Frau, die nur Mutter ist, hat weit um sich gegriffen. Die Nur-Hausfrau ist nicht sehr geschätzt. Denn sie sei, wie eine politische Richtung will, nicht emanzipiert.

Dagegen werden neuerdings in Deutschland Stimmen laut. Muttersein bedeute viel mehr, als in äußerer Beschäftigung stehen, und gebe eine viel reichere Lebenserfüllung. Der Alltag im Geschäft sei denn doch auf die Dauer etwas Eintöniges. Es könne das Gefühlsleben der Frau, besonders in den Tiefen, nicht auf die Dauer befriedigen. Solche Stimmen, die sich jetzt erheben, kann man nur begrüßen. Man kann sie sogar als ein Zeichen einer beginnenden Gesundung werten. Idee und Ideal der Frau ist ein anderes als das des Mannes. Es geht immer nach dem Leitbild, gleichwertig, aber nicht gleichartig.

Die ganze Tendenzwende war zunächst dadurch ausgelöst, daß der große Aufruhr der sechziger Jahre längst nicht das gebracht hat, was sich viele erwartet haben, und zwar weder eine Gesellschaftsänderung noch eine persönliche Beglückung. Dann aber auch dadurch, daß sich das Ende des äußeren Fortschritts anzeigte. Die Güter der Erde sind begrenzt, begrenzt sind ihre Rohstoffe. Sie dürfen nicht mehr so wie bisher verschwendet werden. Die Ausbeutung der Erde verbietet sich aus Verantwortung für die kommenden Geschlechter.

Darüber hinaus leiden wir, wie erwähnt, an Wasser- und Luftverschmutzung. Ganze Wälder sterben ab, weil auch die Pflanzen auf naturgemäße Umgebung und Luft angewiesen sind. Hohe Kapitalien müssen bereits angewendet werden, um Wasser- und Luftverschmutzung wieder einigermaßen zu bereinigen.

Im Zusammenhang damit tritt das erwähnte Phänomen auf. Die junge Generation wendet sich gegen den technischen Fortschritt, also zum Beispiel gegen Atomkraftwerke. Überhaupt gegen die Undurchschaubarkeit des modernen technischen Betriebs, dem nur noch spezialisierte Fachleute, und auch diese nur auf ihrem Teilgebiet, gewachsen sind. Mit dieser Undurchschaubarkeit ist wesensgemäß eine gewisse Entmündigung verbunden, deren Ablehnung begreiflich ist. Die Angst bricht auf.

Hinter dieser Angst steht eine geistige Leere. Den sorgenden Vater im Himmel sieht man nicht mehr. Dafür wächst das Fatum, das unausweichlich ist. Man fürchtet Atomkatastrophen. Diese Angst wächst schon in unseren Mittelschulen.

Dennoch soll man auch hier nüchternen Blick bewahren. Es könnte sonst so sein, daß eine beginnende Verinnerlichung in einen Fatalismus umschlägt.

Folgendes ist nüchtern zu sagen: Der Fortgang technischer Entwicklung ist noch nicht zu Ende. Was Atomkräfte betrifft, stehen wir jetzt bei der *Atomspaltung*. Diese Atomspaltung läßt Abfallprodukte entstehen, die sich selbst weiter zersetzen; es entsteht der berüchtigte Atommüll, dessen Beseitigung bzw. gefahrfreie Lagerung die größten Schwierigkeiten bereitet. Es gibt grundsätzlich aber auch *Atomverschmelzung*. Das ist ein anderer Vorgang, der ebensoviel Energie freisetzt. Es ist zum Beispiel möglich, vier Wasserstoffatome in ein Heliumatom zu verschmelzen. Das Heliumatom aber ist ein stabiles Gas. Von ihm geht keine weitere Gefährdung aus. Und das ist der springende Punkt.

Sobald diese Entdeckung praktisch verwertbar ist, fällt die Sorge um

Atommüll und zukünftige Gefährdung weg. Das ist eine große Erleichterung. Das Atomwerk bleibt natürlich gefahrenträchtig. Bloß soll man das nicht übertreiben. Große Staumauern sind ebenso gefahrenträchtig. Und doch hat kaum jemand etwas dagegen. Noch mehr, diese Gefahren haben sich bei Staumauern bereits aktualisiert, d. h. es entstanden schwere Unglücke mit Verlusten an Menschenleben. Das ist bisher bei Atomkraftwerken noch nicht geschehen.

Aber, so wird gefragt, warum macht man diese Atomverschmelzung nicht sofort? Nun, die Forschung befindet sich mitten auf dem Weg. Für diese Atomverschmelzung bedarf es ungeheurer Hitzegrade. Erst dann gelingt sie. Die Forscher haben diese notwendige Hitze auch bereits für kleine Mengen von Verschmelzungsmaterial zustande gebracht. Freilich wäre hier ein Großaufwand von Kosten notwendig. So wie die Dinge stehen, wird es noch etwa zwanzig Jahre dauern, bis die Sache praktisch und im großen verwertbar werden kann.

Dennoch ist damit eine Hoffnung aufgetan. Die Zukunft steht nicht ausweglos vor uns. Es bleibt aber aufrecht, daß der Fortschritt für die Gegenwart zu Ende ist. Weitere Ablagerungen des Atommülls sind bis zu sicheren Lösungen nicht mehr zu verantworten. Und das Haushalten wird auch in fernerer Zukunft nötig sein und bleiben.

Gleichwohl hört man den fatalistischen Einwurf, Entwicklungen, auch gefährdende Entwicklungen, lassen sich nicht aufhalten! Gegenfrage: Lassen sie sich wirklich nicht aufhalten? Wir haben doch dafür ein Beispiel. Im Ersten Weltkrieg kam das Giftgas auf. Danach gab es eine Genfer Vereinbarung, wonach auch im Krieg die Anwendung von Giftgas verboten wurde. Dieses Verbot hat tatsächlich im Zweiten Weltkrieg standgehalten. So läßt sich also doch manche Entwicklung aufhalten.

So braucht denn die neu aufgebrochene Innerlichkeit sich nicht selbst aufzugeben. Wege und Hoffnungen bleiben. Die Energiekrise ist gemildert.

Es geht nun darum, daß wir die Zukunft gewinnen. Das werden wir nur fertigbringen, wenn wir aus der Kulturkrise herausfinden. Das aber wird nicht ohne eigene Anstrengung möglich sein.

Dabei werden wir beachten, daß wir uns nicht von Schlagworten vereinnehmen lassen dürfen. Weder von konservativ noch von progressiv. Sondern es geht um einen dritten Weg. Er nimmt als Ausgangspunkt die Gegenwart in all der harten Realität. Aber als Ziel? Darüber müssen wir noch sprechen.

Nebenbei sei inzwischen bemerkt, das Wort „konservativ“ hatte anfangs eine andere Bedeutung als heute. Es stammt von Chateaubriand, aus der Zeit unmittelbar nach der Französischen Revolution. Chateaubriand hat mit seinen verschiedenen Büchern, besonders mit dem großen Werk „Le génie du christianisme“ einen großen Einfluß zur Wiedergewinnung des weithin eben durch die Revolution verlorenen christlichen Glaubens erreicht. Nun, die christlichen Werte wieder gewinnen und bewahren, das nannte er „konservativ“. Das sei nebenbei bemerkt.

Um nun den Zielpunkt zu gewinnen, müssen wir auf den Sinn der Zeit achten. Welches ist der Sinn der Zeit? Welches ist der Sinn unserer Zeit?

In den vergangenen Jahrzehnten sind die Völker einander nähergerückt. Das Verkehrswesen hat sich sehr vervollkommnet, ebenso das Nachrichtenwesen. Fast in der gleichen Stunde, in der irgend etwas geschieht, erfährt man es auf der ganzen Welt. Afrikaner, Japaner usw. sind in Europa heimisch geworden. Europäer sind in Amerika und überall in der Welt. Da scheint es doch im Sinn der Zeit zu liegen, daß schließlich *eine* Menschheit heranreife. Freilich nicht eine, die in zwei Machtblöcke geschieden wäre, sondern *eine brüderliche* Menschheit.

Schon früher sprachen wir davon, daß sich die Menschheit in drei Stadien entwickelt hat. Zuerst war der Naturmensch, dann kam der Kulturmensch und schließlich der Machtmensch. Dabei soll Machtmensch nur bedeuten, machtvoller Mensch, nicht etwa Gewaltmensch. Machtvoller Mensch ist einer, der für den Gebrauch der gewonnenen Macht Verantwortung trägt. Diesem machtvollen Menschen, der den sittlichen Gebrauch innehat, ist das Ziel: *eine brüderliche Menschheit* grundsätzlich erreichbar.

Dazu aber ist notwendig, daß die abendländische Werthierarchie wieder in Geltung komme. Sonst geht es nicht.

Ich darf kurz erinnern: Es gibt vier Wertklassen: Nutzwerte, Vitalwerte, Geistwerte, absolute Werte. Diese Wertklassen beginnen mit dem untersten Wert, dem Nutzwert, steigen auf zu Vitalwerten und Geistwerten, enden bei den Höchstwerten, also den absoluten Werten, dem Sittlichen und dem Göttlichen. Eben dadurch entsteht die Werthierarchie.

Diese abendländisch-christliche Werthierarchie ist – nochmals zu erinnern – durch Nietzsche, Marx und andere verwirrt worden. Bei Marx ist der Nutzwert der erste Wert, bei Nietzsche der Vitalwert. So geht es aber nicht. Dann kann man nicht *eine* Menschheit schaffen.

Wenn man nämlich mit Nietzsche sagt, ein Volk ist nur der Umweg der Natur, um zu ein paar bedeutenden Menschen zu kommen, dann ist jeder Mißbrauch des anderen gerechtfertigt. Ähnlich ist es bei Marx mit seinem historischen Materialismus. Um den Gang des historischen Materialismus zu fördern, kann der Mensch und auch ein ganzes Menschengeschlecht mißbraucht werden. Das bezieht sich sogar auf ganze Völker. Das ist denn auch in erschreckendem Ausmaß bereits geschehen.

Darüber hinaus müssen wir gestehen, daß die Werthierarchie nicht nur durch die beiden Genannten durcheinandergeschüttelt wurde, sondern durch die Zeit, in der wir leben. Also durch den Zeitgeist und alles Moderne, das damit zusammenhängt. Beim Umbruch der Kultur wird eben vieles unsicher. Weswegen denn eine Neubegründung der alten Werthierarchie not tut.

Hiezu können wir vom Persönlichkeitswert ausgehen. Der Wert der Persönlichkeit wird heute berechtigterweise über alles geschätzt. Damit aber ist schon klar, daß Nutz- und Vitalwert unter ihm stehen. Das wurde ja eben gesagt, daß die Aufwertung von Nutz- und Vitalwert ein Mißbrauch der Persönlichkeit und sogar ganzer Völker im Gefolge hat. Was den Vitalwert betrifft, braucht nur noch an den Nationalsozialismus erinnert zu werden. Er war nichts anderes als ein völkischer Vitalismus.

Also Nutz- und Vitalwert stehen darunter, Persönlichkeitswert darüber. Wo gehört nun dieser Persönlichkeitswert hin? Nun, er gehört unter die Geistwerte. Zu ihnen gehört üblicherweise Religion, Wissenschaft, Kunst.

Nun steht die Frage vor uns: Bleibt der Persönlichkeitswert doch unter den Höchstwerten, den absoluten Werten? Die Höchstwerte werden durch das Sittliche und das Göttliche dargestellt. Und hier taucht gleich die allgemein wichtige Frage auf, wieso ist Persönlichkeit überhaupt ein so hoher Wert? Danach wird zwar heute kaum gefragt. Es wird als selbstverständlich vorausgesetzt. Das war aber nicht immer so.

Nun, der hohe oder sogar höchste Wert der Persönlichkeit beruht nach unserer Auffassung darauf, daß der Mensch Ebenbild Gottes ist, wie die Schrift sagt. Dadurch ragt der Mensch in die absoluten Werte hinein. Also in den Bereich des Sittlichen und des Göttlichen.

So ist denn von hier aus nicht nur die Begründung für den Persönlichkeitswert gegeben, sondern zugleich auch die Begründung dafür, daß er gemäß der abendländischen Werthierarchie in die absoluten Werte hineinragt.

Was hätte aber das für eine Folge, wenn der Persönlichkeitswert nicht in die absoluten Werte hineinragte? Dann könnte dieser Mensch, der keinen Anteil an absoluten Werten hätte, nicht bestimmen, welches die Menschenrechte sind. Und das sagt denn auch der Kommunismus: Die Menschenrechte bestimmen wir.

Aus unserer Untersuchung ergibt sich, in einer weithin aus der Erfahrung begründeten Art: die alte abendländische Werthierarchie besteht zu Recht. Ohne sie ist dem mannigfachen Mißbrauch Tür und Tor geöffnet. Persönlichkeit und Einheit des Menschengeschlechtes läßt sich nur so retten.

Auf Grund dieser Werthierarchie kann der Sinn der Zeit angestrebt und auch annäherungsweise – Ideale werden auf Erden immer nur annäherungsweise erreicht – und grundsätzlich als Ziel aufgestellt werden: *eine brüderliche Menschheit.*

15. Kapitel

Religiöse Kräfte

Der Neuaufbruch religiöser Kräfte ist weiter zu beachten. Es gibt nicht nur die Meditationsbewegung und die charismatische Bewegung. Es gibt auch einen Aufbruch religiöser Kräfte inmitten der Bedrängnisse.

Dafür seien zwei Beispiele gesetzt. Das erste in Litauen, das weitgehend katholisch ist; dort besteht starke religiöse Bedrängnis. Das atheistische System schreitet weithin gegen Religion und Kirchlichkeit ein.

Vor zwei Jahren geschah folgendes: In einem größeren Ort Litauens fand seit längerer Zeit wieder ein Gottesdienst statt. Nach Ende des Gottesdienstes trat die russische Soldateska auf. Sie bedrohte Kinder und Jugendliche und schlug sie barbarisch zusammen. Nicht wenige mußten ins Krankenhaus eingeliefert werden. Die tiefverbitterten Mütter schrieben daraufhin an Breschnew einen Beschwerdebrief, in dem folgendes stand: Sie, Herr Breschnew, haben vor kurzem öffentlich erklärt, daß kein Kind wegen fremder Rasse oder ähnlicher Unterschiedlichkeiten zurückgesetzt werden darf. Zu gleicher Zeit bedrängt Ihre Soldateska unsere Kinder und Jugendlichen, schlägt sie brutal und verletzt sie, weil sie im Gottesdienst waren. Wir erheben dagegen Einspruch und fordern Abhilfe. Es folgen zum Zeugnis dafür unsere Unterschriften. Dieser Brief war von 1453 Frauen und Müttern namentlich unterfertigt!

Das zweite Beispiel: Im Jahre 1981 wurde in Danzig in der Lenin-Werft (!) mit streikenden Arbeitern ein Gottesdienst gefeiert, der von Tausenden von Arbeitern besucht war. Sie hatten sich zuerst um die Notbeichtstühle gedrängt und waren in der Messe zur Kommunion gegangen. Was dann weiter geschah, ist bekannt.

Es ist eindeutig, Rußland wird mit der Religion nicht fertig. Der leider so früh verstorbene Kardinal Bengsch hat mir selbst erzählt, er habe dem ostdeutschen Ministerpräsidenten ins Gesicht gesagt: „Nun kämpfen sie seit 50 Jahren gegen Christentum und Kirche; immer neue kirchenfeindliche Verordnungen geben sie heraus; das ist ein eindeutiges Zeichen dafür, daß der Erfolg klein ist. Im Gegenteil, bei der Jugend brechen immer neue religiöse Kräfte auf." Der Ministerpräsident habe daraufhin geschwiegen.

Die Frage liegt nahe, warum das so sei. Die Antwort ist klar. Gerade die jungen Menschen suchen eine Antwort auf die Sinnfrage des Lebens. Kommunistische Philosophen geben das ausdrücklich zu. Wo aber liegt der Lebenssinn zum Beispiel für die wie erwähnt 27 Millionen, die laut genauer wissenschaftlicher Untersuchung vom Kommunismus in Rußland beseitigt wurden? Aus ihrem Frieden herausgerissen, wurden sie Marter, Angst und Tod überantwortet! Wo bleibt hier der Lebenssinn? Und wo ist der Lebenssinn für alle, die unter dem Kommunismus zu unfreien Knechten gemacht wurden? Und über alles hinaus, im Diesseits sind alle Werte endlich und begrenzt. An diese Grenzen stößt der Mensch unerbittlich. Er fragt weiter: Wo wird Antwort gegeben? Des Menschen Herz ist auf Glück hingeordnet, genauer auf beseligende Vollkommenheit, also auf Vollkommenheit, aus der die Beseligung fließt. Wer kann diese Sehnsucht erfüllen?

Gleichwohl, wir wollen nicht überzeichnen. Es muß klarbleiben, daß nicht die Mehrheit des jungen Geschlechtes dieses große Suchen in sich trägt. Aber auch die tatsächlich wachsende Minderheit kann eine, und zwar nicht geringe Bedeutung gewinnen. Die Franzosen sprechen hier von der minorité agissante. Das kann man übersetzen mit „dynamische Minderheit". Diese kann eines Tages zur Mehrheit werden.

Freilich wurde ganz jüngst in Deutschland eine repräsentative Untersuchung gemacht, und zwar zwischen 16- und 29jährigen. 60 Prozent von ihnen gaben an, der Glaube sei wenig erhellend. Es sei durch die Naturwissenschaften alles geklärt und auch alles machbar geworden.

Diese Untersuchung wird wohl stimmen. Aber nochmals, 60 Prozent sind nicht 100 Prozent. Es bleiben noch 40 übrig. Und diese mögen sehr wohl bei Kirchentagen zu finden sein. Wozu nur noch zu bemerken ist, daß durch Fernsehen die ganzen oberflächlichen und darüber hinaus weitgehend amoralisierenden Tendenzen verstärkt werden. Und trotzdem!

Religiöse Kräfte sind also da. Es geht um die Frage, wie können sie zugunsten des Ganzen aktiviert werden?

Zunächst müssen den vielen jungen Menschen die Schwierigkeiten erleichtert werden, die aus der Gegenwart gegen den religiösen Glauben anstürmen. Es wird ihnen gesagt, die neue Zeit fordere neue Wege. Alles sei anders geworden. Man könne die Religion davon nicht ausnehmen.

Nun spricht schon Augustinus zu seiner Zeit vom *Wandel im Unwandelbaren*. In seinem großen Werk De civitate Dei mußte er sich mit den

Schwierigkeiten der damaligen Zeit auseinandersetzen. Im Jahre 410 war das christlich gewordene Rom von den Barbaren erobert worden. Es wurde zuerst geflüstert und dann laut gesagt, die alten Götter hätten Rom besser beschützt als der neue Glaube.

Augustinus sagt: Es gibt Wachstumsvorgänge. Da wandelt sich vieles. Sein Schüler Orosius hat den Gedanken ausgesprochen: Wenn das der Weg ist, daß die germanischen Heiden zu Christen werden, dann ist der Sinn des Geschehens deutlich. Tatsächlich hat sich diese vorausschauende Sicht erfüllt.

Wandel im Unwandelbaren! Und dazu Wachstumsvorgänge, die nach einem Ziel ausschauen. In dem heutigen Wandel kann das das Ziel sein: die geeinte brüderliche Menschheit. Aber jeder Mensch in dieser geeinten brüderlichen Menschheit und die ganze Menschheit will frei, selbständig und glücklich sein, was ja die Menschen immer sein wollten. Das ist das Unwandelbare inmitten allen Wandels. So gibt es hinter den äußeren Erscheinungen immer noch eine Tiefe, die bleibt.

Über diese grundsätzliche Schwierigkeit hinaus bedrängt die Großkirche eine praktische Schwierigkeit. In der Großkirche bleibt man sich fremd. Man hat kaum Kontakt miteinander. Man ist also auch nicht ganz darin beheimatet. Ein intelligenter Franzose wagte den Ausdruck, ihr seid miteinander im Himmel gewesen (gemeint ist, bei der gemeinsamen Meßfeier mit Kommunion), dann läuft ihr auseinander, als ob ihr euch nicht kennen würdet. Gewiß ist das in Dorfgemeinden gemildert oder überhaupt anders. Aber sobald es sich um Stadt- oder Industriegemeinden handelt, trifft es weitgehend zu.

Gibt es Wege, diese Fremdheit aufzuheben? Also in der Großkirche echte Gemeinschaft zu schaffen?

Einen solchen gesuchten Weg stellt die missionarische Pfarre dar. In der missionarischen Pfarre ist zunächst einmal das Kirchliche in guter Ordnung, das heißt, es gibt lebendigen Gottesdienst, die Glaubensverkündigung ist zeitgerecht. Es gibt ebenso lebendige Gruppen. Dann aber bedrängt die Sorge, was ist mit den Katholiken im Pfarrgebiet, die sich von der Kirche mehr oder weniger entfremdet haben? Es werden in großer Bereitschaft Hausbesuche gemacht. Ist ein Straßenzug besucht, so versucht man, in einem der Häuser, wo sich ein großer Raum befindet, eine kleine religiöse Feier zu halten, zu der die Bewohner dieser Straße eingeladen sind. An die Feier schließt sich ein zwangsloses Gespräch an. So wird man miteinander bekannt.

Einmal im Jahr wird ein Pfarrtag gehalten. Alle Mitglieder der Pfarre werden dazu eingeladen. Das Pfarrheim ist festlich geschmückt. Die Jugend hat einige Lieder und etwa auch ein kleines Theater vorbereitet. Der Pfarrer und aktive Laien sprechen zu den Versammelten. Aussprachemöglichkeiten werden gegeben. Diese Pfarrtage schaffen wieder mehr Bekanntschaft untereinander und fördern eine echte Gemeinschaft.

Natürlich setzt das alles eine große Kontaktfreudigkeit der Priester voraus. Zu ihr und der dazugehörigen Zähigkeit muß man erzogen werden. Priester müssen in der heutigen Zeit sympathische Menschen sein. Es mußte nicht immer so sein. Es konnte früher genügen, wenn man sah, der Priester ist ein gottverbundener Mensch. Heute verlangt man, daß er zwar gottverbunden bleibt, aber auch menschenverbunden sei. Das aber kann er nicht, wenn er nicht sympathisch ist. Sympathisch sein ist keineswegs etwas Weltliches, sondern praktischer Erweis der Nächstenliebe.

Durch diese Hausbesuche, kleine und größere Feiern und Gemeinsamkeiten wird die Trennwand und Fremdheit allmählich aufgelockert, vielleicht sogar beseitigt. Man freut sich über eine gemeinsame Feier in der großen Kirche, die einem allmählich vertraut wird, im besten Fall Heimat und schließlich sogar Heimat des Herzens wird. Der Papst sagt, die *Kirche* muß *familiäre Dimensionen* gewinnen.

Wenn in der Großkirche echte Gemeinschaft entsteht, so ist viel gewonnen. Dienlich dazu kann auch sein, am Sonntag nach dem Hauptgottesdienst das Pfarrheim geöffnet zu halten. Der Pfarrer gibt bekannt, daß er anwesend ist und für die Gespräche zur Verfügung stehe. Jedermann ist eingeladen. Im Winter kann man etwa auch einen heißen Tee zu trinken bekommen, erfährt einige Neuigkeiten und ähnliches mehr. So lockert sich die Atmosphäre. Man lernt sich persönlich kennen, ohne in einem offiziellen Rahmen stehen zu müssen.

Das Gespräch fließt freier, der Pfarrer erfährt viele Dinge, die er sonst nicht hört, etwa wo die Leute der Schuh drückt, ob seine eigene Predigt ankommt. Er wird auch hören, daß eben diese Predigt aktuell sein soll, lebensnah, konkret und positiv. Die Gespräche werden ihm zu einem Mittel, autoritätsfreien Umgang zu pflegen. So fügt sich vieles zu einer positiven Wirkung zusammen.

Von der Basis aufsteigend kommen wir zum Bistum, also zur Bischofskirche mit ihrer Bedeutung für die Gesamtzahl der mit ihr verbundenen Gemeinden. Es ist wichtig, daß der Bischof ein Mann des Geistes und der Kraft sei, zugleich aber auch, daß er menschenfreundlich und kontaktfreudig sei. Die dienende Autorität muß ihm selbstverständlich sein, die Autorität also, die sich im Dienst der Aufgabe verzehrt und nichts für sich selbst verlangt.

Das ist wunderbar, daß Christus selbst diese Autorität geübt hat: „Ich bin mitten unter euch als einer, der dient." „Der Menschensohn ist nicht gekommen, sich bedienen zu lassen, sondern zu dienen." In einer Zeit, die ganz anders war, wurde das vorgelebt. Jede Autorität ist nie für sich selbst, sondern für die anderen da, und zwar um Leben zu wecken. Diesem Vorbild muß der Bischof immer folgen.

Immer größere Bedeutung gewinnt der Episkopat eines Landes. Ihm obliegt die Aufgabe, den kirchlichen Bereich einheitlich zu entfalten und zu den Dingen des öffentlichen Lebens Stellung zu nehmen. Dabei geht es immer darum, Ansätze zu zeigen, die für das gesellschaftliche Leben gesund und wichtig sind; ebenso aber auch darum, verfehlte Gesetze zu kennzeichnen, die dem Ganzen schaden. Das ist selbstverständlich bezogen auf das Gebiet sittlicher und religiöser Entscheidungen. Für das andere fehlt der Kirche die Zuständigkeit. Wenn man sich weltlich ausdrücken will, kann man sagen, es geht hier nicht um Parteipolitik, sondern um Grundsatzpolitik.

Der Episkopat soll also dem Land Wege nach vorwärts und aufwärts zeigen, Gefahren und Gefährdungen aber abwehren. Dabei wird er oft nicht gehört werden. Unentmutigt muß er gleichwohl Zeuge für das wahre Wohl und für die rechten Wege bleiben.

An Beispielen fehlt es in der heutigen Zeit nicht. Der deutsche und österreichische Episkopat haben sich gegen die Tötung des Kindes im Mutterleib gewandt, gegen die Erleichterung der Ehescheidung um des Kindes willen. Und so noch vieles. So hat denn kürzlich jemand etwas sarkastisch gesagt: Was ist das für eine Gesetzgebung, gemäß deren es viel schwieriger ist, sich von einem Mieter zu trennen, als von seiner eigenen Frau. Ehescheidung ist sehr leicht, Mieterkündigung sehr schwer.

Um seine Aufgabe zu bewältigen, wird der Episkopat auch der Theologie Anregungen geben. Etwa, wie die neuentstandenen Sachräume, Technik und Großwirtschaft usw. ethisch richtig zu entfalten sind. Dadurch, daß die Theologie dazu zuwenig gearbeitet hat, ist sie nach verbreiteter Meinung für das Geistesleben eines Volkes nicht mehr sehr bedeutungsvoll geblieben. Darüber werden wir noch sprechen müssen.

Inzwischen muß aber bemerkt werden, daß die Theologie sich auch um die grundlegenden Denkmuster und Gefühlszustände in einem Volk und in einer Zeit kümmern muß. Danach bestimmt sich nämlich, für welche Gedanken und Ideen die Menschen ansprechbar sind und welche Kräfte geweckt werden können bzw. zu lenken sind. Man denke z. B. an die heute aufgebrochene Angst.

Die Zeitströmungen muß also die Pastoraltheologie sehr wohl kennen, um den Menschen richtige Wege zu zeigen und sie ansprechen zu können.

Wie Priesterschaft und Bischof, so hat auch das Papsttum heute eine weltweite Aufgabe und Verantwortung bekommen. Dieser Verantwortung wird es in steigendem Maß gerecht. Pius XII. hat im Zweiten Weltkrieg als Völkerrechtslehrer große Bedeutung erlangt. Johannes XXIII. hat sich durch die Sozial- und Friedensenzyklika weltweit profiliert. Die betonte Öffnung gegenüber den Menschenrechten war bedeutungsvoll. Seine Arbeitsmethode, die vom konkreten Leben ausging, hat angesprochen. Nicht nur die Intellektuellen, sondern auch die Arbeiter fühlen sich verstanden. Überdies hat er das Konzil eröffnet, um die Kirche auf den Stand der Gegenwart zu bringen.

Paul VI. hat das Konzil weitergeführt, sich dem ökumenischen Gedanken weit geöffnet, mit den apostolischen Reisen begonnen und dem Frieden unermüdlich gedient. So stieg das Ansehen des Papsttums beständig.

Freilich gab es einen Einbruch. Das war die Enzyklika „Humanae vitae". Wie bekannt, hat sie die Zeitwahl als einzig erlaubtes Mittel zur Beschränkung der Geburten entwickelt. Diese Enzyklika bedeutete in unserer Zeit einen großen Einbruch in die Autorität der Kirche. In Europa und Amerika türmten sich Schwierigkeiten und Widerstände auf. Die Mehrzahl der Morallehrer der Kirche wandte sich dagegen. Das war umso schlimmer, als die Sache in die Zeit der Menschheitskrise überhaupt fiel. Das Diesseits können wir beherrschen, ein Jenseits brauchen wir nicht.

Man muß das Ganze aus der Sorge des Papstes verstehen, daß die Ehe als Institution heute grundsätzlich angegriffen wird, als überlebt gelten soll, als etwas, das man abschaffen könne. Da wollte der Papst die schützenden Mauern aufrichten, um Ehe und Familie zu retten.

Allmählich gingen Sturm und Unruhe vorüber, aber hauptsächlich deswegen, weil man sich nicht danach gerichtet hat, sondern die eigene Gewissensentscheidung vorzog. Wenn heute der Papst das gleiche erklärte, dann scheint auch die Wirkung im Ergebnis die gleiche zu sein. Zweifellos aber ist das Papstwort wichtig: Die Zukunft der Welt geht über die Familie. Das sollte nicht vergessen werden.

Damit sind wir schon bei Johannes Paul II. Auffallenderweise hat seine Wahl schon das Ansehen der Kirche gehoben. Weithin entstand ein freundliches Staunen, daß die Kirche lebendig genug sei, von dem alten Brauch abzugehen, immer einen Italiener zum Papst zu wählen. So schlug denn dem Papst gleich eine positive Stimmung entgegen. In der ersten Ansprache bat er um das Gebet der Gläubigen, damit er seinen Dienst nach Gottes Weisung fruchtbringend vollziehen könne. Das hat ihm viele Herzen geöffnet.

Seither hat er ein weltweites Wirken begonnen, so daß das Ansehen der Kirche stark gestiegen ist. Die Welt hat nur noch wenig moralische Kräfte zur Verfügung. In der jungen Generation ist das Erbe weitgehend abgebaut. Man weiß vielfach weder Ziel noch Weg. So ist man denn allgemein ermutigt, daß sich in der Kirche eine starke sittliche Kraft zeigt, die ausstrahlende Wirkung hat. Der Einsatz für Menschenrechte, Selbstbestimmungsrechte der Völker, Menschheitswohl, Frieden, findet Echo in der ganzen Welt.

Die religiösen Kräfte mögen sich in der heutigen Weltstunde zugleich aufgerufen fühlen, den Kommunismus innerlich und geistig zu überwinden. Die Lage ist diese, daß der Kommunismus von der sozial ungerechten Situation des 19. und beginnenden 20. Jahrhunderts ausgegangen ist. Er hat dem sozial geknechteten Arbeiterstand Befreiung versprochen. Nun ist er in Polen von der Arbeiterbefreiung zur Arbeiterknechtung übergegangen, und zwar unter Führung des Vorortes der Kommunisten, nämlich Rußlands. Das ist eine gänzliche Veruntreuung der ursprünglichen Idee, ein völliges Versagen gegenüber der Wirklichkeit.

Der Kommunismus hat darüber hinaus die Ernährung des Volkes nicht sichern können. Man vergleiche die Arbeiteraufstände, die schon vor einem Jahrzehnt in Danzig geschehen sind, und zwar aus diesem Grund. Aber auch Rußland selbst ist immer mehr auf das amerikanische Getreide angewiesen. Es könnte ohne diese Lieferungen nicht bestehen. Und dies, obwohl es in früheren Zeiten ein getreideausführendes Land war.

Die kommunistische Partei Italiens hat dies so hart empfunden, nämlich die Verweigerung der Freiheitsrechte und das Versagen in der Ernährung, daß sie erklärte, der sowjetische Kommunismus habe grundsätzlich versagt. Er müsse durch etwas anderes und durch einen neuen Weg ersetzt werden. Die Sowjetrussen haben zwar wütend zurückgeschlagen, doch beharren die Italiener auf ihrer Feststellung, der Sowjetkommunismus habe nun ausgespielt.

Das ist sogar geistesgeschichtlich überaus bedeutungsvoll und überdies das erste Mal, daß aus den eigenen Reihen das Versagen festgestellt wird. Das Grundsätzliche dieses Geschehens hat man allgemein vielleicht noch gar nicht hinreichend in den Blick bekommen. Deswegen muß das ganz besonders betont und auch viel mehr beachtet werden als bisher.

Der Kommunismus ist also zum Arbeiterfeind geworden. Wozu ist er dann noch da? Er kann nicht einmal die Ernährung des Volkes sichern. Äußerlich stützt er sich freilich auf die Macht, auf Polizei und Militär. Er selbst ist, schlicht zu sagen, einfach ein Imperialismus geworden, gegen welchen Imperialismus zu kämpfen er ausgezogen war. Es ist nicht zuviel behauptet, wenn man sagt, das ist ein neuer Stundenschlag in der Geschichte der Zeit.

Geistgeborene und religiöse Kräfte haben hier eine Chance, neue Wege zu bereiten.

16. Kapitel

Die Familie

Die Gatten

Ohne Gesundung der Familie ist eine Gesundung der Menschen nicht möglich. Darum ist es von außerordentlicher Wichtigkeit, hier richtige Wege zu finden.

Zunächst müssen wir bedenken, daß auf diesem Gebiet in der Gegenwart große Veränderungen vor sich gegangen sind und noch gehen. Sowohl objektive als auch subjektive. Objektiv: Früher waren die Kinder Reichtum, jetzt bedeuten sie materiell gesehen Verarmung. Früher hat das Eingehen der Ehe die geschlechtlichen Spannungen gelöst, jetzt beginnen damit neue Spannungen. Die Zahl der Kinder muß weitgehend begrenzt werden, weil sonst weder Wohnraum noch Einkommen ausreichen.

Subjektiv: Wegen der Emanzipation der Menschen, hier besonders der Frau und der Jugend, sind Institutionen mit einem negativen Gefühlston versehen. Die Institution der Ehe als solche wird, wie schon bemerkt, weithin abgelehnt. Man glaubt, sich auf seine augenblicklichen Gefühle verlassen zu dürfen. Besonders in Deutschland zieht das, trotz beginnender Gegenkräfte, weite Kreise. Dann aber wird eine Ehe ohne Trauschein geschlossen. Das ist in Österreich wegen der bestehenden Gesetze besonders schlimm.

Im Zusammenhang mit diesen Gegebenheiten, die subjektive Ungebundenheit in den Vordergrund stellen, wird Keuschheit eindeutig abgelehnt. Sie wird als Verbot empfunden, das die Lebensfreude einschränkt. Man muß sogar mehr sagen: Das Wort ist am Verschwinden und wird nicht mehr gebraucht. Es ist wieder einmal bei allem Abschaffen der Tabus zu einem neuen Tabu geworden.

Um einen Weg zu finden, müssen wir uns zunächst auf einen anderen Standpunkt stellen. Dazu sei ein Beispiel erwähnt. Im Jahr 1903 heiratete in einem unserer größeren Dörfer ein junger Lehrer. Er trug an diesem Hochzeitstag in sein Tagebuch ein: Heute habe ich meine junge Frau, als wir nach der kirchlichen Feier unser Haus betraten, über die Schwelle gehoben und zu ihr gesagt: „Wir haben einander genommen, daß wir bessere Menschen werden und leichter in den Himmel kommen." Dahinter steht eine ganz andere Auffassung. Zunächst wurde es nicht ausgesprochen, aber als selbstverständlich vorausgesetzt: Wir wollen eine Familie gründen und Kinder haben. Dann aber: Wir haben eine Aufgabe aneinander und miteinander. Um für eine Familie und als Eltern die Verantwortung zu tragen und ihr gerecht zu werden, müssen wir uns aneinander und miteinander entfalten und mehr Menschen werden. Bei Adalbert Stifter spricht der Bräutigam zu seiner Braut: Wir wollen alles tun, damit eines des anderen wert sei.

Das ist nun der springende Punkt. Um das geht es. Nicht einfach, wir haben einander gern und damit ist die Sache geordnet. Sondern: Wir haben eine Aufgabe aneinander und miteinander, uns menschlich zu entfalten und den kommenden Kindern gemeinsam den Weg zum Leben zu zeigen.

So wird eine alte Begriffsumschreibung der Ehe vielleicht wieder zugänglich: matrimonium est conjunctio viri cum femina ad totius vitae consortium. Ehe ist die Verbindung von Mann und Frau zur Gemeinsamkeit des *ganzen* Lebens. Das setzt eine ganzmenschliche Liebe voraus, die, wie früher bemerkt, mit den drei griechischen Worten gekennzeichnet werden kann: Éros, Philía, Agápe. Das kann man hier übersetzen: Verliebtheit, Freundesliebe, schenkende Liebe.

Im Deutschen gibt es dafür leider nur *ein* Wort, so daß man durch ein je anderes Wort das näher gemeinte Wort ausdrücken muß. Und bei der Verliebtheit weiß man immer noch nicht, ob jemand nur in sich selbst verliebt ist – er liebt dann eigentlich nur den Zustand der Verliebtheit, der ihn vital hebt, aber nicht den andern. Diese dreifache Gattenliebe ist hier gemeint. Das aber bedeutet eine große seelische Aufgabe. Wahre Gattenschaft fällt einem nicht in den Schoß. Sie zu erringen muß man einander beistehen. Zu erinnern, es ist eine große Fehlmeinung, durch bloßen Éros würden dauernde Grundstimmungen des Gemüts und feste Haltungen des Willens geschenkt. Sie sind vielmehr nur durch langes Bemühen zu erringen. Der Papst sagt: *Begehrlichkeit vereint nicht, sondern ergreift Besitz.* Dann aber geschieht in der Ehe nur gegenseitige geschlechtliche Ausbeutung.

Ehe ist nicht nur ein Vertrag, wie auch harte kirchliche Juristen sagen. Ehe ist, wie das II. Vatikanum sagt, ein *Bund.* Das ist etwas ganz anderes. Ein Vertrag ist an sich lösbar. Wird ein Bund gelöst, so ist es ein Treuebruch.

Geschlechtlichkeit ist etwas viel Tieferes als nur Vitalsteigerung und also Eigensucht. Erst recht etwas Tieferes als die sogenannte Glas-Wasser-Theorie der Russen nach dem Jahre 1920. Diese wollte sagen: Ich habe einfach Durst und also trinke ich, so, wie man eben eine Zigarette raucht. Dann ist es vorbei. Darüber hat zu ihrer Zeit die Rachmanowa geschrieben: Ehen im roten Sturm. Geschlechtlichkeit ist nicht ein Sachgut. Damit wird ihr Sinn verfehlt.

Prof. Viktor Frankl macht übrigens darauf aufmerksam, daß die sexuelle Inflation von der Sinnleere des heutigen Menschen herkomme. Weil er keinen Lebenssinn mehr sieht, sucht er einen Ersatz. Nach B. Häring fällt dann aber auch die Geschlechtlichkeit schließlich zur Sinnleere ab und wird zur Trauer der Welt, die den Tod gebiert (Paulus).

Vielleicht kommt jetzt allmählich der positive Sinn der Keuschheit in den Blick. Keuschheit will der Entfaltung dienen. Zwei Menschen schenken sich gegenseitig als *Personen*. Dazu aber gehört die *personale* Liebe. Erst diese Liebe macht den Trieb zu etwas spezifisch Menschlichem. Keuschheit aber ist die Verbündete dieser Liebe, denn sie hilft, daß die Liebe zur Person vorstößt und nicht im Triebhaften steckenbleibt. Entwürdigung als Sachgut ist nun fern. Begehrlichkeit, die nur sich selber meint und vom andern Besitz ergreift, ist überwunden. Zwei Menschen verbinden sich als gottebenbildliche Wesen.

Schon das alte Christentum hat die Aufgabe der Lebensspendung durch die Eltern sehr hoch geschätzt. Bischof Methodius sagte schon im dritten Jahrhundert, in der Ehe gewinnt der Mensch Anteil an der schöpferischen Tätigkeit Gottes. Die Keuschheit soll der Entfaltung der reifen Persönlichkeit dienen, die einer solchen Aufgabe nun würdig ist.

Herkömmlicherweise verstand man früher Keuschheit weithin nur als Verbot. Man darf sich vor der Ehe geschlechtlich nicht betätigen. Man darf in der Ehe diese nicht brechen.

Keuschheit ist mehr. Im Deutschen kommt das Wort freilich nur vom lateinischen conscius, also bewußt; zu ergänzen wäre, der christlichen Art bewußt. Das sagt uns nicht viel. Im Griechischen aber, welche Sprache überhaupt sehr oft eine reichere Wortbedeutung hat, hat es die gleiche Wortwurzel wie heilig. Hágios heißt heilig. Hagnós heißt keusch. Danach liegt in dem keuschen Menschen etwas Unberührbares, etwas Gehobenes und Vornehmes. Der positive Sinn wird faßbar.

Schon das Alte Testament spricht davon. Voll Anmut sei die keusche Frau, sagt es. Weiterführend bezeugt das Neue Testament: Selig, die reinen Herzens sind, sie werden Gott schauen. In diesem Wort kommt das Gehobene und Vornehme zu klarem Ausdruck. Die keuschen Menschen sind die Menschen, die Gott schon ganz nahe sind. Sie sind ihm ähnlicher geworden als andere und verdienen daher, Gott schauen zu dürfen.

Warum? Weil in ihnen die seinshafte Ordnung werthierarchisch aufrechterhalten blieb: Leib, Seele, Geist. Alles steht in klarer Einheit und ist dem Geist unterworfen. Aber nicht so, daß das Niedere ausgeschlossen wäre, sondern es ist eingeschlossen. In der Bewährungsprobe des Geschlechtlichen wurde die Harmonie gefunden und die Persönlichkeit voll entfaltet. Keusch ist also, wer die inneren Zwänge auch auf dem geschlechtlichen Gebiet überwunden hat und zum personalen Bereich vorgedrungen ist. Die Persönlichkeitsreifung ist auch auf diesem schweren Gebiet gelungen.

Um das klarzumachen, gebrauchte ich bei Vorträgen folgenden Vergleich: Eine Pflanze besteht aus drei Teilen, den Wurzeln, die in der Erde stecken, dem Stengel mit den Blättern, die über der Erde in der freien Luft sind, den Blüten, die sich zur Sonne wenden. Nimmst du die Wurzel weg, so wird die Pflanze zugrunde gehen. Dennoch sind nicht die Wurzeln schön, sondern nur die Blüten. Nun machen wir folgendes: Senke Stengel, Blätter und Blüten in den Boden hinein, daß die ganze Pflanze in der Erde liegt. Laß sie so zwei Wochen in der Erde liegen. Was geschieht dann? Ziehst du sie wieder ans Licht, dann ist die Blüte verdorben, die Blätter und Stengel sind faulig geworden. Jeder Teil muß das haben, was ihm zukommt, sonst geht das Ganze zugrunde.

So ist es auch mit dem Menschen: Das Ganze muß bewahrt werden und jeder Teil in der ihm gegebenen Ordnung dem Ganzen dienen. Ohne das kommt ein verkümmertes Menschentum und ein innerlich verkürztes Leben heraus. Die Tiefe ist verlorengegangen.

So also ist die Keuschheit und so muß man sie sehen. Sie besorgt die Wahrung des Geistes, die Wahrung des Herzens, die Wahrung und Entfaltung der Gottähnlichkeit.

Man kann nochmals erinnern an Sokrates: Ich weiß, daß ich nichts weiß; o ja, ich weiß schon einiges, aber nicht das Wichtige. Das gilt auch von den Heutigen. Sie wissen schon einiges, sie wissen sogar vieles, aber nicht das Wichtige und nicht die Hauptsache.

Und nochmals ist zu betonen: wir haben die subjektive Befriedigung vom objektiven Sein getrennt. Wir meinen, etwas sei gut und sinnvoll, wenn es mit Lust verbunden ist. Das aber ist falsch. Unser Gefühl ist erbsündig. Das subjektive Gefühlserlebnis ist kein Zeugnis der Richtigkeit. Und wenn das jemand nicht glaubt, so möge er sich nur des Alltagserlebnisses bei Speise und Trank erinnern. Speise und Trank schenken uns einen positiven Gefühlston, auch über die Sättigung hinaus. Wir essen oft weiter, weil es uns schmeckt, nicht weil es lebensgerecht ist. Und das ist aufs Ganze gesehen keine Kleinigkeit. Vor einigen Jahren sagte mir ein Arzt, die Zahl derer, die an Unterernährung sterben, ist kaum größer als die Zahl derer, die aus Übersättigung sterben.

Freilich, ich räume ein, das Gefühl täuscht nicht immer. Besonders wenn es höhere Gefühle sind, wie echte Freude und Begeisterung, so sind sie oft ein Zeichen für den inneren Wert.

Aber auch Lust sei nicht abgelehnt. Was abgelehnt wird, ist nur die Meinung, der positive Gefühlston sei ein klares Zeichen für die Richtigkeit. Das ist nicht der Fall.

Unser Fühlen, das Gemüt, muß erst von Christus erlöst werden. Ebenso die Geschlechtlichkeit. Sonst gilt, was Reinhold Schneider sagt und Ignatius in den Mund legt: Dein Glück ist nur Not.

Die Kinder

Erst wenn die Ehe selbst so harmonisch zusammengefügt ist, gelingt es, den Kindern das zu geben, was sie zur Entfaltung brauchen. Und das ist zuallererst die Geborgenheit. Die Geborgenheit entsteht aus der Familienatmosphäre, in der die liebende Zuwendung zum Kind selbstverständlich ist. Dann erwacht beim Kind Vertrauen und Zuneigung. Es fühlt sich im liebenden Schutz der Eltern wohl. Der Eltern sage ich, nicht nur der Mutter, denn auch der Vater hat seinen Teil daran.

Von Erziehung grundsätzlich haben wir schon gesprochen. Hier geht es um die Familien*atmosphäre,* von der gesunde Kräfte ausgehen. Damit zugleich um Konkretisierung mancher Dinge, so etwa um die Gespräche der Eltern untereinander und später der Gespräche gemeinsam mit den Kindern. Um das schlichte Familienleben, besonders an Sonntagen.

Die glückliche Art junger Ehepaare, sich einmal in der Woche zur gemeinsamen Besprechung eine Stunde zu gönnen, kann sich mit dem Kommen der Kinder ausweiten auf gemeinsame Beratung über die Kindererziehung. Da gibt es nun vieles zu bereden. Auf folgendes sei hingewiesen:

Nicht wenige Eltern klagen mir, daß ihre Kinder so verschieden geartet seien. Das eine Kind ist von Natur aus fröhlich und heiter. Ein anderes empfindlich und leicht verletzbar. Das kann zwei verschiedene Ursachen haben. Vielleicht ist das gleiche Kind, das zuvor fröhlich und heiter war, nach der Geburt des nächsten Kindes auf einmal verletzlich geworden. Den Grund dafür erklärt die Individualpsychologie. Dem erstgeborenen Kind hat zunächst alle Liebe und Zuwendung gehört. Nun ist Liebe und Zuwendung geteilt. Dem Nachgeborenen gehört sogar die größere Zuwendung. Warum das so ist, versteht das Kind nicht. Aber es erfährt wohl, daß es jetzt nachgestellt wurde. Das schmerzt das kleine Kind. Dagegen reagiert es empfindlich.

Was soll man tun? Dem Erstgeborenen wieder etwas mehr Zuwendung schenken; ihm erklären, warum das Kleine soviel Beistand braucht. Auch du hast die gleiche Zuwendung in früheren Jahren erfahren. Also nicht über das Kind klagen, sondern erklären und verständlich machen.

Nebenbei bemerkt, geschieht das gleiche auf einer viel reiferen Altersstufe gar nicht selten noch einmal. Manche Gatten werden mit der wachsenden Zahl der Kinder eifersüchtig auf eben diese Kinder, weil sie einen guten Teil der Liebesfähigkeit der Mutter, für ihn also der Gattin, beanspruchen. Peter Dörfler schildert das sehr anschauend und plastisch in seiner Apollonia-Trilogie.

Das also ist der eine Grund, erst das Erleben des Kindes hat diese Verschiedenheit ausgelöst. Der andere Grund besteht darin, daß die Verschiedenheit anlagemäßig verursacht ist. Gemäß der Mendelschen Vererbungsgesetze ist eine andere Veranlagung zum Durchbruch gekommen, die diese Verschiedenheit gezeitigt hat.

Da ist es immer noch hilfreich, wenn auch wissenschaftlich nicht sehr genau, sich an die alten vier Temperamente zu erinnern, Choleriker, Sanguiniker, Phlegmatiker, Melancholiker.

Der Choleriker ist zäh, strebsam, leicht an der Ehre zu verletzen und ebenso leicht an der Ehre zu packen. Der Sanguiniker ist lebhaft im Gemüt, fröhlich, dennoch leicht enttäuschbar; auch er will etwas gelten, aber vor allem beliebt sein. Der Phlegmatiker ist schweigsam, unlebendig, nicht leicht aus der Ruhe zu bringen. Der Melancholiker ist schwermütig, niedergeschlagen, mutlos. Er hat es am schwersten von allen.

Nun ist es wichtig, das je eigene Ideal dieser vier Temperamente zu erkennen, um eine richtige Erziehung zu beginnen.

Das Ideal des Cholerikers, man kann auch sagen, der Anruf Gottes an den Choleriker ist, ein *Notwender* zu sein. Er hat dazu Kraft und Zähigkeit. Dem Choleriker muß nur gezeigt werden, hier gibt es etwas zu tun. Wenn er es doch nicht tut, denn am liebsten tut er Dinge für sich, – dann braucht es nur den etwas verwunderten Blick des Erziehers, der ausdrückt, ich hätte von dir mehr erwartet. Das genügt. Natürlich kann man ihn auch darauf hinweisen, daß es auch Nöte, Aufgaben usw. in seinem Innern gibt, deren Lösung von ihm erwartet wird. Also etwa, daß er seine Härte in Festigkeit umwandeln soll, seine Rechthaberei in echtes Wissen und ähnliches mehr.

Das Ideal des Sanguinikers ist es, *Freudenbringer* zu sein. Er ist ja von Natur aus fröhlich, sympathisch, aufgelegt zu Munterkeit und Scherz. Freilich auch leicht wetterwendisch, wenn ihm etwas über die Leber gekrochen ist. Man wird ihm helfen, sich aus seinem frohen Mut nicht drausbringen zu lassen; er könne gerade in Schwierigkeiten seine helfende Eigenart bewähren und darin wachsen. Ein enttäuschter Blick wird bei ihm nicht so viel wirken, wie beim Choleriker. Er verträgt etwas mehr. Aber er will beliebt sein. Darin kann man ihn packen.

Der Phlegmatiker sodann. Der Anruf Gottes an ihn ist, *Friedensstifter* zu sein. Das kann er am leichtesten, weil er nicht leicht aufgeregt wird. Es ist also gar nicht so schlimm, Phlegmatiker zu sein. Auch ihm ist eine schöne Aufgabe zugedacht. Freilich, er muß mobilisiert werden, denn meistens ist er ein ziemlich faustdicker Egoist. Klare Weisung und auch eindeutiger Tadel, der freilich nicht lieblos sein soll, tun ihm gut. Auf seine Wesenserfüllung, Friedensstifter zu sein, muß er im konkreten Fall aufmerksam gemacht werden. Denn von sich aus merkt er das gar nicht.

Wieder anders ist es mit dem Melancholiker. Er hat es also am schwersten im Leben. Sein Wesensanruf aber ist etwas Schönes und Großes. Er soll *Engel des Mitleids* sein. Das kann er am besten, denn er sieht alles Dunkle und Schwere nicht nur mit dem Kopf, sondern mit dem Herzen, auch wenn es nicht ihn, sondern einen Mitmenschen betrifft. Darum kann er helfende Kräfte wecken.

Wir haben zwei historisch bedeutsame Beispiele dafür: Da ist Gandhi, der sein Volk aus der Knechtschaft zur Freiheit geführt hat. Betrachtet man besinnlich sein Antlitz, so wird einem deutlich, daß es von Schwermut gezeichnet ist. Er hat die Leiden seines ganzen Volkes selbst getragen. Das andere Beispiel ist Vinzenz von Paul.

Das melancholische Kind braucht also Ermutigung. Es braucht das aufmunternde Lächeln: Das bringst du schon fertig. So also Kräfte vermitteln und es hinweisen darauf, daß es tausend Freuden gibt, nicht nur tausend Schmerzen.

Kommen die Kinder in die Schule, so müssen die Eltern erfahren, daß eine ganze Reihe von anderen Einflüssen an die Kinder herantreten. Da wirken Straße, Auto, Schul- und Klassenkameraden. Die Eltern nehmen Ansteckungsgefahren wahr. Sie fragen sich, wie sind denn die andern Kinder? Bald wird ihnen klar, daß die meisten Wohlstandskinder sind, daß das Klassenmilieu einen großen Einfluß hat.

Kommen die Kinder in die Hauptschule, so merken die Eltern allmählich, daß es hauptsächlich drei verschiedene Arten von jungen Menschen gibt, nämlich Genießlinge, Aussteiger und Gesunde. Genießlinge sind die meisten. In den oberen Jahrgängen sind sie untertags in Blue jeans, abends in vornehmer Abendkleidung in Tanz-Cafés usw. Die Aussteiger sind die Protestierer. Bei ihnen ist an allem Schlechten die Gesellschaft schuld. Sie machen große Ansprüche und sind daher nie zufriedenzustellen. Ein entgrenztes Freiheits- und Gleichheitsstreben kennzeichnet sie. Die Gesunden, gemeint sind die leiblich und seelisch Gesunden, sind von den andern merkwürdig unberührt und gehen ihren geraden Weg.

Die Eltern fragen sich, wie kann ich mein Kind vor schlechten Einflüssen bewahren? Ein Beispiel: Zur Zeit, wie diese ganz kurzen Miniröcke Mode waren, ging ein Mädchen die Höttinger Gasse in Innsbruck herunter, das nicht so gekleidet war. Ein anderes stieß zu ihr und krähte gleich: Du bist noch rückständig. Das erste Mädchen hielt ganz ruhig entgegen, ich bin nicht rückständig, ich bin selbständig. Hast du den Mut dazu?

Man muß also die Kinder selbständig machen, und zwar so, daß sie daran Freude empfinden. Dazu kann einem sogar und vielleicht unerwarteterweise der *richtige* Gebrauch von Radio und Fernsehen dienlich werden.

Nebenbei bemerkt, sagten mir junge Familien, sie hätten einen Schrank, in dem der Fernsehapparat organisch eingebaut sei. Der Fernsehapparat stehe hinter einer verschließbaren Tür dieses Schrankes. Wenn etwas kommt, was für die Kinder geeignet ist, werde die Schranktür geöffnet. Die Kinder freuen sich. Danach wird wieder geschlossen. Das gehe, so erzählten sie mir, bei kleinen Kindern sehr gut. Es gelte: Aus den Augen, aus dem Sinn.

Nun aber zur Selbständigkeit. Die Eltern sprechen mit den Kindern über das Programm. Sie zeigen ihnen, wie man auswählt. Sie sagen zu ihnen ganz ruhig, das ist nur modisch. Morgen lacht man darüber. Wir schauen jetzt etwas an, über das wir nachher sprechen müssen. Danach aber, habt ihr gemerkt, was an diesem Film krank und brüchig war? Darüber wird gesprochen. Die Kinder werden angeleitet, allmählich das Wertvolle selbst zu finden. Damit beginnt die Selbständigkeit. Man gewöhnt sich allmählich daran, fremde Einflüsse zu überprüfen und nicht unbesehen anzunehmen.

Ein konkretes Beispiel: Es wurde ein sehr fröhlicher Film gezeigt. Die Eltern fragen, was meint ihr, sind diese Menschen wirklich innerlich froh? Die Kinder bejahen, vielleicht werden sie auch nachdenklich. Der Vater erzählt: Im großen Jahrhundert Frankreichs gab es drei berühmte Dichter: Corneille, Racine, Molière, Lustspieldichter. Nun geschah es eines Tages, daß zu einem Pariser Arzt ein Patient kam. Dieser Patient klagte dem Arzt etwas, was auch heute öfters vorkommt. Er sagte nämlich, er sei gedrückt und öfters ausgesprochen depressiv. Der Arzt prüfte, fand aber nichts, was organisch fehlerhaft gewesen wäre. Er sagte, gehen Sie öfter spazieren, mehr an die frische Luft; und vor allem, gehen Sie doch in die Lustspiele von Molière. Darauf antwortete der Patient, ich bin Molière! (Es war bei Wilhelm Busch nicht anders.)

Der Vater kann anfügen, es ist eine bekannte Erfahrung, daß lustige Menschen (fröhlich und lustig sind zwei Dinge, könnt ihr das unterscheiden?) oft innerlich traurig sind. Auch die Genießer sind oft traurige Menschen. Es ist wieder die Traurigkeit der Welt, die wir schon erwähnt haben, die zum Tod führt, wie Paulus sagt.

Mit diesen Anregungen, etwas zu überprüfen, nachzudenken, sich zu entscheiden, ist zugleich auch eine beginnende Entfaltung des Denkens gegeben. Das ist etwas vom Kostbarsten, was die Eltern vermitteln können. Denken ist natürlich viel mehr als bloßes Wissen. Denken heißt, Beobachtungen, Erfahrungen machen; beurteilen, vergleichen, Einfälle haben, Schlußfolgerungen ziehen.

Wir sagen im Deutschen ganz richtig, ich weiß das auswendig. Damit ist sicheres, gedächtnismäßiges Wissen gemeint. Der gescheite Franzose sagt merkwürdigerweise für das gleiche: savoir par coeur, im Herzen wissen, obwohl das gerade hier nicht der Fall ist. Gedächtniswissen ist wirklich ein „Auswendig-Wissen“, das mich sehr oft innerlich überhaupt nicht berührt.

Denken ist also viel mehr. Nicht nur ein bloßes, passives Aufnehmen, wie beim Gedächtnis, sondern ein geistiges Aktivwerden, wie gesagt, mit Beobachten, Vergleichen, Beurteilen usw. Eben alles das kann durch solche Fernsehbesprechungen angeregt werden.

Mit dieser kleinen, beginnenden Selbständigkeit des Denkens kann ebenso das bewußte Wollen gefördert werden. Und das ist genau so wichtig. Das triebhafte Wollen steht heute im Vordergrund. Das bewußte und unterscheidende Wollen wird wenig gepflegt.

Einmal war die Zeit, wo bei jungen Menschen alles darum gegangen ist, wie bekomme ich einen starken Willen? Diese Zeit ist längst vorbei. Es war vielleicht damals zuwenig nach Erarbeitung von Motiven ausgerichtet. Die heutige Vernachlässigung ist aber erst recht falsch. Der Wille muß angeregt, motiviert, gepflegt werden. Was mit dem bloß triebhaften Wollen herausgekommen ist, das sehen wir nur allzudeutlich. Es geht auch hier um die Entfaltung der geistigen Führungszentren, nicht einfach um das bloße Geschehenlassen durch die Primitivperson.

Dazu aber sind zwei Dinge notwendig: Motivbildung und Einübung.

Motive müssen, um es nochmals zu sagen, anschaulich und gefühlsbetont sein. Das beste anschauliche und gefühlsbetonte Motiv sind für die Kinder die Eltern selbst. Wenn das Kind jemand bewundert, läßt es sich von ihm alles sagen. So also müssen die Eltern sein. Später wird sich das verselbständigen. Wenn etwa das Kind Mathematik nicht gern hat, so läßt sich ihm das Motiv geben, du lernst denken, weißt du, so wie bei den Filmbesprechungen. Das hat dann für das Kind aus seiner kleinen Erfahrung heraus eine anregende positive Bedeutung.

Die *Einübung* soll nicht künstlich gemacht werden, sondern die naturgegebenen Anlässe benützen. Etwa sagt der Vater: Du hast heute Namenstag, ich lege dir 500 Schilling in deine Sparkasse. Wieviel Schilling werden das in zehn Jahren sein, wenn der Zinssatz acht Prozent beträgt? (Zinseszins kann man bei kleinen Kindern weglassen). Oder der Vater berichtet von einer rechnerischen Aufgabe, die ihm im eigenen Beruf unterkam. „Wie würdest du das machen?"

Mit der Motivbildung ist aber auch schon die Brücke zur sittlichen Erziehung gegeben. Sie liegt heute ebenso im argen wie die Willensbildung. Und doch hängt von ihr schlechthin das *Ganze* ab. Richtiges Wollen bedeutet, ein klares Ziel haben und es mit Ausdauer verfolgen. Damit dieses Wollen ein sittliches Wollen werde, muß es im Gewissen verankert werden. Mit dem Gewissen berühren wir das Unbedingte im Menschen. Das Gewissen nun ist tief im Herzen des Kindes zu verankern, in seinem Gemüt. Nur wenn es dort beheimatet ist, gewinnt es Dauer. Es kann aber nicht tiefer im Herzen und Gemüt verankert werden als durch den lebendigen Gottesglauben.

Es geht genau um das, was heute nicht beachtet wird. Im Gottesglauben erschließen sich Motive in einer Größe und Tiefe zugleich, die sonst nicht zu finden sind. Und dies besonders im christlichen Gottesglauben, durch den die erhabene Größe Gottes in Jesus Christus so menschlich nahe gebracht ist, daß das Herz bezaubert und der Geist gebannt wird. In diesem Gottesglauben wird auch klar, daß Sittlichkeit nicht Verkürzung, sondern volle Entfaltung des Lebens ist. Es steht ja geschrieben: „Ich bin gekommen, daß sie das Leben in Fülle haben."

In all dem muß noch ein Wort über die Ausübung der Autorität gesagt werden. Autorität ist immer für den anderen da. Das ist uns schon klar. Sie will augere, also vermehren, bereichern, in diesem Sinn Leben spenden. Sie muß immer wieder etwas an sich haben, was mitreißt. Das heißt, sie muß innere Überlegenheit haben, die aufschauen und aufhorchen läßt.

Das bedeutet natürlich nicht, daß objektive, einfach amtliche Autorität keine wäre. Die Idee der Autorität ist auch dann gegeben. Nicht aber das Ideal der Autorität. Ideale Autorität hat immer innere Überlegenheit, Reichtum und strahlt aus. Sie kann belehren, motivieren und dieses letztere besonders. Sie kann entscheiden, hat den Mut dazu; sie kann bessern, mitreißen und helfen. Sie dient dazu, sich selbst zu finden und sich zu entfalten. Autorität ist Lebenshilfe.

Wie sieht unter dieser Voraussetzung das praktische Familienleben etwa an Sonntagen aus? Dazu einige Bemerkungen.

Am Sonnabend ist fröhliche Besprechung. Was habt ihr in der Schule erlebt? Was haben wir Eltern erlebt? Was machen wir morgen? Die Kinder sollen durchaus mitreden dürfen, Wünsche sagen usw. Die Eltern entscheiden zum Besten aller.

Alle Menschen müssen mindestens einmal in der Woche etwas haben, worauf sie sich freuen dürfen. Das soll am Sonntag zutreffen. Etwas besonders Schönes ist es, wenn Eltern mit den Kindern im Freien spielen, in Berg und Wald. Es kann freilich auch zu Hause geschehen, aber im Freien besonders, weil durch die Bewegung die Blutzirkulation gefördert wird und darum schon vom Physiologischen her gute Stimmung vorgegeben ist. – Nicht zu vergessen, der gemeinsame Kirchgang weckt Ehrfurcht.

Wie behandelt man die Kindesfehler? Nie mit Heftigkeit. Das ist immer unglücklich. Oft kann man statt zu strafen Fragen stellen. Bist du jetzt eigentlich zufrieden mit dir? Was sagt dein Gewissen? Das ist natürlich nicht beim eigentlichen Kleinkind möglich. Da verträgt es schon auch einen Erziehungsklaps. Aber sobald der Verstand erwacht ist, ist es am wichtigsten, das Kind innerlich auf die gleiche Seite zu bringen, auf der man selbst steht.

Etwa ein Kind erzählt am Samstagabend, ein Schulkamerad habe gelogen und der Lehrer sei nicht daraufgekommen. Du merkst, das Kind ist in Gefahr, lügen als ein bequemes Auskunftsmittel anzusehen. Da erzähle etwa von dem Gedicht, das von dem geheimnisvollen Meister mit seinen Jüngern handelt. Es bleibt in dem Gedicht verhüllt, wer dieser Meister ist.

Unter den Jüngern dieses Meisters ist einer, der sich offenbar besonderer Zuneigung erfreut. „Warum ziehst du ihn uns vor?" Der Meister gibt jedem Schüler ein lebendiges Vöglein in die Hand. „Wo dich niemand sieht, dort töte es." Die Jünger gehen und berichten zurückkommend, wo sie es getan hatten: auf dem Dachboden, in einer Scheune, im Wald usw. Zuletzt kommt der bevorzugte Jünger. Das Vöglein lebt. „O Herr, ich konnte den Ort nicht finden, wo mich niemand sah." Das Gedicht fährt fort: „Der Meister sah sich um, die Schüler waren stumm, nun wußten sie warum." Das Gedicht schließt mit der liebenswürdigen Geste des Meisters, der die Vöglein wieder lebendig macht: „Beleben kann der Herr, doch soll der Mensch nicht morden."

Nun kann der Vater oder die Mutter die Kinder fragen, möchtet ihr nicht auch dem Schüler gleichen, der mit dem lebenden Vöglein zurückkam? Ja, antworten sie. Wißt ihr dann auch, warum ich euch das erzählt habe? Ja, nicken sie, Gott sieht alles, dann können wir nicht lügen.

Der Kirche bleibt die Aufgabe, die Familie zu befähigen, das alles zu tun. Dazu sind bereits einige Einrichtungen geschaffen. Von Brautleutetagen und Tagen junger Familien sprachen wir schon.

Neben solchen Tagen bestehen manchmal Familienrunden. Diese werden vielfach von der Gemeinschaft der Interessierten getragen. Wenngleich ein Priester meist unterstützend dabei steht. Erfahrungen werden ausgetauscht, Erlebnisse werden erzählt, Lösungen, die geglückt sind, weisen Wege.

Daraus, oder auch ohne Familienrunden, hat sich etwas Weiteres ergeben, nämlich, die *Elterntage*. Sie finden für die Eltern der Kinder statt, die ins Entwicklungsalter kommen. Das ist eine Zeit der Entscheidungen für Eltern und Kinder. Väter und Mütter müssen allmählich die besten Freunde ihrer Kinder werden. Sie müssen den Kindern Wege in die Zukunft weisen. Damit auch Wege zu einer bewußten weltanschaulichen Entscheidung. Hiebei geht es heute um einen Überzeugungsglauben, der allmählich heranreifend ein Leben tragen kann.

Dazu finden nun in diesen Elterntagen Vorträge und Aussprachen statt. Man spricht über das Entwicklungsalter und seine Unruhen; über die damit verbundenen Krisen, also Autoritätskrise, Geschlechtskrise, Glaubenskrise. Desgleichen spricht man über das freundschaftliche Intimgespräch der Eltern mit den Kindern unter vier Augen. Die Eltern werden angeleitet, von ihren eigenen Erfahrungen im Jugendalter zu erzählen. Die Kinder und beginnenden Jugendlichen erfahren auf diese Weise, wie auch ihre Eltern in Gefahren standen und wie sie diese bestanden haben. Sie lernen aufs neue, zu dem reifen und erprobten Leben aufzuschauen.

Es wird weiter über das Geheimnis der Lebensentstehung gesprochen und über die Verantwortung, die mit allem Geschlechtlichen verbunden ist. Man erinnert an die gemeinsame Verantwortung beider Elternteile, der sie in diesen Jahren gerecht werden müssen und für die sie sich bereit machen sollen.

Eine ganz konkrete *Erfahrung* in Ergänzung zu einer früheren Bemerkung unter vielen anderen Dingen sei kurz genannt. Ein Teil der Eltern berichtet, wir können den Kindern nichts mehr sagen. Es heißt, das verstehst du nicht. Es stellt sich bei diesen Schwierigkeiten immer heraus, daß diese Eltern mit ihren Kindern keine persönlichen Gespräche geführt hatten. Jetzt war es freilich für den Beginn zu spät. Andere Eltern hatten gute Erfahrungen. Es waren immer die, die schon seit Jahren mit ihren Kindern persönliche Gespräche geführt hatten. Unnötig also, darauf hinzuweisen, wie notwendig das rechtzeitige Gespräch mit den Kindern ist, mindestens vom Beginn des Schulalters angefangen. Dann sind die Erfahrungen gut.

Um zusammenzufassen: Die echte Gattengemeinschaft spielt eine entscheidende Rolle. Die Keuschheit als Weg zur Persönlichkeitsreifung wird wieder entdeckt. Aus der reifen Gattengemeinschaft entspringt die wahre Kinderliebe, die als gottgeschenkte auch zur emporführenden Erziehung befähigt. Aus beidem wird die Grundlage für echtes Familienglück gelegt.

17. Kapitel

Erneuerung des gesellschaftlichen Lebens

Allgemeine Entwicklung

Das Ziel ist die Überwindung der Kultur- und Wertkrise. Die Krise ist durch Auflösung des geistigen Erbes entstanden, durch Überbetonung der Nützlichkeits- und Vitalwerte, durch Außerachtlassen der höheren Werte. Daher entstand damit auch die Krise der pluralistischen Gesellschaft und der individualistischen Demokratie, die einerseits ins Rationalistisch-Technische, anderseits ins Konsumtiv-Hedonistische abglitt. Von da hat sich der Ruf nach Grundwerten und Grundrechten erhoben, weil eine Gesellschaft ohne Grundwerte und Grundrechte nicht leben kann.

Der Ruf ging aber losgelöst von der Geschichte aus und blieb daher zu abstrakt. Weswegen wir zunächst den geschichtlichen Zusammenhang herstellen wollen.

Die Französische Revolution stellte, wie bekannt, die Forderung nach liberté, egalité, fraternité, nach Freiheit, Gleichheit, Brüderlichkeit auf. Das muß man im Zusammenhang mit den damaligen gesellschaftlichen Verhältnissen sehen. Die drei Stände waren Adel, Geistlichkeit, Bürger. Der vierte Stand, Bauern und Arbeiter, zählte nicht. Er hatte auch keine Aufstiegs-Chancen. Wer darin geboren war, blieb darin. Der bevorzugte Stand aber, Adel und Geistlichkeit, hatte Privilegien.

Die Heftigkeit des Rufes ist daher erklärlich. Ebenso aber auch dessen Sinnspitze. Aus den klassenhaft geschiedenen Ständen sollte ein einheitliches Volk werden. Privilegien sollten aufgehoben, Minderberechtigung sollte beseitigt werden.

Will man die damaligen Verhältnisse anschaulich machen, so seien zwei Beispiele genannt.

Zuerst: Beim König hatte das sogenannte petit lever und das grand lever hohe Bedeutung (etwa zu übersetzen als kleines und großes Aufstehen bzw. als kleiner oder großer Morgenempfang). Beim kleinen Morgenempfang war der König noch im Bett, aber soeben erwacht. Ein paar Hochadelige begrüßten ihn und boten ihm einen guten Morgen. Beim großen Morgenempfang war der König bereits feierlich gewandet, trat in seinen festlichen Gewändern in den Empfangssaal, allwo er von einem großen Kreis Adeliger erwartet und begrüßt wurde. Es galt als große Ehre, dazu zugelassen zu werden, weswegen sich die Adeligen dazu drängten.

Sodann: Ein zeitgenössischer Dichter machte das Poem: Lève toi Jacques, lève toi (steh' auf Jakob, steh' auf). Das ruft am Morgen die Frau des armen Bauern Jakob ihrem Mann zu. „Der Steuereinnehmer des Königs ist da." Der Mann kommt nicht. Die Frau ruft dringlicher: „Das ist doch der Herr Steuereinnehmer des Königs, komme!" Jakob kann nicht mehr kommen. Aus Hunger und Entkräftung ist er soeben gestorben.

Durch diese zwei Beispiele tritt einem die Wirklichkeit plastisch vor Augen.

Privilegien wurden also abgeschafft, Minderberechtigung wurde beseitigt, die Freiheit stand voran. Diese Freiheit ermöglichte aber auch die ungehemmte Entwicklung des Kapitalismus. Dadurch wurde die andere Idee, nämlich die Gleichheit virulent, der Kommunismus entstand.

Man erinnere sich des Wortes: Die Wirklichkeit ist die Parodie der Ideale. Freiheit kann etwas anderes bewirken, als gemeint war; Freiheit und Gleichheit können in Widerspruch geraten. Wir müssen daher erkennen, daß Freiheit und Gleichheit des Maßes bedürfen. Auch hier gilt wieder das schon öfters erwähnte Wort: „Mächtiger als Macht ist Maß." Freiheit gilt so weit, als deine Freiheit die Freiheit des andern nicht verletzt. Gleichheit gilt so weit, als sie die natur- und also wesensgemäß gegebene Ungleichheit nicht aufhebt.

Ich muß an etwas früher Erläutertes anknüpfen. Die Menschen sind zugleich gleich und ungleich. Jeder hat sein eigenes Erbgut, seine Gestalt und sein Antlitz. Das ist alles klar. Und ebenso klar ist, daß die Aufhebung dieser Ungleichheit die Welt schrecklich öde machen würde. Diese Ungleichheit geht weiter. Jeder hat sein spezifisches Temperament, seine ihm eigene Begabung, seinen Erbcharakter und später seinen ihm eigenen, erworbenen Charakter. Das alles ist Wirklichkeit. Also sind die Menschen nicht nur gleich, sondern auch ungleich.

Und dennoch zugleich wesentlich gleich. Gleich nämlich in ihrem wesentlichen Sein und in ihrer Würde. Aber auch da gibt es noch eine Differenzierung, Mann und Frau sind wertgleich, aber nicht artgleich.

Wenn heute wieder Freiheit und Gleichheit als Grundwerte genannt werden, dann kann das offenbar nicht so ungeschützt geschehen. Sind doch die geschichtlichen Ergebnisse bereits bekannt. Freiheit kann nicht Bindungslosigkeit sein. Ebensowenig Gleichheit Gleichmacherei. Gleichheit kann ohne Aufhebung der bereichernden Verschiedenheit nicht wohltun.

So sind die Grundbestrebungen von heute zu überprüfen. Das Grundstreben der Neuzeit ist die Wendung zum Diesseits, zum Leben, zum Subjekt. Damit ist auch das Streben nach Mündigkeit gegeben. Man erinnere sich, wie sehr Kant das betont hat: Mündigkeit ist der Austritt des Geistes aus der selbstverschuldeten Unmündigkeit. Weil vor allen Dingen die Vernunft mündig machen soll, treibt diese Mündigkeit zugleich den Rationalismus, die Aufklärung, den Liberalismus hervor. Damit aber bekommt das Wort Fortschritt seinen hohen, fast muß man sagen, zauberhaften Klang, der erst in der letzten Zeit ins Fragliche geraten ist. Fortschritt, das hieß Entfaltung der Wissenschaft, der Technik, der Wirtschaft objektiv, und subjektiv Freiheit, Lebensstandard, Wohlleben.

Diese ganze Lebensbewegung, die zunächst durchaus von sittlichen Kräften gelenkt war, flutete über in Ungebundenheit und Emanzipation. Alles Alte wurde abgeworfen. Die früheren Werttafeln galten nicht mehr. Emanzipation verstand man, wie gesagt, in einem neuen Sinn. Es war nicht mehr die Befreiung des erwachsenen Sohnes von der patria potestas, von der väterlichen Gewalt, sondern überhaupt das Abwerfen von jeder Abhängigkeit. Der mächtig gewordene Mensch will schlechthin unabhängig sein. Wenn eine Zeitströmung so stark ist, kommen alle Tatsachen dagegen nicht auf. Man ist zwar abhängig von Luft, Temperatur, Nahrung, von der Schulung, die man erhalten hat, und so noch vieles. Man sieht aber die Welt durch die Fortschrittsbrille, die alles, was dagegen ist, unsichtbar macht. Dieses Grundstreben der Neuzeit ist über das Ziel hinausgeschossen. Die neue Stufe der Menschheit hat ihr seinsrichtiges Maß noch nicht erkannt. So wurden denn mit diesem Fortschritt auch die vielen Krankheiten ausgelöst, an denen wir jetzt leiden.

Etwas äußerst Interessantes geht in diesen Jahren vor sich. Ich meine, wie erwähnt, den Wertwandel bei der jungen Generation. Bisher war die Jugend fortschrittsgläubig, hat alles bejaht, was der Zukunft zugewandt war. Nun ist plötzlich Skepsis aufgebrochen. Die junge Generation lehnt Fortschritt ab, sie wendet sich gegen die Atomkraftwerke, gegen die Unüberschaubarkeit der Fortschrittsfolgen. Sie sucht Alternativ-

Lösungen mit einfacherem Leben, tritt ein für Umweltschutz, für Frieden.

Das kam aus der Tiefe der Lebensbewegung, in der plötzlich etwas reif wurde. Unzufriedenheit war aus den vergangenen drei Jahrzehnten schon da. Die Undurchschaubarkeit der modernen Entwicklung mit ihren Gefahren wurde jetzt deutlich. Da brach es nun auf einmal durch: nicht so, sondern anders.

Freilich kann die Jugend nicht differenzieren. Es fehlt ihr die Erfahrung. Wenn sie eine Sache will, strebt sie sie ganz und ungebrochen an. Sie weiß noch nicht, daß Idee und Wirklichkeit in einem Spannungsverhältnis stehen, daß also nicht nur die Idee, sondern die Wirklichkeit berücksichtigt werden muß, um eine tragbare Lösung zu erreichen.

So berücksichtigen die jungen Menschen nicht, daß mit einer bloßen Rückentwicklung der Technik die Energieversorgung unmöglich würde. Daß mit Leben im Grünen nicht so viele Menschen auf Erden erhalten werden könnten. Alle diese Dinge stehen in verwickelten Zusammenhängen und zeitigen Spätfolgen, die nicht vorauszusehen sind.

Daneben ist zu beachten, daß mit der modernen Entwicklung die Sinnspitze gewechselt hat. Es geht jetzt nicht mehr, wie einst, um Befreiung aus einem verzerrten Standesgefüge. Das ist längst erreicht. Aufstiegsmöglichkeiten sind dem Fleißigen überall gegeben. Es geht vielmehr um Befreiung von der veröffentlichten Meinung, die durch Radio, Fernsehen, durch Mode und ähnliches nahezu aufgenötigt wird. Wer kann noch selbständig denken? Man muß heutzutage sehr vieles hinterfragen, um von der Manipulation frei zu werden. Und natürlich geht es um innere Freiheit.

Grundwerte

Unter Berücksichtigung all dessen, was vorausgegangen ist, läßt sich zur Frage der Grundrechte folgendes sagen:

Zunächst, es ist sehr unrichtig und schon im Ansatzpunkt vereinseitigt, wenn man nur von Grundrechten spricht. Es gibt *Grundrechte, Grundwerte* und *Grundpflichten.* Das geht so vor sich: Aus den Grundwerten folgen die Grundrechte und Grundpflichten. Das werden wir gleich näher beleuchten.

Außerdem ist es vereinseitigt, wenn man von Grundrechten nur unter gesellschaftlicher Rücksicht spricht. All das hat auch individuelle und ebenso übernationale Bezüge.

Der Grundwert geht von der Person und der Personwürde aus. Eine Person ist nicht Mittel, sondern Ziel. Daraus folgt, daß sie angeborene Rechte hat, die nicht mißachtet werden dürfen. Daraus folgt ebenso unmittelbar, daß das *Recht* selbst ein Grundwert ist. Also das, daß es überhaupt Rechte gibt, stellt einen Grundwert dar. Ohne Recht und Rechtsleben kann eine Gesellschaft nicht bestehen. Dieser Grundwert, das Recht, wird im gesatzten Recht weiter entfaltet.

Aber zurück zur Person: Natürlich läßt sich auch fragen, ob es für diese Auffassung, wonach Person den unbedingten Wert darstellt, eine Begründung gibt. Für uns ist diese Begründung, wie schon genannt, sehr einfach. Unser Menschenbild heißt, der Mensch ist Ebenbild Gottes. Damit ist die Begründung von selbst gegeben. Für andere Auffassungen könnte es schwieriger sein. Doch wird aus dem gegenwärtigen Zeitgeist heraus eine Begründung gar nicht gefordert.

Wenn nun der Grundwert „Recht“ im besonderen entfaltet wird, dann gehört zu den Grundrechten, die aus dem Person-Wert folgen, vor allem zuerst die Gewissensfreiheit, also die Freiheit zur eigenen Überzeugung und damit auch die Religionsfreiheit. Sie ist mit der Personwürde zuinnerst verbunden. Es gehört dazu unter anderem das Recht auf Leben und Lebensentfaltung. Das sind *individuelle* Rechte.

An wichtigsten *gesellschaftlichen* Rechten sind zu nennen: Rechtsgleichheit und Gerechtigkeit, die jedem das Seine geben; ebenso Schutz auf Unversehrtheit und Eigentum. Solidarität schließt die Gesellschaft in sympathischer Weise zusammen. Ob sie wirklich zu den Rechten gehört, ist eine andere Frage.

Schließlich gibt es übervölkische Rechte. So das Recht auf Frieden und das Recht auf einen entsprechenden Anteil an den Gütern der Erde. Vergleiche hiezu die päpstlichen Lehrschreiben, in denen von einem Recht auf Entwicklungshilfe und auf Menschheitswohl gesprochen wird.

Damit ist die Sache aber nicht zu Ende. Aus der Personwürde folgt, daß der Mensch Verantwortung trägt. Also hat er nicht nur Rechte, sondern auch Pflichten. Freilich hört man das Wort Pflicht heute nicht gern. Es ist vom Zeitgeist abgewertet. Nach dieser Mode dürfen wir uns aber nicht richten. Wir brauchen dieses Wort mit seinem ehernen Klang.

Was sind das für Pflichten? Zur Beantwortung benötigen wir gleich wieder ein Wort, das vom gleichen Zeitgeist abgewertet ist, dessen

Abwertung aber anscheinend jetzt eher zurückgenommen wird, wie schon früher bemerkt wurde. Es handelt sich um das Wort Tugend.

Was ist das, Tugend? Wie schon festgestellt, Tugend ist Tüchtigkeit, es kommt von taugen. Und das ist doch nicht unsympathisch. Wir wollen alle etwas taugen. Tugend ist Tüchtigkeit, und zwar sittliche Tüchtigkeit. Im Lateinischen virtus klingt das Feste und Mannhafte noch deutlich an.

An notwendigen Tugenden können wir das Viergespann nennen, das aus dem alten, antiken Erbe stammt: nämlich Klugheit, Gerechtigkeit, Zucht und Maß, Tapferkeit. (Josef Pieper)

Klugheit ist uns freilich unter mancherlei Rücksicht verdächtig geworden. Sogar Franz von Sales sagt: Ich bin kein Freund der (weltlichen) Klugheit. Das Wort klug hat schon im Mittelhochdeutschen die Mitbedeutung von „schlau". So wird das Wort denn auch heute gebraucht, immer mit diesem mehr oder weniger betonten Beiklang von Schlauheit.

Im Lateinischen ist das anders: prudens bedeutet einsichtig, kundig, umsichtig. Damit wird das Gemeinte viel besser ausgedrückt. Man kann vielleicht sogar sagen, daß damit die Forderung nach Kritik der individuellen Vernunft einschlußweise mitgemeint sei. Wer einsichtsvoll und umsichtig ist, urteilt nicht zu rasch, sondern prüft, ehe er urteilt; er prüft also auch sich selber, ob er nicht bei der Urteilsbildung einen Fehler begangen habe. Und eben wegen dieser Selbstprüfung ist Klugheit nicht nur eine intellektuelle Begabung, sondern auch eine sittliche Tugend.

Darum kann man im Deutschen anstelle von Klugheit auch sagen Verständigkeit oder Besonnenheit. Wenn wir nun das Wort Klugheit bestehen lassen, müssen wir Besonnenheit immer mithören. Die sittliche Verpflichtung der in diesem hohen Sinn gemeinten Klugheit muß ich annehmen, sonst stifte ich mit meinem Tun und Lassen Verwirrung, besonders deswegen, weil ich mich von affektiven Vorurteilen leiten lasse. So ist die Wichtigkeit dieser Tugend eindeutig.

Daß der Wille zur Gerechtigkeit notwendig ist, darüber braucht nicht viel gesagt werden, nur ein kleiner Hinweis tut not. Ein altes Wort sagt: Es gibt neun Edle auf einen Gerechten. Daran ist etwas Wahres. Die schlichte Pflicht erfüllen hebt das Bewußtsein nicht sehr, wohl aber, mehr zu tun und ideal zu sein. Man sieht, daß hinter allem wieder die eifernde Ichliebe steckt. Darauf ist zu achten. Auch die Erfüllung der schlichten Pflicht ist etwas Hohes.

Zucht und Maß, wie Pieper die Mäßigkeit nennt, ist gleichfalls bedeutungsvoll. Die alte Bezeichnung „Mäßigkeit" war immer ein wenig in Gefahr, mit mittelmäßig verwechselt zu werden. Das aber ist nicht gemeint. Gemeint ist das Maßgerechte, also das, was der Wirklichkeit und ihren Seinsgesetzen entspricht. Wir Menschen sind von Übertreibung und Gleichgültigkeit in gleicher Weise bedroht. Der objektive Tatbestand und die subjektive Betroffenheit fallen auseinander. Als Beispiel diene etwa, ich bin affektiv dem Konservativen verhaftet. Dann lehne ich ohne weitere Reflexion alles Neue sehr leicht ab. Oder umgekehrt, ich bin affektiv dem Fortschritt zugewandt, dann werde ich alles Neue von vornherein für das Bessere halten. Aber neu und alt sind keine Wertbegriffe, sondern Zeitbegriffe. Aus der Verwechslung kann nur Schaden entstehen.

Um aber in dieser Welt der Schwierigkeiten Ziele zu erreichen, muß man tapfer sein. Tapferkeit ist die vierte dieser Grundtugenden. Tapfer ist, wer gelassen und ruhigen Schrittes hineingeht in die Zone der Gefahr. Die Gefahr kann auch eine seelisch-geistige sein, die besonders für den Politiker eine Rolle spielt. Er muß etwa fürchten, daß er mit seiner Stellungnahme abgelehnt wird, weil sie dem allgemeinen Trend nicht entspricht. Dann geht es für den Politiker um Zivilcourage, wie Bismarck das genannt hat.

Dazu ist interessant, daß die „Frankfurter Allgemeine" vor längerer Zeit einen Artikel brachte, wonach deutsche Minister bei ihren Antrittsreden sehr gute Ziele ihrer Tätigkeit nennen, dann aber nicht die Kraft haben, sie durchzuführen. Das weist auf ein Defizit an Durchsetzungsenergie und damit an Tapferkeit hin.

Wir wollen die doppelte Dreiheit nochmals festhalten. Es geht bei den *Grundrechten* immer um den *persönlichen*, *öffentlichen* und *mundalen* Bereich; und dann wiederum um *Grundwerte*, *Grundrechte*, *Grundpflichten* oder wie wir auch sagten, Grundtugenden. Damit ist aber auch klar, daß eine pluralistische Gesellschaft nicht das Richtige ist. Sie kennt diese drei Dominanten nicht. Was wir anstreben, ist eine *plurale* Gesellschaft.

Daraus ergibt sich eine große Aufgabe. Diese Dreiheit ist der jungen Generation in der Schule zu vermitteln. Wenn man zum Beispiel mitansehen mußte, was sich unter dieser Rücksicht im Land Hessen getan hat, so war dies erschreckend. Gemäß Lehrplan wurden die Schüler zu einer ablehnenden Haltung gegenüber dem eigenen Staat erzogen. Es gab dann viele Eltern, die ihre heranwachsenden Söhne und Töchter in eine

Mittelschule außerhalb von Hessen schickten, damit sie nicht von vornherein in Fehlorientierungen erzogen würden. Natürlich konnten sich das nur sehr wohlhabende Eltern leisten.

Nach dieser Dreiheit sind auch die Schulbücher, besonders in den gesinnungsbildenden Fächern, auszurichten. Also etwa in Bürgerkunde oder wie immer das im einzelnen Fall heißt; desgleichen in Deutsch und Geschichte. Das würde eine neue, positive Einstellung zu Volk und Staat vermitteln, welch letzterer der Hüter der Grundwerte sein soll. Aber auch das eherne Gesetz von Empfangen und Geben würde entsprechend deutlich: Ich habe nicht nur Rechte, sondern auch Pflichten.

Führende Kräfte

Hier ist ein Wort über die Universitäten anzufügen. Es wurde viel reformiert. Der Sieger bei dieser Reform ist die staatliche Bürokratie. Die Professoren sind wegen der weithin geltenden Drittels-Parität durch staatliche Gesetze genötigt, eine Menge von zeitraubenden Sitzungen abzuhalten. Für die Forschung bleibt kaum noch Zeit. Damit aber sinkt die Universität ab. Und die Durchführung aller Gesetze und Forderungen wird vom Staat kontrolliert. Weithin müssen besonders in Österreich sehr viele Entscheidungen den zuständigen Ministerien vorgelegt werden. Die Beantwortung verzögert sich, die Bürokratie herrscht.

Die Idee aber der Universität leidet nochmals Schaden. Die Universität soll, je in ihren Fakultäten, echte Bildung vermitteln, also nicht nur Ausbildung; oder etwa gehobene Fachbildung zur Erreichung eines bestimmten Berufes, sondern Bildung, die nicht zunächst auf Zwecke, sondern auf Wahrheit, Sinn und Wert ausgerichtet ist. Es geht, nach Kardinal Newman, um Geistesbildung. Er sagt: Ein gesunder Körper ist ein Gut an sich, ebenso ein gesunder Geist. Da kann man nicht mehr fragen, wozu?

Eine sehr interessante Anregung macht hiezu Gebsattel in seinem Buch: Imago hominis. Er sagt: Die Alma mater soll ihre vier Fakultäten nach den vier Nöten des Menschen ausrichten. Die theologische Fakultät soll sich um die Not der Schuld annehmen. Die medizinische um die Not der Krankheit; die juridische um die Not des Rechtes und des Rechtslebens; die philosophische um die weltanschauliche Not.

Es könnte zwar scheinen, als ob hier nur Zwecke genannt würden, doch trifft das, tiefer gesehen, nicht zu. Es geht durchaus um Grundwerte des Menschen, um Wahrheit in der Philosophie, um Heil in der Theologie, um körperliches Heil in der Medizin, um öffentliches Heil im Recht. So würden hier wesentliche Werte vermittelt. Die Idee der Universität würde wieder reiner dargestellt.

Um auf gesellschaftlich-kulturellem Gebiet das erreichen zu können, müssen wir auf etwas Früheres zurückkommen. Wir brauchen eine Führungsschicht im Volk. Diese Führungsschicht ist nicht ausgezeichnet durch besondere akademische Bildung. Sie ist auch nicht organisatorisch zusammengeschlossen. Es sind einfach die charakterlich bewährten Menschen, die Ideale haben und auf die man sich im Leben verlassen kann. Sie zeichnen sich auch dadurch aus, daß sie Zivilcourage haben und zu öffentlichen Angelegenheiten Stellung nehmen, ob das nun modern ist oder nicht. Diese Menschen bringen für das Gute und das Wahre echte Opfer.

Dieser Führungsschicht ist das Wort Verantwortung und Pflicht heilig. Ist sie in einer hinreichend soziologischen Stärke, so gewinnt sie Einfluß und Geltung, auch ohne dazu ein gesatztes Recht zu haben. Der höhere Wert setzt sich allmählich durch. In einem horizontal gegliederten, oder vielleicht besser, in einem ungegliederten Volk ist eine solche Führungsschicht schlechthin notwendig. Sonst sinkt das Volk herab zur Plebs. Eine Plebs aber geht schließlich unter.

Diese Führungsschicht schafft in ihrem Kreis ganz von selbst wieder *Sitte*. Sitte besteht, wie wir schon früher festgestellt haben, in Umgangsform, Lebensart, Brauchtum, was alles aus der Sittlichkeit begründet ist und eine gewisse soziale Stärke hat. Zur guten Sitte gehört etwa Rücksichtnahme auf die Mitmenschen, echte Ehrfurcht vor allem, was Menschenantlitz trägt, eine gefällige Weise des Umgangs; dazu gehört Anstand und ein Stücklein Ritterlichkeit. Im ganzen lauter Dinge, die heute im Verfall begriffen sind.

Damit das nicht mißverstanden werde: Es gibt natürlich verschiedene Arten des Umgangs. Anders ist der höfische Umgang, anders der bürgerliche. Aber das Äußere muß immer so sein, daß es dem inneren Wert gerecht wird. Wir befinden uns in einem gewissen Übergang, der sich zunächst durch Auflösung kennzeichnet. Es soll aber das aufbauende Ziel wieder gefunden werden. Dazu aber ist die Führungsschicht notwendig. Wenn also Eltern mit ihren Kindern im Wald spielen, so ist eine solche neue Form für diese Zeit bereits gefunden.

Diese Führungsschicht hat vor allem die Aufgabe, gute gesunde Familien zu gründen. Die Kinder wachsen in der frohmachenden Geborgenheit des elterlichen Hauses heran. Ganzmenschliche Gesundheit und Lebensfreude werden gepflegt. Die Kinder werden erzogen, um sich zu bewähren, nicht einfach um bewahrt zu bleiben. Sie lernen die Ehrfurcht vor Gott und das eherne Wort der Pflicht.

Die Führungsschicht sorgt für Ehrlichkeit und Redlichkeit im Volk, dafür, daß soziale Gesetze wohl genützt, aber nicht ausgenützt werden. Wenn etwa ein Arbeitsloser, der eine Stelle bekam, weiterhin das Arbeitslosengeld noch bezieht, dann stimmt hier etwas nicht mehr. Vor allem aber, daß jede Korruption, deren Fälle sich mehren, vermieden bleibt.

Die Führungsschicht setzt sich auch für gesundes Wohnen ein. Die Hochhäuser bedeuten kein gesundes Wohnen. Darin ist Masse, und der einzelne ist doch vereinsamt und isoliert. Die Ansteckungsgefahren sind, laut ärztlichem Urteil, größer. Die Kinder aus Hochhäusern sind meist nervös und frech.

Nervös, sie haben zuwenig frische Luft und Ausgang; frech, denn sie machen immer wieder die Erfahrung, daß man die Eltern belügen kann. Wenn etwa Eltern aus dem zehnten Stock das Kind, das im Innenhof ist, zum Essen rufen, so kann das das Kind geflissentlich überhören, nachher aber sagen, ich habe das nicht gehört. Die Eltern können das Gegenteil nicht beweisen.

Grund und Boden wird mit den Hochhäusern nicht soviel gespart, als man meint. Gemäß Gesetz bestimmt die Höhe des Hauses auch den Abstand vom nächsten Haus. Ist es 30 Meter hoch, so muß auch der Abstand 30 Meter sein. So gibt es Fälle, wo durch Verzicht auf Hochhäuser auf dem gleichen Areal mehr Wohnungen zustande kamen als durch Hochhäuser.

Dafür aber setzt sich die Führungsschicht ein: für Charakter, für gesunde junge Familien, für Sitte im gesellschaftlichen Bereich, für Ehrenhaftigkeit im öffentlichen Bereich, für gesundes, familiengerechtes Bauen.

Nun ist zu sagen, die Kirche hat die Pflicht, für diese Führungsschicht im Volk zu sorgen. Sie hat auch die Mittel dazu. Sie hat die Bewegungen bereits aufgebaut, in denen diese Heranbildung vor sich gehen kann, besonders die Männerbewegung, Frauenbewegung, Familienbewegung. Dazu selbstverständlich die Jugendbewegung. Der Kirche fällt diese

Aufgabe zu. Sie muß ihr gerecht werden. Darüber hinaus kann die Kirche sehr vieles tun. Sie kann die junge Generation gläubig heranbilden, in ihr das Gewissen wecken, ihr die tragfähigen Motive vermitteln; sie soll überhaupt das Gewissen des Volkes sein. Darüber braucht nun im einzelnen nicht mehr gesprochen zu werden, nachdem es im vorausgehenden Kapitel behandelt wurde.

Im ganzen öffnen sich aber auf diese Weise die Wege, die Kulturkrise zu überwinden. Das Tief nämlich, aus dem die Kulturkrise kommt, also die Wertkrise, geht so der Heilung entgegen. Der Mensch schöpft aus dem geistigen Erbe wieder die Fülle, aus der Ethik Kraft, aus der Führungsschicht die Orientierung.

Das Allerwichtigste zur Wiedergesundung stellt nach der dargelegten Auffassung Familie und Führungsschicht dar.

18. Kapitel

Technik und Wirtschaft

Neueste Entwicklungen

Zu den früher besprochenen äußeren Krisen (Umwelt, Energie, Rohstoff) tritt mit neuer Aktualität die Arbeitslosigkeit, so daß sie als vierte selbständige Krise bezeichnet werden muß. Sie wird besonders durch die Mini-Elektronik hervorgerufen. Diese Minielektronik kann durch die Kleinkomputer die menschliche Arbeit weitgehend ersetzen. Alles, was Wiederholungsarbeit ist, kann durch Einspeicherung in den Kleinkomputer auf diese Weise geleistet werden. Durch entsprechende Programmierung kann die Montage von Werkzeugen und sogar Maschinen bewerkstelligt werden, ohne daß man des Menschen bedarf. Auch der Verkehr kann rationalisiert werden.

Bei der doppelgeleisigen Strecke Innsbruck–Salzburg sind viele hundert Eisenbahnangestellte und Beamte betätigt. Durch Automatisierung wäre es möglich, die ganze Strecke mit vier Beamten, also vier menschlichen Arbeitskräften, zu versorgen. Was sollen nun die vielen hundert anderen tun? Die Frankfurter Allgemeine hat schon vor einiger Zeit geschrieben, daß durch die Minielektronik noch zusätzlich drei Millionen Arbeitslose in Deutschland entstehen, sodaß fünf Millionen Arbeitslose zustande kämen.

Früher Gesagtes muß weitergeführt werden. Arbeitszeitverkürzung soll Hilfe bringen; desgleichen ein früher Ruhestand und darüber hinaus Hobby als Freizeitbeschäftigung. Das ist ein Planen, ohne die Grundlagen zu berücksichtigen.

Zunächst, der Mensch ist ja ein Wesen, das Betätigung braucht, und zwar lebensnotwendig. Sonst kann er sich nicht selbst verwirklichen, sonst gehen seine körperlichen und geistigen Fähigkeiten zurück. Er braucht diese Betätigung, damit er weiß, daß er etwas leisten kann und gebraucht wird; Leistungsfreude fließt daraus.

Das Freizeithobby ersetzt das alles keineswegs; auch wäre die Mehrzahl der Menschen keineswegs bereit, sich einer nicht-fruchtbringenden Tätigkeit zu widmen. Hobby bedeutet eine besondere Liebhaberei nach der eigentlichen Berufsbeschäftigung. Aber davon kann sich der Mensch nicht erhalten. Die Sinnerfüllung, daß der Mensch sich durch seine ernste Arbeit erhält, wäre dahin.

Überhaupt würde für allzu viele Menschen das Motiv fehlen, sich jeden Tag ernstlich zu beschäftigen, wenn doch nichts dabei herausschaut! Es tritt Langeweile ein. Neueste Tiefenpsychologen stellen fest, daß damit auch ein Gefühl der Sinnlosigkeit des Daseins entsteht. Der Sinn wird nicht mehr unmittelbar erlebt, eine Zustimmung zu Welt und Leben könne nicht mehr geleistet werden, psychogene Erkrankungen würden in Menge auftreten. Es entstehe ein Klima der Hoffnungslosigkeit und damit der Selbstpreisgabe. Die zwei Millionen Arbeitslose in Deutschland haben sich durch ein Hobby trotz vieler Hilfseinrichtungen nicht retten können. Vor kurzem ist ein Buch erschienen: Arbeitslos. Mit welcher Bitterkeit reagieren die Arbeitslosen darin! „Arbeitslos sein ist eine Tortur." „Es ist eine Gemeinheit zu sagen freigesetzt, wir sind ausgesetzt."

Auch die *Frühpensionierung* stellt, nach Erfahrung von deutschen Psychotherapeuten, eine *Belastung,* nicht ein Geschenk dar. Die Annahme sei falsch, daß die normale Arbeit eine Last darstelle, es gehe auch hier um das rechte Maß. Zu viele und zu schwere Arbeit ist eine Last. Keine Arbeit ist ebenso eine Last. Aber die heutige Arbeitszeit von 40 Stunden in der Woche und zwei freien Tagen sei umgekehrt Lebensbereicherung und Lebenserfüllung.

Beispiele dafür konnte ich des öfteren erleben. So begegnete ich einem höheren, schon pensionierten Beamten unseres Landes. „Mein Gott", sagte er, „ist das ein Leben. Um 7 Uhr stehe ich auf, um ½8 Uhr ist Frühstück, um 8 Uhr lese ich die Zeitung, um 9 Uhr führe ich den Hund aus, um 10 Uhr weiß ich nicht mehr, was tun."

Es wird zwar die Arbeitslastverminderung durch die Technik sehr gepriesen, aber Arbeitslosigkeit durch Technik ist kaum mehr äußerer Fortschritt, zweifellos aber innerer Rückschritt.

Neuerdings hat erfreulicherweise die deutsche Bischofskonferenz eine Erklärung zu Fragen der zeitgenössischen Umweltprobleme herausgegeben. Sie befaßt sich zunächst mehr mit den allgemeinen Problemen der Energiekrise und weist unter dieser Rücksicht darauf hin, daß zur Lösung dieser Krise nicht einseitig an die Atomkräfte gedacht werden möge. Vielmehr sollen *alle* Energiemöglichkeiten genützt werden. Man möge auch an die Sonnenenergie denken, die grundsätzlich ausreichen würde, um für unbegrenzte Zeit die dem Menschen notwendige Energie zu liefern. Die Schwierigkeit ist die praktische Verwertung. Denn es gibt die kalten Länder mit Sonnenmangel und die heißen mit Sonnenüberschuß. Und außerdem die verschiedenen Jahreszeiten, in denen Überschuß oder Mangel auftritt. Das ergibt die technischen Probleme der Fernleitung und Aufbewahrung der Energie und natürlich das Kostenproblem. Gleichwohl, gute Anfänge sind gemacht. Die Weiterarbeit ist dringend, wird aber ihre Zeit brauchen.

Unmittelbar zu unserem Problem hat Kardinal Ratzinger in der Zeitschrift „Communio" einen Artikel geschrieben: Technische Sicherheit als sozial-ethisches Problem. Darin fordert er eindeutig, daß das Ethos in die Technik eingebaut werde. Wie weit dient nämlich der technische Fortschritt dem Leben? Die Menschheit schwanke zwischen Maßlosigkeit und Mutlosigkeit. Einerseits das blinde Bejahen alles Technischen, anderseits die Rückkehr zur bloßen Natur. Not tue die Mitte, die nicht eine Mittelmäßigkeit, sondern de facto das Optimum sei.

Daraus ergibt sich: die technische Vernunft muß bereit sein, die sittliche Vernunft in ihre inneren Prinzipien aufzunehmen. Denn das ist die Gefahr der technischen Macht, daß sie das Menschliche und schließlich den Menschen selbst zerstört. Man denke nur an den Atomkrieg. Retten kann nur die Bereitschaft, wie gesagt, die sittliche Vernunft in die Technik einzubauen. Sonst passiert in einem wert- und menschenzerstörenden Ausmaß die Geschichte mit dem Zauberlehrling.

So ist also der sittliche Gedanke der Verantwortung einzubauen. Ebenso ist der Gedanke zu pflegen, daß das Menschengemäße und Schöpfungsgemäße zu berücksichtigen ist. Es ist uns eine Ordnung des Lebens und des Seins vorgegeben, die schlechterdings beachtet werden muß.

Konkret: Es muß Klugheit und Besonnenheit ins Werk miteingebaut werden, welche beide *Steuerung und Lenkung* bewirken, die vor allem auch die *Spätfolgen* berücksichtigen. Je gefährlicher ein Werk vielleicht in seinen Spätfolgen ist, desto höher ist auch die Verantwortung.

Im Juni 1982 sprach der Papst auf dem Internationalen Arbeitsamt in Genf. Er berührte ebenfalls dieses Problem. Der Hauptgrund der unfreiwilligen Arbeitslosigkeit sei die Technisierung der Arbeitswelt. Die Vervollkommnung der Produktionsmittel begrenze den Anteil der Menschen immer mehr. Dieses Problem zu lösen, sagte der Papst, ist nur durch die *Vorrangstellung* der menschlichen Arbeit möglich.

Die Worte des Papstes haben Anerkennung, aber auch Kritik gefunden. Es wird jedoch keine andere Lösung möglich sein, wenn der Mensch nicht wieder dem Kapital (= Maschinenkapital) unterworfen werden soll.

Alle diese Äußerungen bedeuten nun einiges für die Frage der Technik überhaupt, dann auch einiges im besonderen für die Frage der Mini-Elektronik.

Die Bibel und die Folgerungen

Wir finden, vielleicht überraschenderweise, in der Heiligen Schrift einige Stellen, die wichtige Anhaltspunkte übermitteln. In Gen 1,28 heißt es: „Gott sprach zu ihnen, seid fruchtbar und vermehrt euch. Erfüllet die Erde und macht sie euch untertan; herrscht über die Fische des Meeres, über die Vögel des Himmels und über alle Tiere, die sich auf dem Land regen." Damit ist dem Menschen zugewiesen, die Kräfte der Erde zu nutzen. In welchem Sinn dies geschehen soll, wird in Gen 2,15 gesagt: „Gott der Herr nahm also den Menschen und setzte ihn in den Garten von Eden, damit er ihn bebaue und pflege." Gemeint ist also nicht eine Herrschaft zur Willkür, sondern ein schöpfungsgemäßes Wirken entfalten und nützen.

Damit ist eine eindeutige Richtlinie für unsere Herrschaft über die Erde gegeben. Es ist falsch, wenn ganz neuerdings plötzlich gesagt wurde, das Christentum ist schuld an der Ausbeutung der Erde. Nachdem es schon mehrere Jahrhunderte lang geheißen hatte, das Christentum habe die moderne Entwicklung aufgehalten, kommt auf einmal der umgekehrte Vorwurf. Fast möchte man annehmen, daß hier eine Schuldverdrängung vorliege, die in unseren Jahren ja auch modern geworden ist. Es sei festgehalten, es geht um das schöpfungsgemäße Entfalten und Weiterentwickeln. Für die Ausbeutung der Erde tragen nicht die Christen die Schuld, sondern zwei bedeutende Männer der Neuzeit, Descartes und Bacon. Descartes sagte: Die Natur sei nur ein mechanisches Ding!

Der Papst sagt in seiner Arbeitsenzyklika, das sei der tiefste Sinn der Arbeit, daß der Mensch an die Seite des Schöpfers treten darf, um das Werk des Schöpfers weiterzuführen.

Damit ist auch die Technik gerechtfertigt. Nur ist hier Technik und Ethik von vornherein miteinander verbunden. Denn die Nutzung der

Erde soll schöpfungsgemäß bleiben. Sie soll daher der Erde, dem Menschen, der Mannigfaltigkeit, der Gütervermittlung, der Gesundheit und der Schönheit dienen.

Nun ist aus dem Neuen Testament eine eigentümliche Stelle zu erwähnen, die im Römerbrief 8, 20f steht: „Die Schöpfung ist der Vergänglichkeit unterworfen, nicht aus eigenem Willen, sondern durch den, der sie unterworfen hat; aber zugleich gab er ihr die Hoffnung. Auch die Schöpfung soll von der Sklaverei und Verlorenheit befreit werden zur Freiheit und Herrlichkeit der Kinder Gottes. Denn wir wissen, daß die gesamte Schöpfung bis zum heutigen Tag seufzt und in Geburtswehen liegt."

Das sind geheimnisschwere und nicht leicht zu deutende Sätze, die wir uns doch ein wenig klarmachen wollen. Was Paulus meint, ist dieses: Durch die Sünde Adams kam mit Zulassung Gottes auch eine Entstellung der Schöpfung zustande. Die Schöpfung ist nicht mehr in ihrer eigentlichen Gestalt. Sie gibt sich nicht mehr einerseits als Schöpfung kund, sondern will in ihrer eigenen Herrlichkeit strahlen. Insofern ist sie Lüge und Eitelkeit. Anderseits hat sie viel von ihrer vergeistigenden Schönheit verloren und ist dem Verfall preisgegeben. Wenn richtig ist, was die moderne Astrophysik sagt, daß sich die Materie im Laufe der Jahrmillionen vernichtet, wird das sehr greifbar.

Zunächst sei für die Gegenwart angemerkt: Schon die Römer haben in Italien und Spanien die Wälder abgeholzt. Die Landschaft dieser Wälder wurde entstellt. Es ist bis zur Gegenwart nicht gelungen, das wettzumachen. In unserer Zeit wurden die Straßenschächte in den Großstädten mit ihren Hochhäusern geschaffen. Ein moderner Architekt hat darüber ein Buch geschrieben. Darin zeigt er die Bilder des alten Frankfurt und des neuen Frankfurt. Er sagt selbst dazu: *eine entstellte Stadt.* Das alte Frankfurt mit seinem Römer sei schön gewesen, dem menschlichen Empfinden unmittelbar zugänglich. Das neue sei verdinglicht, versachlicht, menschenwidrig. Gerade aus solchen entstellten Landschaften und Städten ist die Nostalgiewelle erwacht. Die entstellte Schöpfung spricht den Menschen nicht mehr an.

Ich darf nochmals erinnern an das von der UNO herausgegebene Buch, das in zwanzig Sprachen übersetzt wurde: „Wie erhalten wir die Erde als Wohnstätte für den Menschen?" Darin wird von dem Raubbau gesprochen, zu viele Rohstoffe werden verbraucht und weggeworfen, gesundes Leben werde allmählich unmöglich. Entstellte Schöpfung!

Die Welt ist aber auf Hoffnung hin in dieser Fehlgestalt, die nicht bleiben soll. Und zwar gemeinsam mit dem Menschen, der auf das Offenbarwerden der Söhne Gottes harrt. Diese Hoffnung ist der leblosen Kreatur natürlich nicht bewußt. Aber es ist gleichsam ein seinshaftes Seufzen und Stöhnen. Der Wissende ahnt die geheime Symphonie, die werden soll.

Das alles bedeutet nun für die Technik etwas ganz Besonderes. Der Mensch muß an seiner wahren Gestalt arbeiten, an der Vergeistigung seines Wesens. So kann er auch daran arbeiten, daß die Natur zu ihrer wahren Gestalt zurückfinde, zu ihrer beginnenden Vergeistigung.

Nehmen wir ein Beispiel. Ein Stein ist schwerfällig, plump. Wird er eingefügt in das Ganze eines, sagen wir, barocken Schlosses, so hat er und alle Steine mit ihm ein anderes Antlitz gewonnen. Er ist, kann man sagen, ein Stück vergeistigt. Schaut man aber ein modernes Hochhaus an, so ist das nicht der Fall. Die Technik müßte sich also in ihrer besten Form eben um das bemühen, das Rückgewinnen von Schönheit und die Vergeistigung zu erreichen. Und darüber hinaus um den Dienst am Leben. Daß diese wahre Kunst not tut, ist klar.

Umgekehrt kann die Technik aber auch das Gegenteil bewirken. Organe, die nicht gebraucht werden, verkümmern, wie wir schon gesagt haben. Wenn die Technik dem Menschen alles abnimmt, was er sonst tun, denken, handeln würde, dann verkümmert der Mensch. Die Technik kann Leben zerstören. Es ist etwas Erschreckendes, daß die Erstanwendung von Erfindungen meist dem Zerstörungswerk dient. So etwa auch die Entdeckung der Atomspaltung in der Atombombe.

Die Rüstungsausgaben betrugen in der ganzen Welt im Jahr 1980 455 Milliarden Dollar. Und dies, obwohl sich soviel Not in der Menschheit befindet, die gelindert werden sollte. Aber der Osten treibt den Westen hinauf.

Für das letztere diene zum Beweis: Vor kurzem ist ein Band der Reden des russischen Verteidigungsministers erschienen, namens Dimitri Ustinow. Daraus geht hervor, daß Rußland vor 1977 eindeutig militärische *Überlegenheit* angestrebt hat. Seither wurde die Aussage solcher Überlegenheitsbestrebungen vermieden. Das hindert aber nicht, daß Dimitri Ustinow sagt: „Jawohl, die Streitkräfte sind in der Tat stark. Wir sind keine Pazifisten, Genossen." Und: „Die Entwicklung der Raketen-Kernwaffen hat eine besondere Bedeutung für die Stärkung unseres Verteidigungspotentials." Wie Brandt im Frühling 1982 von

Moskau zurückkam, sagte er, daß man dort um den Frieden zittere. Von diesem angeblichen Zittern für den Frieden läßt sich in diesen Reden nichts bemerken.

Alle diese übermäßigen Ausgaben würden es ermöglichen, daß der Mensch schlechthin in einem Atomkrieg vernichtet werden könnte. Vielleicht würde sogar Atombrand entstehen, der die Erde vernichtet.

Es werden Zusammenhänge sichtbar. Die Technik kann geradezu schöpfungsfeindlich werden. Es ist genau das, wovon Paulus geschrieben hat. Die Entstellung der Schöpfung schreitet voran, sie kann globales Ausmaß annehmen. Biblisch ausgedrückt, die Schöpfungsfeindlichkeit des Gegenspielers Gottes erweist aufs neue ihre Kraft. Darum geht es im Gegensatz dazu um Schöpfungsgemäßheit; wir brauchen eine *Ethik der Technik.* Die Theologie hat eine große Aufgabe. Sie kann hier ihre Bedeutung für die heutige Welt und ihr Leben zeigen.

Ganz neuerdings hat sich Häring im 3. Band seiner Moraltheologie um diese Frage angenommen. Die Technologie, so schreibt er, hat sich zur Technokratie entwickelt. Es gelte der Grundsatz: Je größer, desto besser. Daher sei geradezu eine Askese der Technik notwendig. Die Technik müsse von dem Größenwahn erlöst werden. Nicht je größer, desto besser, sondern je menschlicher, desto besser. Die Natur regelt und reinigt sich selbst, nicht aber die Technik. Bevor man von Gen-Manipulation spricht, soll man gescheiter die Gen-Schädigung wieder gutmachen und sich in Zukunft vor Schäden bewahren. Das Leitwort soll daher sein: *arbeitsintensive mittlere Technik.* Mit mittlerer Technik allein wird es zwar nicht gehen, aber sie sollte eine dominierende Rolle spielen.

Mit solchen Forschungen könnte die Theologie auch konkret beantworten, was es mit der Minielektronik auf sich hat. Dies würde vielleicht in Umrissen so aussehen:

Erstens: Soweit diese Minielektronik den Menschen und seine Fähigkeiten verkümmern läßt und Arbeitslosigkeit bewirkt, ist sie abzulehnen.

Zweitens: Da aber die Welt in zwei Teile gespalten ist und diese Technik bei Waffenerzeugung schon verwendet wird, zeigt sich wieder ein anderer Aspekt. Es zeigt sich nämlich der Zusammenhang mit Rüstungsgleichheit und Abschreckung. Soweit diese begründet ist, ist auf diesem *Teilgebiet* auch die neue Technik begründet.

Drittens: Der Handel ist international verflochten und konkurrenziert sich gegenseitig. Ein Volk, das für sich allein auf eine technische Möglichkeit verzichtet, wird eventuell konkurrenzunfähig. Nimmt es also aus Not die neue Technik an, so entsteht Arbeitszeitverkürzung oder sogar Arbeitslosigkeit. Was tun?

Zunächst hat das Internationale Arbeitsamt in Genf die Aufgabe, sich um diese Dinge anzunehmen. Es hat alle Daten und Unterlagen, kennt genau die sozialen Situationen und Bedürfnisse in den Völkern der Erde. Es kann also Anregungen geben und Wege weisen, wie eine bestimmte Lage zu lösen ist. Auf Grund solcher authentischer Unterlagen könnte die Theologie die richtigen Ansatzpunkte zur Lösung namhaft machen.

Um Arbeitslosigkeit zu verringern, bestünde folgende Möglichkeit: Es könnte eine großzügige *Siedlungsaktion* eingeleitet werden. Für jede strebsame Familie sollte die Möglichkeit geschaffen werden, ein Einfamilienhaus mit ca. 10 Ar Grundfläche zu erwerben, wobei eine entsprechende Eigenleistung vorausgesetzt wird. Die nach Abzug der für das Haus notwendigen Grundfläche noch bleibenden Quadratmeter stünden für Garten- und Gemüseanbau zur Verfügung. Bei Intensivwirtschaft gibt auch eine kleine Fläche reichen Ertrag. Das gäbe viel Chancen bei sonstiger Arbeitszeitverkürzung, etwa bei nur vier Tagen Wochenarbeit oder nur Halbtagsarbeit. In der modernen Maschinentechnik kann der arbeitende Mensch das Ergebnis seiner Leistung vielfach gar nicht mehr sehen. Das aber raubt viel Arbeits- und Leistungsfreude. Dieser Mangel würde hier mit einem Schlag behoben. Die Ernte ist die unmittelbare Frucht der Arbeit. Und das zeigt den anschaulichen Zusammenhang von Arbeit und Arbeitsertrag. Und das macht Freude.

Freilich, werden manche sagen, das braucht viel zu viel Grund und Boden. Aber auch die Autobahnen brauchen Grund und Boden. Das gesunde Leben ist ein höherer Wert! Übrigens hat Nikolaus Ehlen, der Siedlungsapostel Deutschlands, erklärt, daß der Grundbedarf gar nicht so groß wäre, wie sich viele vorstellen.

Um knapp zusammenzufassen: die neue Technik muß *umweltschonend, rohstoffschonend, menschenschonend* sein.

Anliegen an die Geisteswissenschaften

Also eine *Ethik der Technik* sollte die Theologie erarbeiten. Sofort aber ergibt sich eine neue Aufgabe, nämlich auch eine *Wirtschaftsethik* sollte erarbeitet werden. Sie müßte nicht nur ein nationales, sondern auch das Menschheitswohl vor Augen haben.

Auch der Papst sprach in Genf von einer neuen Weltwirtschaftsordnung. Als leitende Idee stellte er den Gedanken der *Solidarität* heraus. Staatslenker sind verpflichtet, nicht nur das Wohl ihres eigenen Volkes, sondern auch das übervölkische Wohl vor Augen zu haben.

Dazu ein paar Andeutungen: Die Großwirtschaft stellt Probleme. Es müßte nicht nur konkurrenziert werden. Es besteht auch die Notwendigkeit zur Zusammenarbeit. Wenn zum Beispiel technisch hochentwikkelte Länder zum Bezug der notwendigen Rohstoffe in Entwicklungsländern Monokulturen fördern, so ist das National-Egoismus. Monokulturvölker sind bei Mißernte der Not und dem Hunger preisgegeben. Außerdem sind sie wesensgemäß abhängig vom Welthandelspreis. Dieser aber zeigt erstaunliche Schwankungen. Manche Welthandelspreise sind in einem Jahr auf die Hälfte und noch niedriger abgesunken, wofür Prof. Messner in seinen großen Werken interessante Beispiele gebracht hat. Das hängt natürlich mit Börsenspekulation zusammen; es ist eindeutig schadenstiftende Konkurrenzierung.

Dagegen wäre echte Zusammenarbeit erwünscht. Etwa kann ein Land mit sehr viel Wald nicht nur das Holz fällen, sondern auch die Vorverarbeitung des Holzes übernehmen, das holzbedürftige Land kann die Fertigerarbeitung zu Mobiliar und ähnlichem durchführen.

Um diese Probleme zu lösen, ist die Einführung konkreter Wirtschaftsethik notwendig. Als Grundlage dafür aber tut wiederum eine *nationale Demut* not.

Man möge vor diesem Wort nicht erschrecken. Die meisten Völker kommen sich als die besten vor und werten die anderen ab. Das geht so weit, daß der Name des Fremdvolkes geradezu als Schimpfwort gewertet wird. Ich enthalte mich dessen, hier Beispiele anzuführen. Von einem etwas weniger delikaten, aber doch naheliegenden Gebiet sei folgendes angeführt: Wenn jemand aus einer Gesellschaft weggeht, ohne sich zu verabschieden, so sagen wir, er hat sich auf französisch empfohlen. Die Franzosen sagen bei gleicher Gelegenheit und wahrscheinlich mit mehr Recht, er hat sich auf englisch empfohlen.

Kurzum, nationale Demut hat als Grundgesinnung eine große Bedeutung. Man anerkennt gute Eigenschaften des anderen Volkes und ebenso Grenzen des eigenen Volkes. Dabei ist zu beachten, daß das Fremdvolk andere gute Eigenschaften hat als das eigene. Meistens sehen wir beim

Fremdvolk nur die Schwächen, beim eigenen nur die Stärken. Das aber ist ungerecht.

Durch einen launigen Satz kann das ein wenig beleuchtet werden. Ein österreichischer Caritasdirektor hörte in zwei verschiedenen und weit auseinanderliegenden afrikanischen Entwicklungsvölkern folgenden ganz gleichen Ausspruch: Die Deutschen fürchten wir, die Schweizer respektieren wir, die Österreicher mögen wir. Wie hätte dieser Ausspruch geheißen, wenn er zu einem Deutschen gesagt worden wäre? Etwa so: Die Deutschen brauchen wir, die Schweizer helfen uns, die Österreicher lassen sich ein bißchen ausnützen.

Wenn man den Ausspruch also so, gleichsam zweisprachig liest, werden Stärken und Schwächen recht deutlich sichtbar. Nationale Demut muß einsichtig werden.

Darüber, und über vieles andere, müßte eine Wirtschaftsethik handeln. Es sei aber angefügt, daß auf diesem Gebiet ganz besonders von Prof. Messner schon sehr viel gearbeitet wurde.

Im Zusammenhang mit der Wirtschaftsethik steht eine *Konsumethik.* Es ist eindeutig geworden, daß ein Wegwerfkonsum nicht mehr tragbar ist. Da die Güter dieser Erde begrenzt sind, können sie nur nach dem Prinzip der Sparsamkeit gebraucht werden. Das gebietet sich aus Verantwortung für die kommenden Geschlechter. Es geht also um eine übernationale *Weltsparsamkeit.*

Das aber kann nicht getätigt werden, ohne daß der einzelne sich in seinen individuellen Anlagen auch darum annimmt. Es geht um das Leitwort: *einfacher leben.* Die Spätfolgen des Luxuskonsums sind erschrekkend. Die Ärzte wissen davon zu erzählen. Es ist nicht zuviel gesagt, wenn man behauptet, diese Sache steht unter der Frage, was für ein Mensch willst du werden? Das wird im Gebrauch der äußeren Güter mitentschieden. Durch Luxusgebrauch entsteht innere Abhängigkeit und damit fortschreitende persönliche Entmündigung.

Eine weitere Aufforderung an unsere Theologie: Wir brauchen auch eine *politische Ethik.* Im Mittelalter haben die großen Scholastiker Fürstenspiegel geschrieben. Darin war alles enthalten, was ein Fürst zu tun bzw. zu meiden hat. Jetzt tut etwas ähnliches für maßgebende Politiker, die das Sagen haben, not.

Dabei ginge es natürlich um Grundeinstellungen. Die konkreten Entscheidungen kann nur der Fachmann treffen. Der Laie soll ja die irdische Wirklichkeit richtig gestalten. Das ist seines Amtes. Dennoch kann durch richtige Grundeinstellungen vieles geklärt werden. Desgleichen können ethisch richtige Ansatzpunkte genannt werden.

Die Grundeinstellung zum eigenen Volk verlangt, daß das *ganze* Volk den Vorrang habe, nicht einfach die eigene Richtung oder Partei. Partei ist immer nur Teil. Sodann muß dem Politiker das konkrete Volkswohl vor Augen stehen, nicht zuerst seine eigene Ideologie. Also nicht etwa: es muß möglichst die ganze junge Generation durch die höhere Bildung gehen, mit dem Ergebnis, daß zu viele akademisch Gebildete da sind, die keine entsprechende Arbeit bekommen; und dafür zuwenig Facharbeiter, die dringend notwendig wären. Auch der Facharbeiter braucht heutzutage eine gar nicht mehr einfache Ausbildung. Ein Mangel kann also auch nicht von heute auf morgen behoben werden.

Unter anderem geht es auch um die Frage, welches Ausmaß an Verschuldung tragbar sei. Welche Schuld darf dem kommenden Geschlecht aufgelastet werden? Die Staatsschulden wachsen so an, daß sie in der gleichen Generation nicht mehr bereinigt werden können. Mit welchem Recht lasten wir der kommenden Generation die Schulden an, die wir gemacht haben, damit es uns besser geht? Das kann nur dann und in dem Ausmaß gestattet sein, als die kommende Generation etwa durch große arbeitsbeschaffende Investitionen, die auch in der Zukunft wirksam sind, Vorteile erhält.

Es geht dann viel intimer um die Frage der Macht. Um die Macht zu bewahren, sagt der Politiker das, was dem Volk gefällt. Oder auch er spricht unwahr. Der Politiker ist hier ganz persönlich gefordert. Habe ich also den Mut, die Wahrheit zu sagen, auch wenn das mir und meiner Partei schadet? Es hat übrigens einer gesagt: Ein wirklich großer Politiker überzeugt sein Volk von dem, was richtig ist; er erhält auch so die Mehrheit, obwohl er die Wahrheit sagt. Darüber hinaus geht es um die Grundeinstellung zum Fremdvolk, also etwa um Entwicklungsvölker. Bin ich bereit, auch für diese etwas zu tun? Bin ich bereit, auch für das Menschheitswohl finanzielle Opfer zu bringen?

Sehr wichtig ist die *Einstellung zum Frieden.* Das ist ein dorniges Problem. Es finden in unseren Tagen stark affektiv getragene Großkundgebungen für die Bewahrung des Friedens statt. Ist das eine Bewegung oder ist es nur ein Zusammenfluß verschiedener Anschauungen, die aus zum Teil gegensätzlichen Gründen dennoch das gleiche Ziel haben? Es sind Kommunisten dabei, die um Rußlands willen jede Nachrüstung ablehnen; es sind viele Wohlstandsleute dabei, die Ruhe und Wohlstand nicht gefährdet sehen wollen. Es sind Idealisten dabei, die den Frieden um des Friedens willen bewahren wollen. Diese Idealisten sind freilich nicht selten auch Utopisten. Diese letzteren treten für einseitige Abrüstung ein und meinen, im schlimmsten Fall sei Besetzung besser als Krieg. Wie schon bemerkt, Besetzung zieht Säuberung nach sich. Diese aber fordert ebenso viele Opfer wie ein Krieg. Ich wage daher nicht, das Ganze als Friedensbewegung zu kennzeichnen, sondern nur mit dem Wort Friedensbestrebungen zu benennen.

Die verschiedenen Gruppen verstehen den Frieden ganz anders. Die Kommunisten verstehen darunter den erzwungenen Frieden, also den Frieden unter Druck und ohne Freiheit. Sie gewinnen zwar Anhänger, die sagen „lieber rot als tot". Das ist aber ein falsches Schlagwort. Die Säuberung hat in Rußland 27 Millionen Menschen das Leben gekostet. Diese Tatsache ändert das Schlagwort. Es muß heißen: wenn rot, dann auch tot.

Die Lebensstandardler verstehen unter Frieden den Frieden mit Wohlstand. Wegen des Wohlstands, der den höchsten Wert darstellt, ergibt sich harte Weltwirtschaftskonkurrenz. Der Friede ist wieder nicht gesichert.

Die echten Idealisten verstehen unter Frieden den Frieden aus Gerechtigkeit. So können sie dauernd Frieden schaffen, denn aus Gerechtigkeit auf Weltbasis sind sie auch bereit, Wohlstandsopfer zu bringen. So könnten sie sogar nicht nur Gewaltverzicht, sondern selbst Gewaltüberwindung erreichen, die das eigentlich christliche Ideal darstellt. Dies freilich unter der Voraussetzung, daß der Kommunismus auf seinen Frieden mit Zwang, also ohne Wertbezogenheit, verzichten würde. Das aber tut er nicht. Immer noch gilt sogar der Satz von Lenin, daß für den Kommunismus der Krieg erlaubt ist. So ist für die Politiker nichts anderes möglich als der Leitsatz: Kontrollierte Abrüstung auf der Basis gleicher Stärke bis zur totalen Beseitigung der Atomwaffen. Dabei darf ruhig bedacht werden, daß auch für Christus bei öffentlichen Fragen die Möglichkeit der Gewaltanwendung in gerechtem Ausmaß gegeben war. Ich denke an die Austreibung der Geldwechsler und Händler aus dem Tempel (Joh 2,12–22 und Parallelstellen).

Für uns einfache Menschen aber wird Gewaltlosigkeit und Gewaltüberwindung darin bestehen, daß wir zu Hause und im Beruf alles auf Gerechtigkeit, im weitesten Sinn verstanden (Gerechtigkeit = alles tun, was recht ist), aufbauen, wozu auch Wahrhaftigkeit gehört. Sobald diese

Haltung erreicht wäre, würden auch die wechselseitigen politischen Parteien in einem Volksganzen zu einer friedlichen Art der Beziehungen zurückkehren können. Sie würden sich nicht in Wahlzeiten wechselseitig verleumden, wodurch sie sich schließlich selbst die Achtung nehmen.

Noch etwas sei angemerkt. Eine große Hoffnung würde sich auftun, wenn auch im Osten breite Friedensbestrebungen bzw. eine Friedensbewegung entstünde. In der evangelischen Kirche Ostdeutschlands ist die Bewegung entstanden: „Schwerter zu Pflugscharen". Junge Menschen in Ostdeutschland tragen dieses Abzeichen. Sie werden freilich bedrängt und verfolgt. Dennoch ist das ein neues Zeichen. Wenn auch im Osten die Regierung wirksam bedrängt werden könnte, dann ergäbe sich, weil beide Seiten abrüsten müssen, eine neue Möglichkeit, Frieden zu schaffen.

Das Leitwort ist also für jedermann: Echte Friedenswilligkeit auf der Basis der Gerechtigkeit. Gerechtigkeit ist für den Staatsmann aber wie oben: Kontrollierte Abrüstung auf der Basis gleicher Stärke bis zur totalen Beseitigung der Atomwaffen.

Um zum Einfachen, aber durchaus Grundlegenden zurückzukehren, selbstverständlich muß sich der Staatsmann über die Bedeutung der Familie im klaren sein. Das Papstwort ist schon genannt, wonach die Zukunft der Menschheit von der Familie abhängt. Aus gesunden Familien strömt gesunder Jungbrunnen in ein Volk. Bei kranken Familien geht das Volk zugrunde.

Es ist eine erstaunlich-schmerzliche Gegebenheit, wie wenig das in Österreich von Regierung und Gesetzgebung begriffen wird. Familienfeindliche Gesetze lassen die Zahl der verhaltensgestörten Kinder ständig anwachsen. Eine törichte Ideologie steht dahinter. Wie anders ist das in der Schweiz!

Damit all diese Fragen von der gemeinsamen Basis her gelöst werden können, muß ich noch eine weitere Aufforderung an unsere Theologie wagen: sie möge eine *Wissenschaftsethik* erarbeiten. Hier muß etwas Begonnenes weitergeführt werden.

Wie bekannt, haben Wissenschaft und angewandte Wissenschaft in unserem Jahrhundert die führende Rolle bekommen. Dennoch hat sich auf dem Höhepunkt etwas Unerwartetes herausgestellt. Die Wissenschaft kann mit der bevorzugten wertfreien naturwissenschaftlichen Methode nicht alle Fragen beantworten. Besonders nicht die existentiellen Fragen des Menschen nach dem Woher und Wohin, nach dem Sinn und Ziel. Immer mehr bedeutende Wissenschaftler sind der Ansicht, daß Wissenschaft für die Beantwortung weltanschaulicher Fragen keine Bedeutung mehr habe.

Dazu kommt ein weiteres. Wenn Wissenschaft vor allem als Vorstufe der Technik betrachtet wird, also nach ihrem Nutzeffekt, dann stürzt sie in die Unklarheit der Technik in ihren neuesten Entwicklungen. Sie muß sich daher fragen, ob sie mit ihren Erkenntnissen dem Leben noch diene. Damit aber beginnt genau die ethische Frage. Ist ein solcher technischer Dienst der Wissenschaft noch zu verantworten?

Im Ersten Weltkrieg wurde von einem deutschen Wissenschaftler eine chemische Verbindung entdeckt, die eine erschreckende Giftgaswaffe ermöglicht hätte. Der Wissenschaftler weigerte sich, die Entdeckung weiterzugeben und sie kriegstechnisch nutzbar zu machen. Das war damals noch möglich.

Wissenschaft wäre also wieder auf den grundsätzlichen Stand zu heben, daß es ihr um Wahrheit an sich geht. Der Wahrheit selbst ist ein hoher Wert eigen. Ob sie verwertbar ist oder nicht, bleibt eine zweite Frage. Hier hat das Ethos des Wissenschaftlers zu entscheiden. Nicht alles was möglich ist, ist auch erlaubt. Man denke an die Atomwaffen und an die Atomvernichtung.

Eine Anregung: Wie wäre es, wenn die internationale Wissenschaft und Technik beschlösse, neue Erfindungen und Techniken für Vernichtungswaffen nicht mehr zur Verfügung zu stellen! Welcher Segen ginge davon aus!

Der Wissenschaft soll es also um Wahrheit und Wert gehen. Wert jedoch nicht im Sinn von Nutzwert, als Mittel zum Zweck, sondern als Selbstwert. Wenn aber das, dann gibt es auch eine Begegnung von Wissenschaft und Religion. Der Religion geht es um das Heil. In der Wahrheit liegt schon ein Stück Heil. Christus sagt: Die Wahrheit wird euch frei machen. Dieser Anfang des Heiles kann, da die Wissenschaft methodisch keine Möglichkeit der Weiterführung hat, von der Theologie weitergeführt und voll entfaltet werden. Diese echte Begegnung hat Zukunftsbedeutung. Um sie bemüht sich vor allem Kardinal König.

Um all diese Fragen hätte sich eine Theologie der Wissenschaft anzunehmen. Dadurch würde sich allmählich eine Theologie der irdischen Wirklichkeiten ergeben. Anfänge wurden gleich nach dem Zweiten Weltkrieg gemacht, sind aber liegengeblieben. Ich meine die zwei Bände von Thils: Théologie des réalités terrestres. Daraus ergäbe sich unter anderem auch eine Theologie der Kultur und der Geschichte, welch letztere Frage im Anfang schon da war, jetzt aber anscheinend wieder vergessen wird.

Es würden sich daraus Einsichten ergeben, z. B. über die Entstellung der Schöpfung in der menschlichen Geschichte und im Rückblick dazu über die Entstellung des Menschen selbst. Damit ergäbe sich aber auch eine sehr konkrete Theologie des Menschen, eine Theologie des Intellekts und des Gemütes und damit wieder eine sehr konkrete Theologie der Erlösung, die von der Erfahrung ausginge.

In all diesen Arbeiten wären der Theologie Wege eröffnet, sich in die Vielfalt der modernen Probleme einen Zugang zu bereiten und in dem heutigen Geistesleben wieder Bedeutung zu gewinnen. Das sei eine Ermutigung für die theologische Wissenschaft. Vor allem aber wäre dem Menschen gedient.

Daran angeschlossen sei eine Aufgabe der gesamten Geisteswissenschaft. Der Kommunismus ist ideologisch am Ende. Nicht natürlich machtmäßig; er ist Imperialismus geworden. Es wäre ein Anliegen an die Geisteswissenschaften, das aufzuzeigen und diese Folgen aus ihren Antriebsprinzipien zu erklären; darzutun, wie aus all dem der Inhumanismus folgen müßte; dies *so* darzutun, daß die gebildete Welt des Westens und dann auch die des Ostens aufhorchen müßte.

Damit wäre eine Aufgabe begonnen, ohne deren Lösung wir nicht zu einer brüderlichen Menschheit gelangen können. Im ganzen wären zur vollen Lösung vier Schritte notwendig, die freilich alle einen langen Atem brauchen.

Erstens: Die soeben genannte Aufgabe der Geisteswissenschaften. Sie würde das ideologische und praktische Versagen des Kommunismus dartun.

Zweitens: Die große Aufgabe der Politiker besteht darin, dem Osten durch wirksame Gleichheit zu zeigen, daß ein Angreifen sinnlos ist.

Drittens: Die Aufgabe des gesamten Westens ist, durch Begünstigung einer moralisch starken Führungsschicht die sittlichen Kräfte zu heben und das Ansehen der westlichen Welt im Osten zu stärken. Nicht grundlos spottet der Osten vielfach über die korrupten Sitten des Westens und über sein Lebensstandardgeschrei.

Viertens: Die Aufgabe des Ostens in seiner Elite-Schicht wäre die schwerste. Sie ist bereits begonnen. Es geht darum, daß die Bürgerrechtsbewegung trotz aller Anfeindungen den Mut aufbringt, durchzuhalten und sich auszuweiten. Wie schwer das freilich ist, dafür bedarf es keiner Beispiele mehr. Die evangelische Kirche Ostdeutschlands hält trotz aller Schwierigkeiten aufrecht, daß sie die Aktion „Schwerter zu Pflugscharen“ weiterhin betreiben wolle.

Die Verbindung dieser vier Schritte, die, wie gesagt, alle langen Atem brauchen, müßte mit der Zeit einen Übergang von der Diktatur zur beginnenden demokratischen Form und damit den Abbau des feindlichen Blockgedankens erreichen. Und damit wären die Wege zum Gewinn der Zukunft im Umriß gezeigt.

Wir gingen von der rechten Orientierung aus, zeigten die religiösen Kräfte, untermauert durch die belebenden Kräfte die von der gesunden Familie ausgehen. Wir erweiterten diese Aufbauelemente in Gesellschaft und Kultur und schlossen mit Technik und Wirtschaft und dem übernationalen Bereich ab. Alles mit dem Ziel, einer *geeinten brüderlichen Menschheit* zu dienen.

Nun müssen wir aber realistisch einbauen, der Mensch ist versuchbar. Die Mehrheit der Menschen ist nicht für das Heldentum geschaffen. Darum bedarf es der oft erwähnten Führungsschicht. Ohne sie geht es nicht. Sie weiß auch über das richtige Maß Bescheid.

Aber auch ohne Christentum geht es nicht. Das Christentum ist die stärkste moralische Kraft, die wir auf Erden haben. Nachdem im übrigen die sittlichen Kräfte nicht ausreichen, können wir auf diese stärkste sittliche Kraft nicht verzichten.

Aber auch ohne Freiheit geht es nicht. Die Menschheit hat eine Stufe erreicht, auf der ihr die Gewissensfreiheit nicht mehr genommen werden kann. Nur eine reaktionäre Ideologie kann dies bestreiten.

Mit diesen Bedingungen ist einschlußweise auch gesagt, daß das Ziel nur annäherungsweise erreicht werden kann. Aber auch so ist es etwas Großes. Möge den Völkern der Erde nach den heutigen Irrungen die volle Einsicht für dieses Ziel gegeben werden. Mögen sie das Ziel realistisch ins Auge fassen. Und möge Gott seinen Segen für die Verwirklichung geben.